云山农场

武陵农场

福寿山庄

梨山宾馆

万大行馆

溪头竹庐

樱花温泉山色行馆

卦山馆

涵碧楼

大溪行馆

战地行馆

中正纪念堂

慈湖行馆

长安寓所

七海官邸

阳明书屋

翡翠水库行馆

乌山头行馆

澎湖贵宾馆

高雄西子湾

南园行馆

松雪楼

松庐行馆

草山行馆

士林官邸

角板山宾馆

阿里山贵宾馆

天祥招待所

草山御宾馆

文山行馆

栖兰行馆

澄清湖行馆

垦丁宾馆

嘉义农场

重遇张学良之谜

炮击金门事件

『共同防御条约』签订

国共首次海战

蒋介石遭遇车祸

『总统府』秘书长撤职

麦克阿瑟访台

1949···

1949
-
1975

蒋介石
后传

蒋介石在台湾的
最后 26 年

师永刚
方旭
编著

中国出版集团
现代出版社

目录

从 1949 年以 62 岁的年纪，黯然落脚台湾，蒋介石长达 26 年的时间，长留孤岛，没有再离开这 36000 平方千米土地一步，编织着『反攻大陆』的美梦，至死方休，未再踏上大陆故土。

只是这一路行馆轨迹，象征『两蒋』父子俩在台湾留下的足迹，宛如展现他们在台岁月缩影的舞台，幕起幕落，细数着过往风风雨雨、波涛汹涌，俱成往事。

『两蒋』功过已交给历史，只是过往荣光，映衬着如今蒋家在台的淡出与锋芒蜕尽，不但反映出蒋氏王朝日渐落寞的命运，也让人看到岁月无情，任凭英雄如许，总也逃不过历史洪流的淘洗。

蒋介石台湾政治地理

62 岁，
转进台湾。
26 年生涯，
34 处行馆

1949 年岁末，刚过了耳顺之年的蒋介石丢掉了大好天下，以"亡国待罪之身"，与长子蒋经国来到台湾这个孤岛。"国"之将亡、仓皇辞庙，蒋介石在岁暮"国"破之际，看似一派轻松，面临的却是隔海解放军凌厉的攻势，还要应付美国的逼退压力，看着一切不确定的未来，气氛颇为凄凉。

早于 1948 年即赴美争取美援未归的宋美龄，对下野后避居奉化溪口的蒋介石，极为担心当地安全，多次去电要求蒋介石离开，甚至希望蒋经国能从旁劝说。蒋介石幕僚周宏涛在个人自传中曾记载，虽然蒋介石与马歇尔不合，但宋美龄却与马歇尔颇为交好，周宏涛转述蒋介石另一名幕僚董显光的说法，宋美龄曾告知，马歇尔答应她，在最危险的时候到美国去！另有一说，宋美龄在 1949 年风雨飘摇之际，曾建议蒋介石流亡欧洲。不过蒋介石对这些要求始终没有松口，而是不断去函催促宋美龄返国。蒋介石日后也说，当时未选择出国考察，实在是"没脸见人"，"宁愿待在国内待罪"。

但据事后考证，蒋经国当时已在安排预案，如果情势恶化，或是从宜兰外海再流亡他国，或是运台黄金是否要再转到菲律宾储备。但其时包括菲律宾在内的国家，都已向美国直言拒绝蒋介石流亡的可能性。

是年 12 月 23 日，平安夜前夕，留在内地转战西南地区的原在中国远征军中出名的抗战将军李弥再次被击败，曲靖被解放，西南战况失利，国民党在大陆军事至此完全失败，眼看国民党大军"作战而消灭者十之二，为投机而降服者十之二，为避战图逃而灭亡者十之五，其他运来台湾及各岛整训存留者不过十之一而已"。蒋介石只有承认，"过去一年间，党务、政治、经济、军事、外交、教育，已因胡宗南逃避琼岛之故，彻底失败而绝望矣"。

"为人唾弃，为世讥讽，耻辱悲惨，于兹为甚"，这是蒋介石在 1949 年给自己下的评语。寝食难安的蒋介石当时甚至在日记中如此记载："昨晚冬至，夜间梦在新建未漆之楼梯，努力挣扎爬上梯底时已力竭气衰而醒。若此为预兆，前途艰危可知，而成功亦可卜也。"

这时，蒋介石带着蒋经国来到日月潭边风景秀丽的涵碧楼，与儿孙共度圣诞，回想 1946 年到台视察光复周年的风光，与宋美龄在涵碧楼的顾盼自雄，还因此主动延后返回台北的行程，这次故地重游，虽有布置圣诞树、孙辈嬉戏、交换礼物的喜悦，父子共游潭水涟漪、环山幽翠的日月潭，步林道，观日出，甚至在船上网到一条近两米长的大鱼，却是夕阳无限好，丝毫化解不了蒋介石心中的苦闷。

蒋介石在 1949 年 12 月 31 日的日记中称，"在此重大失败之中，亡命台湾犹有自由生活，殊觉自慰，故频谢天父与基督洪恩不置也"。但也说，"一年悲剧与惨状，实不忍反省亦不敢回顾"。蒋经国也在同日日记载，"决定国家生死存亡的一年，就在今夜过去了。流光逝水，马齿徒增，仆仆风尘，自问所作何事？往者不忍回忆，来者更必艰难"。

朝鲜战争的爆发，客观上挽救了蒋家。蒋介石在台湾站稳脚跟，涵碧楼又成了他处理党务到政务、"国际外交"、两岸互动，甚至个人反省检讨的地方。甚至 20 世纪 70 年代，台湾当局被逐出联合国之际，健康状况明显恶化的蒋介石也在涵碧楼停留 50 多天，思考"国"与家的未来。由此可知，作为蒋介石头号行馆的涵碧楼，一如其他行馆，并非单纯的度假散心之地，或是蒋介石独占欲发作之地。全台一座座行馆，其实如同蒋介石各地应变机要之地，既可保有军事反击应变机动性，又能充当临时指挥所，让蒋介石得以运筹帷幄。

这些行馆，有高山之巅的达观亭、松雪楼，有台湾地区最南端的垦丁宾馆，有在北横老林深处的栖兰行馆，有外岛的澎湖、金门，足迹几乎踏遍台湾每个角落。加上环境清幽、隐蔽性强，还能避开扰人的官场，让喜爱派头的蒋介石伉俪能有私人空间与高宾深谈，既特殊，又不显得僵化呆板，也因此才留下众多历史记忆供后人凭吊。

蒋家行馆在台湾多达 34 处，且非"总统"专用。

行馆，也称"行辕""行台"，如果用到封建时代的皇帝、君主身上，即为行宫、离宫；相对于官邸是公家发给官员的住所，行辕、行台都是指封疆大吏出行时的驻所。所谓蒋介石行馆，也就意指着蒋介石在台各地出行、视察、度假的住所。

到底台湾有多少"两蒋"行馆？还真的没人搞得清。民进党立委曾提出质询，质疑蒋介石行馆共有 47 处，相关纪录片称蒋介石行馆有 27 个，也有学者研究，蒋介石专属行馆仅有 19 个；但依台湾相关府部资料显示，这些行馆共 34 处，且非蒋介石专用。

蒋介石行馆之所以如此引人注目，一方面是他的行馆几乎遍布全台风景绝胜之地，或饱览青山翠绿，或眺望湖光山色，都一定位于景致最佳的地点；再加上这批行馆在戒严时期，军事管制严密，寻常人不得其门而入，如同封建时代行宫、离宫般难以亲近，自然众说纷纭，把行馆当成了蒋家私产，想象其中势必富丽堂皇，是特权的象征。

但蒋介石自奉俭朴，颇有以天下为家的想法，因此没有留下任何私人地产；同时各地行馆虽然管制严密，但相当比例来自接收当年日本政要的房舍，使用前仅略加翻修，内部大致只算是简单大方，多半强调环境宁谧与隐秘，并非装潢讲究，除了园林步道等设施，房舍大致只算得上中上水准。蒋经国的住所与行馆，以及金门、马祖等地为因应"两蒋"军事巡视需求而辟建在军事基地四周的行馆，就更加简便。

尤其蒋介石身后，通过蒋经国推动，大部分行馆几乎均改为公众使用，因此以行馆豪奢为"两蒋"入罪，实在有些牵强。反倒不少景区拜蒋介石光临所赐，口耳相传，成为广为人知的名胜。

行馆文化，
怀璧其罪

"两蒋"行馆广义而言大致可分为四类，不过有时虽归类为行馆，但蒋介石或蒋经国可能只会用到其中几间厅舍，或经过时沉思休憩的地方，未必会因此把整栋建筑彻底封闭，不能一概而论。

第一类是蒋介石父子长期定居的官邸，如士林官邸、草山行馆、中兴宾馆、慈湖宾馆、七海官邸等。这些驻所虽是官邸，但对比"两蒋"胸怀，把这些在台寓所视为行馆并不过分。由于"两蒋"都习惯在官邸接见访宾，商议大事，因此这类寓所不但有相当浓厚的政治象征意义，周围戒备与岗哨也异常森严。

第二类是专为蒋介石巡行、避暑而兴建、改建的处所，像日月潭涵碧楼、澄清湖澄清楼、角板山贵宾馆、福寿山达观亭、澎湖第一宾馆等。风光明媚、散居各地是这类行馆的特色，大多数这类行馆也都是沿袭自日据时代权贵所遗留的皇族住所。但由于两岸情势紧张，因此蒋介石也特地选择几处行馆加强各类应变规划与避难设施，甚至设有临时指挥所，以应付突袭或轰炸等紧急事故。

第三类是蒋介石巡行时，地方政府或相关单位提供的临时休憩处，这也是"两蒋"行馆中数量最多的一类。像八卦山行馆、嘉义农场行馆、栖兰行馆，或是中横沿线许多处所，蒋介石可能只到过当地一两次，甚至从未涉足，但地方人士或政府官员都打着"总统行馆"的招牌，希望增加影响力，甚至因此禁止公众使用或窥探。

第四类则是蒋介石平日重要办公处所周边暂时休憩地点，此类处所虽有行馆性质，但因涉及蒋介石行程规划安排与戒护需要，因此较为隐秘而不为人知，相较之下，他却比较常在此逗留。

例如，阳明山中山楼作为"国民政府"重要的接待外宾地点，又是"国民大会"会场，外围就有不少据点让蒋介石开会前暂时休憩，甚至泡个温泉舒缓身心。木栅"革命实践研究院"（中兴山庄）是国民党培养干部的重要场所，据说山庄内也有一处给蒋介石暂歇的行馆，名为"木栅别馆"或"草庐"；草庐东边有座漂亮的"萃湖"，一说蒋介石与宋美龄还曾在此泛舟。

又如"总统府"旁、目前台湾"北美事务协调委员会"所在地的"博爱宾馆"，据闻当年是蒋介石或宋美龄午间休憩场所，同时由于当时圆山饭店并未改建，因此包括顾维钧、蒋廷黻、孔祥熙、宋子文等人抵台，都曾在此短暂居住，也是蒋介石定期召开主持"宣外小组"会议的地点。

当年日据时期的皇家建筑均改建为蒋介石行馆

环境清幽、隐蔽性强，足以应变突发状况，是蒋介石选择行馆的共同特点。但蒋介石行馆虽多，究其根源，几处最具代表性的住所，还是要追溯到日据时期，为迎接日本皇太子裕仁11天的"行启"行程而兴建的代表性建筑。

当时日据"台湾总督"田健治郎积极鼓吹天皇赴台"行幸"，提前数年准备，花尽人力与物力，盛大准备迎接工作，并在景区兴建多座行馆，共花费100万日元，相当现今新台币10亿元，但未料大正天皇因病无法成行，乃由摄政皇太子裕仁代行。22岁的裕仁因此于1923年4月16日在基隆登陆，成为唯一到过台湾地区的日本天皇。

田健治郎为方便裕仁休憩而修建的皇家建筑，不但精致豪华、用料讲究，造型多依当时日本流行的日洋混合风格设计。例如草山御宾馆、草山行馆；日月潭边涵碧楼扩建了8间贵宾馆作为太子行馆；阿里山祝山林道旁也修建了贵宾馆。裕仁离台后，这批贵宾馆成为日本皇族或政要到台旅游时的落脚据点。直到台湾光复，这批平日贵宾馆连同其他各类事业单位招待所，改由国民政府驻台各单位所用，也成为日后蒋介石行馆与台湾各类景区高级招待所的主体。

至于最早一批蒋介石行馆，是在陈诚于 1949 年 1 月接任台湾省主席后，经请示蒋介石才开始准备的，共 8 处地点，包括澎湖两处，以及台湾本岛的台北、草山、大溪、日月潭、高雄、四重溪 6 个定点。由于蒋介石生活朴素，因此行馆均维持俭朴摆设，格局承接日式风格，却又有扶疏花木、绿地可供散心休憩，大致上各个行馆的内部摆设与布局颇为一致。较多的改建往往是因为宋美龄习惯西化居住、卫浴条件，所以必须稍作调整。因蒋宋作息习惯不同，通常两夫妇起居分开；也常有礼拜堂，方便笃信基督教的两人做礼拜。

从顺序来看，澎湖第一宾馆是蒋介石 1949 年在台海间观望，乃至决定抵台长驻的第一个据点，本是日本海军招待所。之后蒋介石从南台湾上岸，在同样接收自日本海军招待所的西子湾宾馆驻留，思考战略布局。6 月间，蒋介石离开高雄北上，先后住过大溪行馆与台北草山行馆；前者是日据时期桃园公会堂，后者也是日据时期即有的贵宾馆。

一方面，从 1949 年到 1950 年中期，蒋介石四处奔波，徒劳无功，自不会有心情大兴土木。另一方面，当时蒋介石更想着能否借机会打回大陆，大力倡导"三年反攻"论点，号召来台外省军民无须置产、买地，也没心思在台湾盖新房或另辟行馆，因此沿用日据时代皇族招待所作为休憩密商场合，绝对其来有自。1950 年中，蒋介石定居士林官邸，其前身也是日据时期的士林园艺试验分所。

尤其当时解放军咄咄逼人，随时有跨海一战的可能，美国人已展开撤侨行动，彻底看衰蒋介石的掌控力，台湾政局动荡，蒋介石主要利用在行馆休息或沉思时间与幕僚或重臣商议大政，做出不少重要决定，涵碧楼等地因此成为两岸与台湾历史的重要舞台。

换言之，在心态上，蒋介石还是明显的过客，虽然狼狈，他还在期望政局有奇迹出现，即便入住草山或士林官邸，不过是他在台暂居的场所，是临时为接待来访政要而兴辟的招待设施，并非想就此在台湾落地生根，也还没有出现直把他乡当故乡的无奈。

只是度过了 20 世纪 50 年代初期的动荡，靠着朝鲜战争爆发重新与美国接上线，蒋介石在台湾局面稳定下来，偏安局面已成，流亡海外的想法似乎已成明日黄花，蒋介石与亲人在各地行馆团聚共享天伦的场面，似乎越来越成为生活的重心。相较之下，各单位为招待蒋介石巡视而设的行馆也如雨后春笋般慢慢浮现，希望让蒋介石公忙之余，借散心抚慰郁闷。

如角板山、大溪等地，之所以能让蒋介石流连忘返，主要因为当地风光颇似奉化溪口，等于禁锢在台湾这座孤岛的蒋介石，借此宣怀思乡之情。虽然为因应大陆方面原子弹试爆成功，多处重点行馆都加装了反核爆装备与战时紧急指挥设施，但在美国杯葛之下，"反攻大陆"渐成口号已是不争事实，蒋介石心知肚明，只是没有说破而已。

与蒋介石根源最深的慈湖行馆，便是在此背景下应运而生。当年蒋介石路经慈湖，深觉地灵人杰，风光颇似溪口，因此主动提供图样与设计想法，仿效奉化祖屋，在桃园乡间盖起了这栋以居家为核心理念的四合院式行馆，其型式也是全台独一。或许，慈湖行馆只是反映了蒋介石内心最深的无奈，他此生再也无从重回故里，因此他才要在异乡孤岛重建故乡点滴记忆。只是没想到蒋介石去世后，此处竟成他灵柩暂厝之地。

相较于蒋介石的排场，蒋经国作风更为随和，几乎无处不可住，除鲜少为休假入住行馆，且不敢擅住蒋介石用过的房舍外，几乎没什么禁忌。例如他除代表蒋介石定期问候在台政要耆老，也受命四处巡视军队，蒋经国多半选择住现成部队营舍，不但安全防务紧密，行踪隐蔽，也无须做太多特别安排，只是各部队时常会把招待蒋介石与蒋经国的房舍空置下来，以备未来"两蒋"视察不时之需，也因此台湾各营区目前仍有不少"总统行馆"可供凭吊。

中横开拓工程创造 蒋经国新局

蒋经国晚年以苦干实干闻名，在台湾政坛拥有相当好的名声。但是来台初

期，蒋经国以"太子"身份穿梭台湾政坛，加上执掌情治单位，给人特务头子的神秘形象，因此有不少风流韵事在民间流传。许多公家单位较为隐秘的招待所，据说都是蒋经国消磨夜间时光，或是偷得浮生半日闲的私密去处。不过蒋经国行事作风机密，强调不惹人注目，消息一经走漏就立刻更换据点，却也因此显得更为难测。

在政治上，"蒋太子"虽有蒋介石庇佑，刻意培养他执掌"党政军特"与"青年"工作大权，但他的接班路却非一帆风顺。陈诚等旧臣宿将虎视眈眈，与宋美龄亲族间派系矛盾，都让蒋经国腹背受敌。加上蒋经国偏好民粹色彩的政治运动，更与宋美龄的美式作风差异甚大，摩擦连连。尤其1957年台湾因"刘自然命案"爆发大规模反美示威，蒋经国更被美方直指是幕后黑手，导致最后被迫卸下"国家安全会议副秘书长"职务，改任"退除役官兵辅导委员会主任委员"，长达6年。只是没想到蒋经国虽离开权力核心，却用基层苦干形象，为蒋经国时代奠定坚实基础。

当时国民党迁台已近十年，大批跟着蒋介石渡海，却又眼见反攻无望的官兵陆续退伍，如何安置这批战力即成了大问题。没想到蒋经国通过个人影响力，发动退除役官兵投入大型公共建设以解决退伍后工作问题，同时加速台湾基础建设，作出一番成绩。在崇山峻岭中与天争地的中横公路便是蒋经国的代表作。[1]

1. 全程约348.1千米的中部横贯公路是蒋经国接手政务后的第一项重大民生建设，辟路前他甚至亲自前往荒山野岭探勘路线。中横主线是以梨山为中心，自太鲁阁穿越中央山脉，连接天祥、文山、西宝、洛韶、慈恩溪、合欢山、福寿山、梨山、青山、谷关、东势至中兴新村，长194.6千米。宜兰支线则是东北行环山、胜光、思原垭口、突棱、四季、土场，再连接宜兰的栖兰与武陵农场；另一条支线由立雾溪与大甲溪的东西分水岭合欢垭口向西南岔出，经樱峰到南投雾社。国民党原本在20世纪50年代初就计划兴辟中横，但由于经费与测量需求等问题，直到1956年获得美援支持后才正式动工，动员近万人投入工程，经费高达新台币42500多万元。

之所以要建中横，除平衡区域发展考量外，军事上，1949年后，面对解放军进逼压力，如何快速迁移本岛部队应变，成为蒋介石考量的重要问题，因此兴辟足以通行大型车辆的横贯公路成为不容延缓的事。因此自1951年开始，台湾当局多次入山探勘，决定以日据时期合欢越岭道路为基础，展开起码要符合军援军用需求的辟路工程。

中横全线都兴辟在断崖深谷间，初期连测量地图都只能用日据时代军用地图应急，光是行道就格外惊险，遑论开路！尤其当时台湾工程技术落后，机具不足，只有陆军开山机、雷管堪用，加上山势险峻，只能动用人力顶着台风、地震、暴雨等天灾威胁，以原始手工方法开凿，或不断以四五十米长绳子，把人从山顶垂吊在悬崖上装填炸药爆炸开路，再用人力以铁锹开道除石辟路。

美国顾问原本评估光是在大理石山体打通隧道起码要 3 年时间，但在蒋经国号召下，施工单位硬调出 1000 人，编 25 人为一队，规定一天 50 米，各队同时开工，不到一年就打通隧道，也靠着这种"人定胜天"的精神，于 1960 年 5 月 7 日迅速打通呈十字形、横断中央山脉的中横公路，前后历时仅短短的 3 年 9 个月 18 天。

为达使命，蒋经国投注十分精神，先后两次在深山中探勘预定路线，长达 19 天。他拿着手杖翻山越岭，跟着工作人员同寝共食，走出原始山路。修筑工程中，他更来回视察大小工地 21 次。在恶劣环境中，蒋经国与这批备役部队建立起了深厚的情感，他不但称这批退除役官兵为"荣民"，更不断宣传荣民的毅力、克难精神。这批与蒋经国上山下海的老兵，也成为他毕生最忠贞的支持群众。

> 蒋经国以岛为家，对行馆的要求大略着重在便利、隐秘

虽然付出殉难员工 211 人的代价，中横通车后，并没有在军事上展现出必要性，反而因为打通台湾东西部交通，大幅改变经济生态，拉近台湾全岛距离，"退辅会"也趁着中横通车机会，沿线兴辟多处专供退除役官兵耕作的高山农场，让这批完成修路工程的退役部队转而务农营生。

其实早在 1954 年，蒋梦麟执掌的"农复会"就寄希望于中央山脉高山地带发展温带农业，结果从谷关、梨山，到青山、福山、武陵、清境，乃至宜花支线的栖兰、明池，这批遍及原本人烟罕至的中央山脉农场，不但植栽出高经

济价值作物，更因为宜人气候与田野环境，迅速成为人气景区，同时盖起兼顾视察与休憩双重功能的贵宾楼，或设有专属"两蒋"的厅舍，成为蒋介石消磨时间最爱的休憩地点之一。

但相较蒋介石借山光水色陶冶性情，蒋经国之所以热衷在高山农场招待所入住，主要是借此视察农场、林场、水库、山区道路等运作情形，并了解退除役官兵生活。因此蒋经国行馆虽为数不少，却都位居各新辟重要工程四周，算是蒋经国的前进指挥所。因此外人即使看到行馆，不过一般办公厅舍、平房，不但简陋，且极易毁于天灾，即便至今尚存也都经过一番改建，与当初原味不可同日而语[2]。

蒋经国对行馆的要求大略着重在便利、隐秘，常常来无影、去无踪，住宿条件上，蒋经国也毫不要求，甚至还刻意要以节约作为诉求，也极少听到他与蒋方良一同度假。但因为蒋经国忙于公务，导致身体不佳，长期失眠，加上早在20世纪50年代初期就被查出患有糖尿病，蒋介石相当忧心，多次命令他下乡休养，强迫休假，还特地在日月潭德化社附近兴建了一栋斜屋顶、四面落地滨欧式小别墅。

只是蒋经国始终放不下繁复的政务，因此身体与严重失眠等问题，一直没有改善。更因为蒋经国对事、对人皆不能放宽一步着想，才让问题越来越严重。蒋介石担忧之余，在日记直指蒋经国最严重的问题就是"身体不知保养，用力太过，以致多病"，加上"精神时生悲伤，忧郁过度，以致负荷沉重，不知宽缓，自得乐道顺天"。

果如蒋介石的预测，蒋经国并没有采纳他多修养身体的建议，甚至在出任"总统"后，便指示归还多处蒋介石行馆，更将涵碧楼旁的私人别墅改为正式的"总统行馆"，并兼作贵宾接待室，他也从此未再到此处下塌。这栋行馆最后毁于"九二一"大地震，至今已不见痕迹。

2. 由于蒋经国刻意树立"亲民爱民"、俭约朴实形象，因此他在衣食住行标准上都与有一定品位的蒋介石大相径庭。如他的服装大多是凉爽，可少开空调的简单夹克、中山装；饮食不同于蒋介石坚持黄泥螺、腌笋等江浙口味，蒋经国巡视到哪儿就吃到哪儿，表现出强烈的平民化习惯。

3. 于右任（1879年4月11日-1964年11月10日），陕西三原人，祖籍泾阳。原名伯循，字诱人，别署骚心、髯翁，晚年自号太平老人。早年为同盟会成员，长年在国民政府担任高级职务，前后共任"监察院"院长34年。精书法，尤擅草书。

风华褪去，无限凄凉

葬我于高山之上兮，望我大陆；大陆不见兮，只有痛哭。

葬我于高山之上兮，望我故乡；故乡不见兮，永不能忘。

天苍苍，海茫茫，山之上，有国殇。

这是草书大家、国民党大佬于右任[3]在临终前手书的诗句。1949年，于右任随着蒋介石来到了海角一隅，从此远离故土，并于1964年病逝台北。11年后，蒋介石也在异乡台北画上了人生的句点。

从1949年以62岁的年纪，黯然落脚台湾，蒋介石长达26年的时间，长留在如许蕞尔小岛，没有再离开这36000平方千米土地一步，毕生编织着"反攻大陆"的美梦，至死方休，未再踏上大陆故土。蒋介石去世后，蒋经国即指示各行馆应都归还原来单位自行运用，仅保留角板山新宾馆作为正式的"总统宾馆"，也是当时全台唯一一处正式的"总统行馆"。所以各地蒋介石行馆纷纷取消原先军事戒备森严的限制；只是即便蒋经国作此宣示，但蒋家威势仍在，大多数行馆主管单位还是不敢贸然开放，直到李登辉执政后，这种情形都没有完全改变。所以除了角板山宾馆等少数案例，能在蒋经国指示下，交给"救国团"等团体开放民间住宿与青年度假使用外，多数行馆仍改成蒋介石的纪念厅舍，或是宁可让空间与设施闲置，以避免争议，住进"总统"套房更是一般人难以想象的待遇。至于蒋介石一手促成的慈湖宾馆，更成为蒋介石灵柩暂厝的地点，只是内部摆设略做调整成今日的局面。

此外，蒋经国正式当家后，宋美龄避居美国，为了表现对宋美龄的尊崇与礼遇，蒋经国还是长期保留士林官邸不做任何改变，同时编拨预算修缮，作为宋美龄的在台住所；但士林官邸的确已不复当年风华，渐渐消逝在政治舞台之上。蒋经国居住的七海官邸，随着他的健康日薄西山，也成为蒋方良孤单向晚的所在。

同时随着时光流逝，不少蒋介石昔日行馆，因是山间简单建筑，加上台湾山区多野火、强风、暴雨侵蚀，均难以久存，或不堪使用，如草山行馆、合欢山松雪楼都一度荒废，或如桃园角板山的复兴宾馆、中横的青山别馆与大雪山宾馆则均遭火焚毁。

20世纪80年代后期，打着反蒋、反国民党招牌的民进党人士跃上台面，"两蒋"行馆也成了批判斗争的对象，例如彰化八卦山行馆，就被民进党地方政府以已达使用年限为由决议拆除，是蒋介石行馆一连串悲惨命运的开始。2000年政党轮替，民进党"去蒋化"攻势更甚，即使能躲过天灾侵袭，蒋介石行馆依旧命运各异，或如草山行馆遭人焚毁，或因少人闻问而荒废在山林之间；遭遇较佳者，改建为贵宾别墅提供游客住宿，或作为历史文化展示空间、美术展场，各有一本难念的经。

其实蒋介石以岛为家，台湾又有何处不归他所有、归他所管？既然尽归我有，又何须汲汲于私产？不过话说回来，那些蒋介石再次造访概率微乎其微的行馆，即使关闭密封，同样也要长年专人专款维护，虽无行馆之名，却有行馆之实，账自然还是要算到蒋介石身上。

只是这一路行馆轨迹，象征"两蒋"在台湾留下的足迹，宛如展现他们在台岁月缩影的舞台，幕起幕落，细数着过往风风雨雨、波涛汹涌，俱成往事。"两蒋"功过已交给历史，只是过往荣光，映衬着如今蒋家在台的淡出与锋芒褪尽，不但反映出蒋氏王朝日渐落寞的命运，也让人看到岁月无情，任凭英雄如许，总也逃不过历史洪流的淘洗。

澎湖贵宾馆

蒋介石转进
台湾落足处

◆ 澎湖第一宾馆侧面

第一宾馆之外墙以咾咕石砌成，屋内以木柱支撑屋顶木桁架，内部隔间墙多为木板或竹仔壁。屋顶原为黑瓦，目前多改为文化瓦。灰色与白色两相对比，无浓重色彩，屋顶带有日据时期"唐博风"式的构造，门拱则是洋式门拱，两相搭配，别具一格。

自古以来，扼守中国东南海通道的澎湖群岛被视为兵家必争之地。明郑王朝纵横台湾与东南海域数十年，就是因为在恶战中失去澎湖群岛屏障，让清朝战船顺利越过台湾海峡而长驱直入，终于失败。

1949 年政局纷乱，徐蚌会战惨败后通电下野的蒋介石，早已时不我与，失去大半江山，蒋介石的幕僚也开始为他转进台湾做最后准备。当年年中，蒋介石首度来澎湖视察，计划以台湾、澎湖作为落脚反攻之地；当时他下榻于澎湖贵宾馆，并以此为战事指挥所。

前有解放军进逼，后有美国掣肘，蒋介石落入孤立无援的尴尬处境。一方面，虽然台湾早已进驻陈诚[1]等来台先遣干部与部队，但这批人是否依旧效忠，似乎也是大问题。另一方面，东南战局正酣，蒋介石也在苦思如何挡住解放军席卷攻势，甚至靠西南版图军队徐图反击。一时之间，他停留在澎湖这座方寸之地长达数日，足见当时的彷徨。

等到金门炮战，情势虽危，却绝非 1949 年的仓皇可比。当时为支援大小金门，澎湖成为国民党前线指挥所，蒋介石多次到澎湖听取军情简报并下令指挥，他依旧以贵宾馆为行馆。至于行踪隐秘的蒋经国，凡赴澎湖也一律下榻因严密军事管制而人迹稀少的贵宾馆。因此澎湖贵宾馆相较于其他行馆，在军事防御功能上更为突出，也显得格外神秘。

1. 陈诚（1898 年 1 月 4 日 - 1965 年 3 月 5 日），字辞修，浙江青田人。中华民国国民革命军一级上将，历任台湾省政府主席、"中华民国行政院院长"、"中华民国副总统"等职。陈诚是蒋介石的亲信，有"小委员长"之称。陈诚领导的派系则有"土木系"之称，1935 年第五次"围剿"红军时，任前敌总指挥；西安事变后负责改编张学良、杨虎城部队。抗战时，任第三战区前敌指挥，武汉卫戍总司令，参与过淞沪会战、武汉会战等战役。国共内战期间，陈诚为打通北宁路，于 1948 年发起公主屯战役，导致新五军被歼灭，彻底改变东北战局，陈诚并遭蒋介石免职。同年 2 月，陈诚在上海进行胃部手术，并于 10 月与妻子一同到台北阳明山养病，但也在为蒋介石展开转进布局工作，在蒋介石的要求下，于 1949 年 1 月 5 日蒋介石宣布下野前夕，迅速接任台湾省主席兼警备司令，职掌全台大政，为"国府"迁台进行最后准备。同年 8 月 15 日兼任东南军政长官公署长官，坐镇台北，指挥东南区战事。1949 年后，陈诚长期出任蒋介石副手，并曾兼任"行政院院长"，1965 年 3 月 5 日因肝癌去世。

地势险要，澎湖成为国民党前线指挥所

澎湖群岛位于台湾海峡上，东距台湾本岛约 50 千米，西离中国大陆约 140 千米，总面积约为 128 平方千米，向来是扼守中国东南海上通道的重镇，早在唐朝末年就有许多渔民世代居于岛上，中国最晚在南宋时期已派兵在澎湖驻守[2]。16 世纪，葡萄牙人航行到此，称澎湖为"渔翁岛"，之后荷兰东印度公司两度企图在澎湖建立贸易根据地，但遭明朝驱离。郑成功从荷兰人手中光复台湾后，也在澎湖设置安抚司，清代则改设巡检司。

甲午战争后，澎湖随台湾割让给日本，离开中国版图。日据时期，殖民政府看重澎湖群岛与马公港的军事特性，设置澎湖岛厅，并于 1897 年改称"澎湖厅"。之后在港口制高点建造一座要塞型建筑，1937 年，日本在马公城北墙（现民福路以东）险要之地修筑一座供海军将领与贵族落脚的贵宾馆，取代原先位于马公港畔，较为喧闹的松岛纪念馆。

不过由于地势瓦解、险要尽失，日据政府澎湖厅总务课于 1940 年改在今日马公市西侧介寿路观音亭附近眺望极佳之地，设计兴建日式木造的第一宾馆；适逢对日抗战爆发，建筑材料采购和运输困难重重，直到 1943 年 2 月才竣工，主要作为招待日本皇族及高级军官处所。事实上，当地本是一片墓地，甚至近日还发现清朝同治年间古墓，之所以这么急着改建，主要还是因为地势足以监控马公港与吼门海道，战略意义重大。由于战事吃紧，日本皇族也根本未曾前来贵宾馆落脚。台湾光复后，贵宾馆由国民政府接管，并于 1946 年改称"第一宾馆"，并修复木制地板，未大幅更动格局，以方便要员入住。只是没想到，就在这段国共内战正酣的时刻，澎湖第一宾馆意外登上政治舞台。

2. 楼钥《攻愧集》卷 88 泉州知府《汪大猷行状》记载：乾道七年（1171）四月，起知泉州，到郡……郡实临海，中有沙洲数万亩，号平湖……"即澎湖的最早官方记录。文章中并记录汪大猷为保护在平湖的汉人不被毗舍耶人（台湾少数民族）劫掠，在平湖造屋 200 间遣将驻守。

◆地下作战指挥室入口

1958年"八二三"炮战期间，蒋中正及蒋经国进驻澎湖第一宾馆，并兴建地下指挥中心，借以指挥前线战事，这也是蒋介石众多行馆中唯一一个具有战略设施且"参与"实际战争任务的行馆。指挥中心建于宾馆西侧，入口隐蔽，墙壁厚实，此扇铁门具有军舰门的相同规格，并配备防弹及抽风设备，似有刀枪不入、毒气不侵的能力。蒋介石曾坐镇其中，执行"闪电""鸿运""轰雷"计划。（上图）

◆通往地下指挥室的通道

进入地下指挥中心的入口，还有一段长长的通道，顺着阶梯而下，才又到达下一个铁门，可见设计之用心，防备之谨慎。现如今澎湖第一宾馆已向公众开放，地下指挥中心也不再担任作战的指挥场所。狭长的通道与昏黄的灯光，还有重重铁门，让人身处其中就感受到一种神秘、紧张的气氛。（下图）

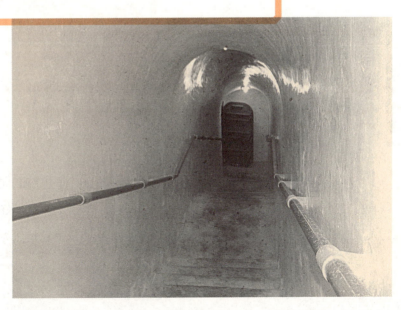

◆宾馆内部设计

日据时期的诸多建筑风格都采用洋和混合的式样，第一宾馆亦不例外。宾馆内部的空间格局分为待客之用的"洋风空间"和"和风宅邸"两部分，洋风空间有"表玄关（正门玄关、广间）""应接室（洋式接待室）"和寝室。和风宅邸则有"内玄关（侧门玄关）"和两组"座敷（日式起居室）次间（座敷续间）"所组成。座敷与次间的隔间拉门是典型的日式拉门，上方设计有木栅窗，采用桧木板镂空雕刻富士山景色的特殊工法，只是年代久远，几经维修之后如今游客已无福欣赏。1956年澎湖县政府修建时，更改了局部的内部结构，寝室内的榻榻米也被拆除。

进退犹疑，
澎湖曾是蒋介石
转进台湾跳板

当时局势颇为诡异，随着中共势力日益强大，蒋介石通电下野，隐居溪口，国政在名义上由代总统李宗仁接手与中共展开和谈，但当时早已做好各项准备与人事布局的蒋介石，其实还是国民政府幕后的操纵者，并已悄然为转进台湾等地布局。

蒋介石究竟为何决定转进台湾，众说纷纭。其实，早在1948年，东北、华

◆ 餐厅
澎湖有关部门历时 4 年、花费新台币 3700 万元修整的澎湖第一宾馆,再次对游客开放。有趣的是,在餐厅中除保留了当年餐厅的场景和陈设外,还展示了澎湖出产的海鲜美味,可谓是古迹保护和推广旅游的新方式。餐厅的窗户上悬挂着一张蒋经国下榻第一宾馆时宴请宾客的照片,据说蒋经国饮酒豪爽,常在席间推杯换盏。

北战事陆续失利后,蒋介石就有改以江浙闽台等沿海口岸作为根据堡垒的构想,不再以西北、西南作为根据地;蒋介石也陆续安排他所信赖的人选接任沿海各省防务、政务。当年年底,蒋介石也与蒋经国提到,要以"缩小范围"的方式,选择"单纯环境"来做彻底根本改造,以挽救国民党在大陆的败局。此时,国民党部分部队与陆军大学已展开迁台计划,蒋介石也致函吴敬恒等大佬,劝他们到台湾休养。

到了 1949 年,情势更加严峻,政坛流传,蒋介石原本还在转战西南或东渡台湾之间举棋不定,但最后接受了张其昀[3]的建议,放弃转往大西部的设想,而是把兵力集中在有海峡天堑之险,又兼有农粮工业能力的台湾。同时根据张其昀或陶希圣的看法,蒋介石认为台湾岛扼守太平洋西航道,一旦有事,以海权为主的美军不可能坐视不救。

1949 年 1 月中旬，虽然蒋介石下野前对民社党、青年党高层强调自己"绝不会如外界所揣测，避到台湾去"，而是要在大陆建立阵营与中共进行殊死战，但事实上，蒋介石暗中已展开将海、空军总部移到台湾的转进计划。蒋介石也在 1949 年初当年大事中拟订 6 月来台督导军事，7 月完成台湾防务预备；至于对外称病并在台湾休养的陈诚，也在蒋介石催促下，迅速接替魏道明出任台湾省主席，为"国府"迁台预做准备，蒋介石并同时发布由蒋经国出任国民党台湾省党部主委。

陈诚压阵，是蒋介石的重要后路，尤其台湾刚发生过"二二八"事变，因此蒋介石在发给陈诚的手令中，特别要他"多方利用台籍学识较优，资望素孚之人士，参加政府工作"，"特别培植台湾有为之青年与组训"，"收揽人心，安定地方"，同时还叮嘱陈诚处事务必稳重，对下和蔼，切不可躁急、操切、个人主观。另外，大军未动、粮草先行，蒋介石在陈诚就任后，赶在 1949 年 1 月 10 日下野前，命中央银行将约 80 万两储备黄金移往台湾、厦门，由蒋经国、亲信周宏涛督运。2 月 10 日左右，上海仅余留 20 万两黄金。陈诚 1949 年底在台实施币制改革，正是以这批黄金作为改制基金 4。

四五月间，蒋介石在蒋经国陪同下，搭乘"太康"舰自溪口抵达上海，见情势不佳，再搭乘"江静轮"驶往舟山群岛南下巡弋。5 月 5 日，离开上海前，他除带着蒋经国去虹桥路拜别宋美龄父母坟墓，也没忘了去东平路"爱庐"看最后一眼。想起当年爱庐在蒋介石与宋美龄新婚时的风光，蒋介石也落寞地承认，如今"全室皆空，但觉凄凉与愧惶而已"。

当时，美军已无意继续增援蒋介石或让国共双方在上海决战，反而建议蒋介石尽早撤退；负责上海防务的汤恩伯更直接向蒋介石暗示，对上海的固守已然没有把握。加上陈诚在 4 月底即拍发电报促蒋介石尽早来台，因此 5 月 7 日，蒋介石乘"江静轮"离沪，赴舟山群岛视察机场等各项防务设施，但事实上，他

3. 张其昀（1901 年 9 月 29 日 – 1985 年 8 月 26 日），字晓峰，浙江宁波鄞县人，为知名历史地理学者，蒋介石幕僚之一。1949 年到台后，曾任国民党总裁办公室秘书组主任、国民党中央宣传部长、"教育部长"、国民党中央评议委员兼主席团主席、"总统府资政"等职，又创办了"中华学术院"和"中国文化学院"（"中国文化大学"），邀请钱穆、杨家骆、黎东方、梁嘉彬、蒋复璁、陈立夫、高明、宋晞、曾虚白、谢然之等知名学者任教，名重一时。
4. 其实早在 1948 年 12 月 1 日，中央银行第一批储备黄金 260 万两就已经从上海转运台湾。蒋介石接下来又密令联勤总部以预定密约方式，将中央银行余下黄金分两批转运来台。再加上 1949 年 5 月由汤恩伯经手的第四批黄金，前后约 700 万两。
5. 1949 年 3 月间，蒋介石已打算以三年生聚、三年教训的勾践精神，把中央党部与中央机构搬到台湾另起炉灶。因此蒋介石在澎湖停留期间，开始规划包括海防与经济发展的民生主义实验区，以及具体的在台三年发展与财政计划。至于蒋介石高度重视的舟山岛定海机场，之后也发挥接应汤恩伯撤退部队来台等功能。

在途中船上的日记已写明，想建设台湾为实现三民主义的省区，亦即锁定此行目的地即为台湾[5]。

不过根据蒋介石规划，倒没有悲观到除了台湾便无死所的地步，他还是期待能建立双重战场，一方面通过抗战的大后方——重庆，奠定西部基地基础，同时通过控制东南各省与沿海岛屿作为第一线，建立前线训练干部基地，兼而建设台湾成为后方屏障，图谋"反攻大陆"。例如，当年大陈岛就陆续聚集5万多人准备反攻；之前并无军队驻防的金门，也由上海建筑包商兴建海岸班防卫岗哨、碉堡20余处。同时为加强对上海、南京等地的攻势与轰炸封锁，蒋介石与蒋经国也特别关切舟山群岛机场设施修建进度，多次亲往视察，希望以舟山群岛牵制封锁沿海，窒息经济，并待国际情势变化后伺机反攻长江下游。

据陶启圣回忆，澎湖是继鼓浪屿之外，蒋介石认为较适宜发展成训练干部前线基地所在，所以蒋介石随后自定海搭乘专机飞福州，并于1949年5月17日自定海转赴澎湖马公视察，蒋经国随侍在侧。当时为安排蒋介石落脚，一部分侍卫早于几天前到澎湖摸清楚附近环境，其余先赴台湾花莲驻守。据跟随蒋介石来台的侍卫回忆，曾向蒋介石报告行馆本来是一片墓地，蒋介石却说，"墓地风水地理才好"。

蒋介石观望是否赴台

蒋介石于17日下午4点50分降落澎湖，落脚后进驻城外的贵宾馆，据蒋经国记载，蒋介石到了澎湖后，眼看"中枢无主，江南半壁业已风声鹤唳，草木皆兵"，才下定了决心去台"重振革命大业"，在澎湖也只逗留约一周时间，策划江南作战，与上海、华南两战场指挥事宜。其实由于海风太大、盐分过高，马公的建筑及生活资源均不适于建立所谓训练基地。事实上，陈诚之前早派人

◆第一宾馆内的蒋中正塑像
开放的第一宾馆内陈列有纪念蒋中正的铜像和他亲笔书写的对联，让展出内容更加丰富。对联上书"重建民国的基地，匡复中华的起点"，是因当年蒋介石眼看"中枢无主，江南半壁业已风声鹤唳，草木皆兵"，决计前往台湾"重振革命大业"。（上图）

◆第一宾馆内陈列的照片
第一宾馆的修缮和重新开放，得到了众多热心人士的关注和无私奉献，许多珍贵的老照片由众人提供，使得第一宾馆的重新开放能够得以风华再现。循着蒋介石和蒋经国留下的历史影像的指引，仿佛又寻得蒋氏离开大陆，"驻跸"台湾的点点踪迹。（下图）

到此勘察，发觉交通通信颇为不便，因此早在 4 月 29 日电报中即建议蒋介石痛下决心，尽早长期"驻跸"台湾，以作为"革命复兴最后根据地"，无须有其他顾虑。

眼见为凭，待蒋介石到了澎湖，东南海上基地构想不攻自破，甚至发现澎湖要塞和营区破败无人，蒋介石还气愤地在日记中称"遁迹绝世了此一生"。不过在澎湖岛上，虽然情势紧张，气候又相当热，蒋介石却不改雅兴，在蒋经国陪伴下，前往原名"文石书院"的孔庙出游，并游览岛上东街、潭边、镇海、赤崁、后寮、通梁等地。

包括陈诚以及负责督运黄金来台的央行总裁俞鸿钧[6]等人，特地于 5 月 21 日飞来马公探访。至于陈诚此来，运抵台湾的黄金则是一大关键。原来李宗仁此时眼看军政遭蒋介石抵制，长江防线又被解放军击溃，南京失守，上海、杭州岌岌可危，因此早飞往广西桂林与桂系将领商议应变之道，但国民党却打算转到广州另起炉灶。

当时国民党由居正[7]、阎锡山[8]、白崇禧等人飞往桂林协调，希望劝回李宗仁。李宗仁则委由居正交给蒋介石六点备忘录，即所谓的《谈话纪录》，作为加入广州国民政府的条件，这六点备忘录中，要求完整的军事、人事权，将移往台湾的黄金与军械运回，并请蒋介石出国后，李宗仁方肯回到广州主持大计，否则他将"自请解除代总统职权"。

蒋介石看到何应钦转来的《谈话纪录》后，在日记中痛批李宗仁"愚拙荒唐"，"为任何无耻军阀所不及"，更"展现蛮横、恫吓、要挟、争权夺利，最卑

6. 俞鸿钧（1898 年 1 月 4 日 - 1960 年 6 月 1 日），广东省新会县荷塘镇塘坦村人，上海圣约翰大学毕业，国民政府高级官员，财经专家。抗战时期担任财政部长，胜利后接任中央银行总裁，受命主持上海央行黄金储备运往台湾。国民政府迁台后先后出任"央行总裁"、台湾"省政府主席"、"行政院长"，因拒绝"监察院"约询遭弹劾。辞职后复任"中央银行总裁"，1960 年病逝于台北。

7. 居正（1876 年 - 1951 年），字觉生，别号梅川居士，湖北广济人。1905 年留学日本，同年加入同盟会。1909 年，为武昌起义策动人之一，1912 年，任中华民国临时政府内政部次长并兼所有部务。1925 年，发起西山会议。1932 年任命为司法院长，任期至 1947 年。1948 年被中华民国国民大会代表联署提名第一届"中华民国总统"候选人，不过以悬殊票数落败于蒋介石。1949 年避难至台湾，旋即被任为国民党中央评议委员，直到去世。

8. 阎锡山（1883 年 10 月 8 日 - 1960 年 7 月 22 日），字百川、伯川，山西五台河边村人。1904 年赴日入东京振武学校，日本陆军士官学校毕业。1905 年加入同盟会。辛亥革命率部起义，任山西都督。之后曾支持袁世凯称帝。北伐期间通电拥护三民主义，改悬青天白日旗，被任为国民革命军第三集团军司令，因与蒋意见相左，中原大战时遭蒋大败。九一八事变后任太原绥靖公署主任。抗日战争任第二战区司令官，指挥太原会战等大小战斗。蒋介石下野后，李宗仁 5 月间原拟以居正替代请辞的何应钦出任行政院长，但因立法院差一票未通过，不得不由亲蒋的阎锡山于 1949 年 6 月在广州任行政院长，之后并兼任国防部长，负责 1949 年"国府"迁台过程主要政务。由于李宗仁自行赴美，阎锡山曾于 11 月 20 日以"行政院长"代行"总统"职，12 月 8 日率"行政院"自成都飞台湾，短暂代理"中华民国政府"在台军政。1950 年 3 月蒋介石复行视事，阎锡山自行辞职，并被聘为"总统府资政"，1960 年病逝于台北。

劣无赖之型态"，蒋介石更指李宗仁的最主要目的就是逼迫他出国。

蒋介石最后复函李宗仁，除坚持绝不出国外，以虚与委蛇的态度回应其他五项要求，特别在运台黄金方面，蒋介石更称当初是为避免国家财富遭劫持，所以下令转移到安全地点，"引退之后，未尝再行与闻"。眼看蒋介石无意就范，李宗仁仍转赴广州参与政务，并宣布由行政院在广州召集财政粮食会议，邀担任台湾省主席的陈诚出席。

陈诚此行大出蒋介石意料之外，加上台湾与澎湖电报不通，蒋介石也无从制止，直到会议结束后陈诚直飞马公请示，才让蒋介石稍微安心。他并于5月21日日记中写道："辞修不问利害与结果如何，贸然前往参加，如果桂系李、白向其要求运出台湾存金，而彼因应不宜，其可为其所害！白崇禧之卑劣毒谋无所不为之往事，毫不介意，甚为其危。乃为之设法脱身，未知其果能领悟否。"

这段时间里，蒋经国为传递蒋介石号令，搭机穿梭在马公、福州间，商量兴建碉堡事宜；也曾飞往台北和陈诚、彭孟缉商量如何安置涌进台湾的大批难民。原定蒋经国还打算飞上海视察，但因机械故障，转降台湾嘉义，当再度起飞并抵达上海上空时，机场已炮声大作，无法降落，蒋经国只能折返嘉义降落。

由于中国台湾地区被列为美国与中国香港地区之外"国府"人士避难的第三选择，大批党政人士与家眷陆续逃往台湾，松山机场几乎"银翼蔽空"，每天来台人数高达5000人之多，旅馆订房天天客满不说，市场秩序与物价均遭波动，黑市外币交易横行，黄金价格猛涨，从大陆迁台的大量物资、军品与政府单位更让基隆与高雄两个港口天天爆满。由于各种不利因素陆续恶化，迫使穷于应付的陈诚早在蒋介石抵达澎湖前，就以台湾人口激增、负担奇重，"财政经济，濒于最后关头"为由，于5月11日急电蒋介石，盼即刻飞台，安定人心[9]；他甚至希望蒋介石可以公开抵台视察的信息，同时"无须保密，以示自由"。

5月15日，还是没看到蒋介石动身迹象的陈诚，再度电催蒋介石尽快到台湾巡视，他并指出，看到《谈话纪录》，深感李宗仁只知利害与力量，决不能以理喻与情动；同时"领袖受辱，干部之耻也"，因此希望蒋介石径飞台北，一切不必顾虑。

至于蒋介石之所以游移海上，并从 17 日开始停留澎湖，据官方说法，是希望混淆解放军研判，不让台湾这张底牌提早被摸清，以防解放军集结兵力提早攻台。不过坊间也有说法称，蒋介石系因出发前与陈诚联络不上，临行前也未接到欢迎来台的电报，担忧意外才徘徊不前。毕竟当时陈诚除掌管迁台物资分配，包括党、政、经、军、情都是大权在握，一人身兼台湾省主席、国民党中央在台物资处理委员会主委、台湾省警备总司令、台湾省党部主委等要职，极为关键。例如，对蒋介石已没有任何期待的美国，即私下再度探询陈诚"驱蒋自立"的可能性[10]。虽然陈诚虚与委蛇，希望骗到美援，但美国人还是研判陈诚并无背叛蒋介石的可能，政变方案胎死腹中，甚至陈诚还向蒋介石陈报美方要求，表达他个人的绝对效忠。

相较之下，当时陈诚与蒋经国间关系更值得玩味，台湾政坛传言，当时蒋经国虽出任台湾省党部主委，但在台特务单位却曾对蒋经国在台住处与行止进行 24 小时秘密监视。蒋经国更早在 3 月间去函蒋介石与宋美龄，批评陈诚"在台湾亦不能持久"。加上蒋介石此来对外一切保密，对安全与行止格外慎重，因此才在澎湖停留长达约 10 天时间。

蒋介石直到 5 月 26 日才搭机来台，不过也并没有直接搭机飞往台北与陈诚会面，而是先抵达高雄冈山机场，再转赴凤山要塞登岸，此要塞系由孙立人在台训练的新军驻守。据孙立人旧部、已故联勤总司令温哈熊的说法，蒋介石一到港口并视察部队时还问孙立人，"你觉得安不安全"？孙立人不但打包票宣示部队坚决效忠，安全无虞，同时回答，"总统，有我在，绝对安全"，蒋介石才安心登岸。

抵达台湾后，蒋介石驱车转抵高雄西子湾行馆停留，开始擘画布局保卫东南防线。只是未料这番肝胆相照不久，孙立人竟遭蒋介石以涉嫌军事政变为由，软禁数十年。

9. 为避免台湾情势被大陆变局拖垮，陈诚也于 5 月 20 日起宣布台湾全岛戒严，实施严格的户口检查，并将没有入台许可或证明的人遭返大陆。

10. 其实美国驻台单位早在 1948 年秋就曾评估蒋介石迁台将会把中国的混乱带到台湾，主张应就如何撤离美方在台人员预做准备。美方驻台总领事克伦兹并尝试接触当时台湾省主席魏道明，希望通过提供巨额贷款，让台湾"自治"，或说服蒋介石不要来台。不过蒋介石随即指派陈诚接手台湾政军经济全局，克伦兹虽认为陈诚并非能配合美国、拒绝蒋介石来台的人选，但仍继续探询陈诚配合的可能性，因陈诚表态拒绝，美国才放弃和陈诚接头合作事宜。当时美方希望国民党军的自由派能出面接管，避免让蒋介石来台，因陈诚不配合，克伦兹甚至建议直接换掉陈诚，改由在南部练兵的孙立人接手省主席。相关建议也曾由美国驻华大使司徒雷登在南京转达给代总统李宗仁，不过李宗仁把问题推了回去，表示只有蒋介石才能决定此任命案。

**金门炮战前进指所：
记录炮战全过程**

朝鲜战争爆发，孤居的中国台湾地区与美国关系迅速改善。台湾 1950 年初的窘状已是明日黄花，澎湖一举成为两岸海域安全枢纽。尤其从蒋介石一直提防大陆方面倾全力解放台湾，因此与蒋经国不时从本岛或澎湖搭机前往金门视察。

由于蒋介石与宋美龄只要巡视澎湖，便会下榻贵宾馆，是以早在 1951 年，台湾军方就在贵宾馆西侧兴建地下指挥中心，厚实墙壁搭配军舰舱门规格的铁门，地下防御工事形同战堡，并有手摇式毒气抽风设备、防弹避难设施，据称能抵挡原子弹与毒气攻击。特别为加强澎湖防务，蒋介石还委由昔日黄埔一期爱将胡宗南[11]率兵镇守澎湖。

1958 年，台海爆发"八二三"炮战，澎湖贵宾馆又意外扮演举足轻重的角色。当时大陆方面炮火猛烈，美国国防部隔日即将第七舰队布防台湾海峡，并协助国民党海军补给金门[12]，甚至通过第三方表示，可能在战役中使用战术核武器。由于澎湖是金马前线重要后勤补给区，蒋介石前进指挥中心正设在澎湖贵宾馆，他并多次自台赴澎湖督阵。至于在第一波炮击攻势中负伤回台的俞大猷，更立即与美方海军联系，就近自琉球要来蒋介石多年争取未果的新型 M115 式八寸口径自动推进榴弹炮，增强前线火力。

八寸炮为美军"二战"时先进武器，炮管长为口径的 25 倍，有效威力半径达 87 米，最大射程 16800 米，普通弹丸 91 千克重，因射程远，甚至可发射核子弹头，因此兼具战斗与战略吓阻效果。因此蒋介石于 9 月 12 日与俞大猷同赴澎湖视察后，即与美军协防司令史慕德协议，优先运送八寸榴炮，全力压制大陆方面炮火。

由于金门海域已遭封锁，如何让这批武器运抵前线成为一大难题。蒋介石当年便是在澎湖贵宾馆临时指挥所坐镇指挥执行"轰雷计划"，监督登陆运输车营自马公运送八寸榴弹炮增援金门任务。蒋介石不但连日行止随重炮来去台澎而转移，并亲临澎湖土里海滩滩头察看运送装卸及抢滩演习，等到各炮妥装完竣并搭载于船坞后才离开澎湖。

第一批八寸炮临行前，蒋介石回到澎湖主持航前会议，并讨论金门海上补给办法；之后虽飞返高雄，但八寸炮于18日出发后，蒋介石又突然飞抵马公，视察船坞舰绕道澎湖海峡北驶转道而行，直到确定新武器装上运输船出海后，才又飞返冈山回西子湾。甚至第二梯次"轰雷计划"发航时，蒋介石依旧莅临澎湖督导，足见对此的重视。

八寸巨炮于9月19日零时50分运抵金门，一向早睡的蒋介石，竟然撑到蒋经国向他报告相关信息仍未就寝。金门部队随即展开为期八天的装备与操作训练，于9月26日下午以重炮还击；相较国民党部队先前使用的155毫米口径六寸炮，这批八寸炮不但射程更远，也更有火力压制性，连炮手的手表表面都被震碎，甚至因炮火落击后真空，造成范围内人员死伤，一度让人误以为国民党使用原子武器。

在这场战役中，金门守将胡琏在炮战爆发前夕擢升38岁的郝柏村[13]代理小金门师长，在他的死守下，22万发炮弹并未让烈屿失守。其决心与斗志深受蒋介石赏识，战后蒋介石擢升郝柏村出任"总统府侍卫长"的命令，正是在澎湖贵宾馆内批示的。现今贵宾馆内指挥中心办公室里，还保存着蒋介石当年使用的桌椅、床铺及手摇式电话；同时，主建筑后方也可循着当年仅容一人通行的几百米地下通道直通屋外；通道旁也有几间战备用防空避难室，足以见证当年战事紧张。

至于驻防金门的八寸榴弹炮，之后则配属在金防

11. 胡宗南（1896年4月4日-1962年2月14日），宁波镇海人，原名琴斋，字寿山，黄埔军官学校第一期毕业，蒋介石四大心腹爱将之一。抗战期间担任第三十四集团军总司令、第八战区副司令长官、第一战区司令长官等职。国共内战，一败涂地，胡宗南于1950年3月西昌战败后前往台北，并调任"总统府"战略顾问，虽遭"监察委员"联名弹劾，但因蒋介石庇护而失败。1951年，胡宗南复职指挥沿海游击队。1955年，胡宗南再赴澎湖任澎湖要塞司令部指挥官，并参与金门炮战。1962年病逝于台北，葬于阳明山。
12. 随着紧张情势升高，美军除与国民党军队举行防空两栖作战联合演习，也派驻F-104A"星"式战斗机及"胜利女神"飞弹营至台湾，同时成立作战指挥中心；尤其将地对空飞弹"胜利女神"飞弹营进驻台北郊外，以加强台湾本岛防空力量。这时台湾海峡附近已集结了美国海军半数的7艘航空母舰、40艘驱逐舰、3艘巡洋舰、1个潜艇集群和20多艘后勤补给船只。
13. 郝柏村（1919年8月8日-），字伯春，江苏盐城人，"陆军官校"第十二期炮科毕业，抗战期间曾随孙立人率中国远征军第三十八师赴缅甸作战。1958年金门炮战期间在金门担任第九师师长，奉命率部戍守小金门有功，获颁"云麾"勋章与"虎"字荣誉旗，并升任金门防卫司令部司令。之后深获蒋经国器重，调升"参谋总长"。1988年李登辉继任"总统"后，升任郝为"国防部长""行政院长"，但因与李登辉对两岸关系看法不同，1992年宣布辞职，任国民党副主席，1996年退党，与林洋港搭配参选"总统"。2005年2月6日国民党主动恢复党籍，并聘任为国民党中央评议委员会主席团主席。

部炮兵指挥部，阵地也已经要塞化，成为国民党军队长期倚重的重炮主力。只是据说当年美国怕火力射程过远，担心八寸炮被国民党拿来自主使用，或配合登陆艇抢滩，因此早已故意锯短了炮身，以缩短射程。

『两蒋』旧迹 逐渐对外开放

占地 1.8 公顷的贵宾馆，入门后会先通过成排老树构筑成的绿色隧道，周边并有大片绿地，主建筑外墙以咾咕石砌成，屋内以木柱支撑屋顶木桁架，内部隔间墙多为木板或苹仔壁，屋顶原为黑瓦。1956年，第一宾馆自原先的贵宾招待所改为专属的"总统行馆"。

随着行馆改制，澎湖要塞司令部也将日式榻榻米、拉门和木地板等设施拆除，改为欧式起居空间，加入红色地毯和弹簧床，浴室也改成西洋现代设备。但总体而言还是采取和洋折中式样，外观典雅肃穆并仿"唐博风"式构造，屋内则是地板抬高，平面周围为走廊。

至于行馆中央则为六间客房，分别是蒋介石、宋美龄、蒋经国和4 名侍从官的卧房，并设有接待室与办公室，厨房、浴厕位于外围，房间四面景色各自不同，相当雅致；家具摆设装潢与其他蒋介石行馆维持一样的基调，强调简单朴实而幽静。

1949 年后直到 1971 年蒋介石最后一次到澎湖巡视，一定下榻贵宾行馆，每次至少一个星期，每年至少一次。不过宋美龄因皮肤过敏，不习惯澎湖炎热及海风盐分，很少与蒋介石同行。

行馆后方是景致优雅的花园，从阳台则可远眺马公近海，并观察军舰进出马公港。胡宗南驻守澎湖时，还曾在三面临海的山坡上为蒋介石兴建了一座凉亭，东可望案山渔火，西眺西屿落霞，南面俯瞰台

◆介寿亭
金门炮战结束之后，澎湖第一宾馆继续充作"总统行馆"，居民自发募款筹建一座"介寿亭"，以怀念蒋介石。介寿亭的视野极佳，远眺西屿落霞，近观弄潮儿、海豚亭、望潮亭、观音亭古刹、第一宾馆和妈宫古城墙。选此地兴建介寿亭，想必看中其视野开阔、居高临下之优越地势。

湾海峡，景色极佳，蒋介石之后每来澎湖早晚都要到亭中小憩。不过胡宗南于1962年逝世后，蒋介石乃嘱军方重新修整凉亭，并亲自命名为"宗南亭"，并在澎湖林投公园为胡宗南竖立铜像。

金门炮战结束后，澎湖贵宾馆继续充作"总统行馆"，并由"陆军总部"、澎湖防卫司令部管理，屋旁除了间供校级以上军官居住的招待所，并新建有一座居民自发募款筹建的"介寿亭"，以怀念蒋介石。蒋经国每到澎湖巡视防务与民生建设，或关心居民缺水、渔民生计问题，也都下榻贵宾馆，不时可看到他在此缅怀蒋介石、思考大政。据说中美断交前，蒋经国也曾在馆内会晤"美国大使"，商讨断交后双方关系事宜。

在行馆待了50多年的侍卫刘晨曦也曾回忆，由于澎湖缺水，蒋经国有次到澎湖巡视，自己打理洗澡的事，结果隔天他发觉浴缸一滴水都没有，反倒是挂在一旁的毛巾布满污垢，原来蒋经国说，老百姓没水吃，我洗澡要用掉多少水，洗个脸就好。还有一次，蒋经国装着心脏导管，在医护人员搀扶下坐直升机到澎湖巡视，当时蒋经国还开玩笑地说，"老刘，这可能是我最后一次来看你了"。最后果真一语成谶。

蒋经国执政末期虽宣布解严，但因澎湖战地特性，贵宾馆仍维持原先闲人勿近的门禁管制，李登辉到澎湖视察，同样也下榻由军方严密看守的贵宾馆。直到1992年，台湾军方宣布为纪念蒋介石诞辰，首度对外公开行馆内部陈设，才开始行馆开放事宜；之后军方同意将第一宾馆管理事务交还县政府，第一宾馆更被澎湖县政府宣布为县定古迹，并于2000年冬天开始对外全面开放，供游客任意参观凭吊。

今日澎湖贵宾馆花木扶疏，位于马公市近郊观音亭海边与水产职校间，邻近澎湖青年活动中心旁，已经是澎湖当地著名景点。澎湖县政府观光局计划把行馆规划成为"马公市后花园"，除整修行馆四周景观，兴设人行步道、灯光及植栽，并将结合外围地区发展为具有文艺、观光、游憩及消费等多功能的新商圈。

高雄西子湾

高雄市西子湾早在清代就是"台湾八景"之一。20 世纪初日据时代，更是台湾南部游览胜地。由于位居要津，"二战"时期被日军占为基地，并将其中一处私人住宅开征为军官俱乐部。台湾光复后，蒋介石看上此地战略价值，沿用日军厅舍，并成为他 1949 年在台停留时第一个行馆。

无暇于领略当地风光，情势愈加狼狈的蒋介石，在名将孙立人力保下，踏上台湾土地。在西子湾行馆内，面临国民党全面败退的劣势，蒋介石更着手草拟防守及治理台湾计划，为转进台湾立下根基。

国民党迁台后，西子湾行馆始终担负着蒋介石南部地区首要行馆与临时指挥部任务；"八二三"炮战爆发，这里是蒋介石运筹规划的基地；每年"陆军官校"校庆，蒋介石势必会"驻跸"于此，以便前往高雄凤山检阅军队。直到蒋介石年岁渐长，不耐行馆浪涛声打扰睡眠，才移居澄清湖行馆，西子湾宾馆才渐渐步下历史舞台。

◆西子湾行馆

西子湾坐落于台湾高雄西隅沿海湾澳，沙滩广阔，风景秀丽，"西子夕照"早在清初即为"台湾八景"之一。第二次世界大战期间，西子湾被日军占领，设立海防据点。台湾光复后，此屋则由海军总司令部接收。1949年，国内战局陷入不利的蒋介石搭机飞往台湾，这里成为其在台落脚时的第一个行馆。1952年，此馆由"总统府"第三局接管，整修后作为蒋介石在南部"驻跸"之所，并且定名为"西子湾行馆"。西子湾行馆始终担负着蒋介石南部地区首要行馆与临时指挥部任务，正是在此馆中蒋介石草拟防守及治理台湾计划，为转进台湾立下根基。

62 岁来台第一行馆，两次临台心情各一

西子湾坐落于台湾高雄西隅沿海湾澳，也称"洋路湾""洋子湾"或"斜仔湾"，因闽南语谐音，渐称为"西子湾"。北端位在柴山西南端山麓下，南面隔海与旗津岛相望，平滩、浅沙及天然礁石四布，椰林、浪花增添热带风情，"西子夕照"早在清初即为"台湾八景"之一。全台第一座洋楼也出现于此。[1]

日本占据台湾后，于1916年在西子湾设立寿海水浴场，成为高雄民众游憩的重要景区。1923年，为迎接日本皇太子裕仁抵高雄视察，殖民政府不但将附近的打狗山改称为"寿山"，并于西子湾畔兴建"寿山馆"，作为太子驻泊所。[2]

由于位居要津，"二战"时期，西子湾被日军占为基地与海防据点，海水浴场不再，长堤上筑起军事碉堡，日本海军并将西子湾畔北侧一栋由高雄医师彭清约于1937年所建二层楼和风西式建筑征收为军官俱乐部，也就是西子湾宾馆前身。1945年抗战胜利后，此屋则由海军总司令部接收，作为贵宾招待所，称"寿山官邸"。

1949年5月25日，结束长达10天在澎湖的徘徊，在孙立人保证下，蒋介石搭机飞往高雄冈山，再登舰转往寿山旁港口登岸，并检阅孙立人为他训练的新军，是以西子湾海军招待所成了蒋介石1949年在台湾本岛落脚的第一个行馆。蒋介石在当天日记上没有提到为何在台海间徘徊不前，只记载，"到冈山下机，叔铭[3]来迎，直上高雄要塞之寿山官邸，背山面海，坐北向南，林木葱茏，神悦心怡，不胜自得之至"。

1. 全台第一座洋楼，系由天利洋行于同治四年（1865）2月，在西子湾畔哨船头小山丘兴建，是当时英国掌理海关税务工作的重要据点。

2. 同样位于西子湾，裕仁抵达高雄视察时，夜宿于殖民政府特地为他兴建的寿山馆。此处并非日后的蒋介石行馆，但风景清幽，裕仁曾利用时间登寿山观赏风景。裕仁离台后，寿山馆也成为日皇室度假憩息之处。日本人同时在当地筹建森林公园与登山公路。寿山并于1926年被日本报刊选为"台湾八景"之一。

3. 王叔铭（1905年10月16日—1998年10月28日），本名勋，号叔铭，山东诸城人。黄埔军官学校第一期，历任美籍志愿军大队中国人员管理处主任、空军军官学校教育长等职。1946年6月，调任空军总司令部少将副总司令，1952年3月，升任"空军总司令"。1957年升任"参谋总长"。曾任"驻约旦王国大使""总统府战略顾问"。1998年病逝于台北，享寿92岁。

草拟防守及治理台湾计划，首重建特务机构

在行馆落脚的蒋介石，除了登寿山、视察要塞与部队，召见第十二兵团司令胡琏[4]，指示出兵打通后方补给地潮汕准备保卫台湾外；由于东南战事紧张，蒋介石此次赴台行程从舟山群岛搭机离开大陆开始，一直保持高度保密，并不对外泄露，以策安全。

因此李宗仁与多名非蒋介石高度信赖的党政要员，根本搞不清楚蒋介石的动向与落脚处。倒是蒋介石借着在西子湾行馆停留的空当，着手草拟防守及治理台湾的计划。因此蒋经国在日记中记载，蒋介石此时已认为，"此后应以台湾防务为中心"。换言之，他已确定要把台湾当作"反共复兴基地"了。

6月2日，刚好是端午节，蒋介石与蒋经国父子虽然同聚高雄，但已无过节的雅致，反倒是蒋经国曾自述，在这番风雨里，想起了爱国诗人屈原投江的故事，足见当时情势之紧张。

至于蒋介石，一方面加紧研究整军、防务，并手拟八项应在台采取的重要政策方针，由台湾省主席陈诚尽速办理；包括台币改革、军队人事、施政方针与经济政策、预算与兵额、成立三军将校团、军队生活改良、军纪整顿、军民合作。同时计划召开台湾军事会议，目标是集中管理军中财务调度，解决兵额编组与防务等问题。

此时蒋经国也向蒋介石提议，需紧抓特务机构，防杜干部叛变与动乱，因此蒋介石与蒋经国在高雄特地召集唐纵、毛人凤等人，成立了政治行动委员会，即台湾日后的"总统府机要室资料组"与"国家安全局"的前身，统筹陆续抵台的各情报与治安机关，由

4. 胡琏（1907年10月1日－1977年6月22日），字伯玉，陕西人，黄埔军校第四期毕业，属陈诚的"土木系"。抗战时曾以第十一师师长于鄂西保卫战中死守石牌要塞，成功阻止日军自三峡进窥重庆，荣获"青天白日勋章"。胡琏第十八军为国军五大主力之一，善打硬仗，深获蒋介石信赖，将第十八师扩编为第十二兵团，但在徐蚌会战中覆灭。胡琏身受重伤，后在上海接受手术。手术后，蒋介石指示重建第十二兵团，在1949年古宁头战役大显身手。1949年后任金门防卫司令，并率部指挥金门炮战，历任"驻越南共和国大使""总统府战略顾问"等职。

蒋经国全权负责，为蒋经国接下来负责"监督筹划情报业务，对大陆游击活动的派遣和指挥"，以及为安定台湾情势而执行的全面肃清政治动作做准备 5。

在西子湾，蒋介石也接见了刚接替何应钦出任行政院长的阎锡山 6，除了交付阎锡山关于当前国民党政府应执行之七项政策，与未来新阁国防、外交等重要人事等指示，蒋介石再度坚决反对白崇禧出任国防部长，由于担心李宗仁把驻美大使顾维钧换掉，从而掌控整个外交体系，他并指示阎锡山关于英、美等重要国家使节不宜轻易更动。此外，蒋介石也约了俞鸿钧一同共商阎锡山内阁的财政与经费问题。

根据蒋介石指示的战略布局，他要求"国府"军事应采东西两方面作战，东面以舟山、台湾、琼州、长山各岛为根据地，向沿海各省发展；西面以甘肃、青海、四川、西康、西藏为基地，向中原发展。金融财政方面由台湾接济东南各省。此时蒋介石也指示空军，实施舟山群岛定海机场轰炸上海龙华机场，并由海军布雷封锁吴淞港等动作。

但情势如此，蒋介石根本难挽大局，不但陈诚对他下野后以"总裁"身份越级指挥抱怨连连，多次在雷震或部属面前指责蒋介石凡事插手的作风，更因抱怨各项整军备战计划欠缺准备，让他人力物力筹调困难而一度请辞。连蒋经国都称，"赣南及福州的军事情况，已日渐紧张……我军之颓势已难挽回……"让他感到"连夜多梦，睡眠不安"。

百般无奈之下，连蒋介石自己也在日记中写道，"很想能扭转危局，但环境如此恶劣，包袱又太重，自然是非常艰苦"，"念大势忧心如焚，几乎不知人生有何意义矣，悒郁闷损莫可言状"。

但是为了稳定军心，蒋介石还是表达出强硬立场，强调自己虽然已下野，但仍是"革命领袖"，对"革命军队"拥有无上权力，与是否是"总统"无关，他

5. 蒋经国接掌特务机关，以及他接下来推动的军中党部、政战体系等措施，深受许多人抨击，包括吴国桢、孙立人与雷震，都因此对蒋经国相当不满，连带让蒋经国在20世纪50年代的形象备受争议。以雷震为例，原先是蒋介石重要幕僚，参与国民党改造工作，蒋经国在蒋介石溪口下野时期，看到雷震甚至以叔叔称之，却因为雷震反对军中党部，主张军队国家化，两人不但翻脸，蒋经国甚至曾当面痛斥雷震，从此两人如同陌路。
6. 何应钦请辞行政院长后，李宗仁原拟由国民党大佬居正接任，但遭蒋介石坚决反对，他对外虽未表示意见，私下却痛批居正与桂系连手是打算亡党卖国，因此委由吴铁城、陈立夫联系国民党各派系立委反对，并派出曹圣芬等人赴广州传达他的意见；最后居正以一票之差落选，创下中华民国有史以来行政院长人事案第一个被立法院否决未通过的案例。李宗仁迫于无奈，找上同样有老资格的阎锡山组阁，在蒋介石默许下顺利通过，不过阎锡山就职也被外界视为国民党内右派势力与"CC派"企图影响政局的胜利。6月间，阎锡山赴台北处理其继母陈太夫人丧礼，因此也借此机会，抢在正式组阁前南下谒见蒋介石。

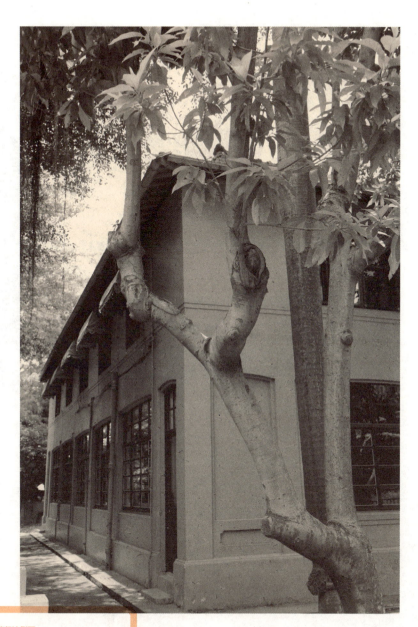

◆西子湾行馆侧面

树木掩映下的行馆披着淡绿色的外墙，既有保护色的作用，夏日也透出一阵清凉舒爽的感觉。1937 年，该建筑物落成，采和风形式，高两层。西子湾行馆是蒋介石时代在高雄最重要的象征，隔绝市区、毗邻海湾的特点凸显了它的地理特色。至今，里面仍旧陈列着蒋介石来台的重要文物，与已改为艺廊的建筑本体相得益彰。

◆这是一张罕见的老照片，向来低调的蒋方良少有交际时的留影。1956 年，蒋经国夫人方良女士常常来到位于高雄的西子湾，探视她当时在"陆军官校"受训的长子蒋孝文。在这座位于高雄西子湾内的"总统行馆"旁的凉亭当中，方良女士与一行女友留下一帧照片，照片内衣着得体、气质颇佳的女友们有些面生，但个个都是高雄西子湾高官的亲眷。右侧第一位是高雄要塞司令张国疆将军的夫人；右二是石觉将军夫人张复权女士；右三是高雄凤山"陆军官校"校长谢肇齐先生的夫人谢余立女士。在其晚年，她以 64 岁的高龄在旧金山获得针灸行医资格，自我追求之精神让人肃然起敬。左三为方良女士；左二为陈叔同夫人周痕静女士（陈叔同先生是陈布雷之幼弟，日后亦步乃兄之后尘，担任蒋介石机要秘书）；最左侧一位应是当时空军屏东运输联队队长宋树中先生的夫人。因方良女士在此年频繁前往高雄西子湾，与军政要人的夫人也有颇多互动。

也"决不放弃'革命领袖'之职责与权力,无论军政,必尽我监督与指导之职责,任何人亦不能加以违抗也"。

不过蒋介石之前对陈诚若有似无的不信赖,似乎在抵台后出现转机,当时蒋经国重申,对陈诚治台不表乐观,认为台湾危机四伏,不早日改进恐将发生动乱,"陈诚先生恐难负治台之重任",因此建议以俞大猷取代陈诚。不过蒋介石并未多做回应,反而在返回台北召开东南军事会议后,委托陈诚接任东南军事长官职务。

此外,此时为调解李宗仁与蒋介石的矛盾,挽救国民党在广州岌岌可危的局势,于右任、阎锡山、吴铁城、朱家骅、陈立夫5人衔命来台,前往高雄等地请示蒋介石意见,这番大阵仗迎驾才让蒋介石在台湾驻留的消息曝了光。不过蒋介石对此并未立即回应,因为如何处理美国政府的负面态度,才是蒋介石真正的烫手山芋。

美方早已打算弃蒋,改与中共发展正式关系,主张台湾地位未定或联合国托管者也不在少数;人在西子湾的蒋介石可说如风中残烛,一日数惊,据说在西子湾停留的这几天中,还接到宋美龄两封来信,都在警告他留意美方可能强占台湾。极度忧虑的蒋介石除特地在6月17日召见王世杰,商议台湾处境与美方态度,更在6月18日日记中写道:"余必死守台湾,确保领土,尽我国民天职。"

但当时两岸风声鹤唳,麦克阿瑟[7]等驻日盟军高级将领更由于担心蒋介石守不住台湾,被解放军占领,因此由盟军总部参谋长阿蒙德草拟了一个将台湾暂时移交给盟军总部或联合国监管的计划,并告知国民政府驻日军事代表团。

6月20日,蒋介石接获正式信息,立刻通过驻日本东京代表团团长朱世明联系麦克阿瑟,强调暂管违反中国国民心理,"绝对无法接受",更与中国在开罗会议坚持争回台澎主权的立场完全相反。他也坚称,决心与中共作持久战,"国民政府"亦决不会成为流亡政府,因此希望麦克阿瑟协助说服美国政府确保台

7. 麦克阿瑟(1880年1月26日-1964年4月5日),著名军事将领,美国陆军史上最年轻的西点军校校长、陆军参谋长。1944年因"二战"战功卓著,晋升五星上将。1950年6月25日朝鲜战争爆发,麦克阿瑟任美军总司令。因反对杜鲁门有限战争主张,于1951年4月11日以"未能全力支持美国和联合国的政策"为由撤职,引爆美国反对杜鲁门示威,使杜鲁门竞选失败。为表达对麦克阿瑟的感谢,台湾地区第一条快速公路即命名为"麦克阿瑟公路",又名"麦帅公路"。

湾，中共新政权同时劝阻托管行动。怀抱着未卜的心情，1949 年 6 月 21 日下午，蒋介石与蒋经国一同搭机离开冈山，当晚抵达桃园大溪暂歇，之后再转到台北草山行馆居住，暂时结束了这一段在南台湾低迷萧条的日子。

南部临战指挥情治中心，三道金属制重门可防辐射

1952 年，海军总部奉命将这栋建筑物移交"总统府"第三局接管，整修后作为蒋介石在南部"驻跸"之所，并且定名为"西子湾行馆"。由于西子湾背山面海，蒋介石在此心情备感舒畅，因此时常同宋美龄南下"驻跸"。尤其自 1951 到 1966 年间，每年 6 月 16 日"陆军官校"校庆，蒋介石都会亲自南下主持，并住在行馆中。

两层楼的西子湾行馆，绿墙白瓦，每层楼面积约 429 平方米，绿色外观和翁郁林木相互掩映，建筑多处可见匠心，行馆内古木、花台、石灯、奇花、小桥、池塘的庭园造景优雅，可眺望西子湾美景。附近几栋较小房舍由警卫与随从人员居住，分别由木构的过水廊道连接，廊道动线与内部空间紧密接合，廊道屋瓦材料则与主体建筑相同。

西子湾沙滩广阔，风景宜人，蒋介石与宋美龄常常在西子湾沙滩散步、观落日，当时担任戒备的海军为保安全，常派驱逐舰警戒，并派一排陆战队士兵与两辆水陆两用战车滩头防卫。事实上，"要塞警备森严，像一道城墙一样，根本没有办法进去，再加'总统府'内部警备森严……恐怕还有电网地道"。

1958 年金门炮战期间，蒋介石也曾长时间住在西子湾行馆，与金门防卫司令部讨论战术指导，并由此赴澎湖督运军用物品，每日办公均在十小时以上，前后长达一个月。为担负军事指挥功能，台湾军方也在寿山邻近蒋介石行馆处设置地下临时战情指挥中心，地势东高西低，入口两处，除有碉堡式警卫室，

◆西子湾行馆也曾是会见贵宾的场所，各类设施配置都十分讲究。车库停放着1948年出厂的美国Packard轿车，是蒋介石来台前在南京的座车，1949年从南京运到台北，再从台北运到高雄；直到1955年蒋介石赴金门视察，这部座车还曾运到金门供蒋介石乘坐。如今这辆座车作为蒋介石纪念馆重要收藏，安静地停放在车库内，虽有发动保养，但不再开出去。

并具防原子辐射功能，三道金属制重门厚均超过10厘米。

指挥所内外都有发电室，通风良好；内部石壁外加一层金属皮，通道仅可容两人侧身而过，每隔一段路就会有凹进墙壁的警备空间，不过战情中心仅数平方米大，房中有日光灯、吊灯等设备，并铺有木地板，平均高度约两米。尤其第三道门内通道有处莲蓬头，应该是进入防原子辐射指挥所内冲去辐射物用，不过目前早已荒废数十年。

◆ 1999 年，"中山大学"重新整修行馆，将行馆的侍卫室、起居室、浴室及厨房改建为约 270 平方米空间的艺廊，作为艺文展览场所，称为"西湾艺廊"。其余如大厅、卧室等则保持原状，开放供公众参观。

Chiang Kai-shek Former Residence
Sizihwan Art Gallery

蒋公行馆

西湾艺廊

蒋孝勇曾养伤

外宾来台时，西子湾行馆也是蒋介石在南台湾重要的宴会场所，例如蒋介石于 1957 年即在此处接待访问台湾地区的约旦国王侯赛因。又如伊朗国王巴列维于 1958 年访问台湾地区，也是到南部参观海军基地与三军演习，并由蒋介石在西子湾晚宴；不过由于西子湾行馆空间较小，因此蒋介石当晚系安排巴列维赴高雄圆山饭店休息。1960 年，越南总统吴庭艳访台，蒋介石也是选在西子湾行馆与他餐叙，就军事问题交换意见。

由于西子湾行馆算是较正式的贵宾会见场所，因此相较之下，各项摆设都比较讲究。例如：目前行馆保存的餐具就是为接待侯赛因特地从台北的"总统府"搬运而来；行馆客厅皮制沙发椅是蒋介石由南京运来；餐厅内别具南国风味的贝壳沙发则由前高雄市长陈启州呈献。行馆车库停放 1948 年出厂的美国 Packard 轿车，是蒋介石来台前在南京的座车，1949 年从南京运到台北，再从台北运到高雄；直到 1955 年蒋介石赴金门视察，这部座车还曾运到金门供蒋介石乘坐。

1964 年，宋美龄最宠爱的幺孙蒋孝勇前往位于南台湾高雄的"陆军官校"预备班就读，继蒋孝文与蒋孝武都无法就读军校之后，蒋孝勇选择在军校就读，成了蒋介石的希望所系，更是台湾当局对外宣传的正面焦点；尤其蒋孝勇聪明伶俐，课业优秀，让"两蒋"都寄予厚望。据说蒋孝勇就是在这段时间，还利用休假日到行馆庭院筹设了鸟园。

只是运气不好的蒋孝勇，竟然于 1969 年在军校一次演训中伤了右脚踝，由于没有实时妥善治疗，导致软骨硬化，甚至连动两次大手术，才把软骨取了出来。当时蒋介石南下巡视，已改住较安静的澄清湖行馆，不过西子湾宾馆仍是门禁森严的招待所，蒋孝勇在养病这段期间，就在西子湾行馆内静养。宋美龄也曾多次前往探视。

1969 年 2 月 24 日，蒋介石还写了封信给蒋孝勇，信中说："昨闻你已病入医院，不胜系念。今特写信交武孙带来慰问，如你下周仍未痊愈，我与祖母就要南来看你，想与你同住几日；在西子湾养病或比医院为佳易愈也。余不多言，望早痊愈。"日后蒋介石还手书"持志养气、耐心养病"，希望为幺孙打气。只是受脚踝伤势影响，蒋孝勇已无法负担军事操练，最终还是放弃了军校梦，返回台北赴台大政治系就读。

蒋介石去世后行馆开放

蒋介石去世后，在蒋经国推动下，西子湾行馆于 1977 年由"总统府"核定改移交高雄市政府接管，并改为蒋介石纪念馆，同时全面开放西子湾风景区供民众游览。

行馆陈设方面，一楼餐桌、餐具仍原物呈现。二楼有主卧室、蒋介石及夫人办公室各一间。办公室有文房四宝、蒋介石亲写的"澄清楼"匾额，及宋美龄手绘国画《长相左右》。走廊两侧挂了一张张蒋家生活照，还有手摇式电话、自上海运来的老式烤箱等设施；蒋介石座车停放在车库内，虽有发动保养，但不再开出去。蒋孝勇兴辟的鸟园虽尚存，但只剩几只老鸟。

蒋经国随后指示在西子湾办理"中山大学"复校，并由亲信李焕于 1980 年出任第一届校长，当地除海水浴场外，其余约 45 公顷都被划入"中山大学"。为拓展校地，"中山大学"也划走了部分的行馆庭院，因此行馆越缩越小，缩在校园的一角，管理权也由市政府移交给"中山大学"。1999 年，"中山大学"重新整修行馆，重新粉刷，把原来的木窗改为铝门窗，随后将侍卫室、起居室、浴室及厨房改为约 270 平方米空间的艺廊，其余如大厅、卧室等则保持原状，开放公众参观。

草山行馆

解密蒋介石谋『反攻大陆』之『国光计划』

1949 年，国民党军队仓皇逃窜，溃不成军，败象已成定局，原本还在川滇奔走，希望稳住西南局面的蒋介石，终究强打起精神，与蒋经国冒着炮火轰击的风险，于 1949 年 12 月 10 日下午 2 点，自成都凤凰山机场搭乘由衣复恩、夏功权驾驶的 DC-4 运输机飞往台湾。

由于大陆近半已被解放，毫无塔台指引或地形地物参考，全程无线电关闭，在 9000 尺到 10000 尺的云雾中摸索 7 个多小时，高飞了氧气不足，低飞了又担心解放军炮火，异常狼狈。蒋介石途中"假眠三小时，未能成寐"，直到晚间 9 点，军机才确定飞过福州平潭，并于 10 点顺利降落台北，在陈诚陪同下，坐车抵达位于阳明山巅的草山官邸入住，直到半夜才就寝，虽然颓败依旧，但相较于成都的惊险，他在日记中记载，阳明山"空气清淡，环境清静，与成都灰塞阴沉相较，则判若天渊也"。

从这一刻开始，位于台北市北投区湖底路 149 号、阳明山公园第一停车场旁的草山行馆，正式成为台湾首座"总统官邸"。蒋介石此后再未回到大陆，也从未离开台湾。

虽然台湾地区和美国关系因朝鲜战争迅速升温，让蒋介石稳住偏安局面，但蒋介石从此没有再踏上故乡一步，甚至也从未离开过台湾，如同被禁足在这个小岛上，有志难伸。

草山行馆在士林官邸完工后功成身退，成为蒋介石夏日"驻跸"处，接待过无数权贵政要。蒋介石故去后，草山行馆一度荒废，却因转型艺文空间而找到新生命。只是随"去蒋化"风波越演越烈，草山行馆终毁在一场深夜恶火中，似乎诉说着"两蒋"在台湾的命运。

迎接裕仁访台而建

　　草山行馆前身为日本糖业株式会社招待所，建于1920年，系为迎接裕仁来台视察而修建。占地总面积近4300平方米，前后花3年时间建成，包括日式主馆与四栋随从人员居所。主馆面积近600平方米，大门石砌"哥特式"拱门与墙壁，配合日式木料结构房屋，外石砌、内木制，建材木料部分多为桧木，再搭配杉木，为当时阳明山特有的别墅风格。

　　步入行馆后，会先通过收发室与衣帽间，再经过川堂步入正室，内有大厅、会客室、书房、卧室、主卧室、起居室、客房、厨房，通过木制地板可以通到天井中庭与小花圃，起居室与小客厅外有观景露台。布置虽然简单，却有石砌壁炉，室外可远眺台北市区，风景优美。同时因为行馆处在不高的悬崖上，易守难攻，因此有一定的安全优势。

　　裕仁到阳明山、北投一带视察时，虽有大批人士筹划接待，却未在此享受闻名遐迩的硫黄温泉，只停留1小时50分钟[1]。裕仁返日后，行馆则成为日据时代名流雅聚的温泉别墅，一说即"福大招待所"。

　　战后，位于阳明山麓的草山行馆为台糖公司接收，改称"阳明山宾馆"。陈诚1948年到台养病时曾住在行馆附近，也确定蒋介石一旦转进台湾即可在此处落脚。当时草山行馆也作为贵宾招待所，例如1949年4月，宋子文[2]来台探望组训新军的孙立人，视察台湾实际情况，便下榻草山行馆。宋子文除会见孙立人与陈诚，也与美国驻台领事艾德加会晤，但此行仅停留两天即飞往高雄再返香港。

1. 据说当时蒋渭水等台湾知识分子串谋发动"假欢迎，真请愿"行动，引发殖民政府高度疑虑"岛人不稳"，加上传出可能有朝鲜人士发动暗杀传闻，因此裕仁并未多作停驻与过夜。
2. 宋子文（1894年12月4日－1971年4月26日），原籍广东文昌，生于上海，宋氏家族核心人物。哈佛经济学硕士、哥伦比亚大学博士，曾任行政院长、财政部长、外长。1947年傅斯年发表《这个样子的宋子文非走开不可》，成为批宋檄文。胡适更曾在日记里批评："报纸登出宋子文代行政院长职务。如此自私自利的小人，任此大事，怎么得了！"宋子文后期与蒋介石关系恶劣，1949年后经香港转到美国旧金山隐居，1971年于旧金山意外去世。

风雨飘摇宋美龄
返台共赴时艰

1949 年 5 月，蒋介石孤身来台，于 6 月 25 日从南部辗转北上后，首度入住草山宾馆作为临时官邸，并随即主持东南整军会议，包括何应钦、顾祝同均与会商议，蒋介石并指派陈诚整理军队。当时宋美龄仍在美国未归，眼看大厦将倾，蒋介石心中无奈可想而知。

接收后的草山宾馆大致维持日据时期原貌，加上位居后山，有山系围绕，隐秘性与安全性都比较高，从远处任何一个制高点看过来，完全看不到踪迹，同时加盖防空洞、密道，让这个官邸成为坚固的神秘禁地，也宛如国民党隐蔽的权力中心。

只是当时台海动荡，美方判定蒋政权已然破产，早在蒋介石还在南部停留之际，就已经陆续传出接管台湾之议，虽经向麦克阿瑟等人说明，但类似提法已俨然是美国政界主流，美国总统杜鲁门更急于摆脱蒋介石，希望与新中国建立正式外交关系。

蒋介石无奈之余，痛批美国让他一败涂地[3]，并气愤地在日记中写道，"如果以武力干涉或是侵台，则余必以武力抵抗，宁为玉碎，不以瓦全"。但知道美国还是重要靠山的蒋介石，也在日记中不无期待地指出，"确保领土，尽我国民天职，（台湾）决不能交归盟国。如彼（英美）愿助我力量共同防卫，则不拒绝"。

但杜鲁门此时已毫不避讳对蒋介石的厌恶，不但束手不理，还指责蒋宋孔陈四大家族为贪腐集团，蒋政权终结只是时间问题，拒提供蒋介石任何军事与经济援助[4]。1949 年 8 月 5 日，就在蒋介石启程赴韩国打算争取支持区域联盟之际，美国国务院更发表《中美关系白皮书》，落井下石，几乎正式宣告放弃蒋政权[5]。

对外，蒋介石似乎不以为意，沉着以对，"观月听涛、谈笑自若"，似乎不受影响。但他在个人日记里，却痛斥杜鲁门发布白皮书的做法"可痛可叹""幼稚无知、自断其臂"，更说这是中国"最大的国耻，也是最后的国耻"。

事实上，美国打算出一份检讨蒋政权的批判报告，已酝酿一年多时间，蒋介石听到消息时，已陆续要求叶公超、顾维钧竭力让美国收回成命，甚至连人在美国的宋美龄都企图调停风波，希望让这份弃蒋文稿能够搁置，甚至不要发表。不过在国务卿艾奇逊拍板下，这份封皮为淡蓝色的厚厚文件，还是如期公布并引发轩然大波。但宋美龄仍通过渠道在发布前取得校正稿本，并在8月初派员携回台北，供蒋介石事前参阅，并预做准备。

白皮书发布后，台湾全岛动荡，为争取支持，蒋介石没有如幕僚建议发动舆论反击，仅通过声明强调"严重异议"，指有损双方友谊与民主目标，却仍感谢美援与长远友谊。但他在日记里不得不承认，"美国对华白皮书之发表，实为我国民族与革命最后最凶之一击"。其影响之恶劣"比之俄史侵害我国、制我死命之毒计为更恶也"。

蒋介石委曲求全，正因为当时台海太紧张，解放台湾声音震天作响，甚至1949年12月中，美国已用官方文书正告蒋介石不会有美援，不打算任何军事介入后，蒋介石仍让陈诚去职，重用亲美的吴国桢、孙立人，希望换取美国谅解。蒋介石在日记中记载："此无异再冒险一次也。"[6]

1949年12月8日，蒋介石正式从成都抵台，由

3. 早在1949年1月31日，蒋介石就已在日记中怒指他之所以在内战中失败，"乃失败于俄史；亦非失败于俄史，而乃失败于美马"，即美国与对他不甚礼貌的美军将领马歇尔。蒋介石也认为，英美其实是因担心国民党遏止不了大陆方面攻势，导致南太平洋防线将被苏联打开缺口，所以才打算借"台湾地位未定论"等说辞放弃国民党，甚或出兵接管台湾。

4. 杜鲁门（1884年5月8日－1972年12月26日），美国第三十四任副总统，接替因病逝世的小罗斯福成为美国总统（1945－1953），任内发生原子弹爆炸、日本投降、"二战"结束与联合国成立等大事，"冷战"及朝鲜战争爆发影响美国民心甚巨。民主党籍的杜鲁门素以友善和谦逊闻名，但因"国府"在大选中全力支持共和党杜威，加上与蒋介石长期关系紧张，对国民党相当不友善，甚至某次专访指称"他们（国民党）都是贼……他们从我们给蒋送去的38亿美元偷去7.5亿美元。他们偷了这笔钱，而且将这笔钱投资在巴西圣保罗，以及就在这里，纽约房地产。"

5. 美国国务院于1949年8月5日发表《美国与中国的关系——着重1944～1949年时期》，即所谓"对华政策白皮书"，内容包括正文八章，附件八章，外加收录在内的《艾奇逊致杜鲁门总统的信》及《中美关系大事纪年表》，共1054页，约100多万字。详细说明第二次大战后协助国民政府经过，强调战后中国的情势发展不尽如人意，应由蒋介石率领的国民党政府自行负责。当时国务卿艾奇逊致总统呈文中更强调国民政府贪污、无能以及无法配合美国的军事和政治援助来进行改革，因此其失败是咎由自取。

6. 陈诚系于1949年1月接掌台湾省主席，不过1949年底，美方派人传话，台湾如需美援就要推动行政革新，任命新的省主席，取代不能适应情势的陈诚，加上暗示"只要吴国桢掌台湾省主席，美援就会恢复"，因此陈诚辞职交出省主席印信，改由吴国桢接棒。

于士林官邸尚未准备好，他再度单身住进草山官邸。当时美国参众两院虽然在"国府"努力下通过《继续援华方案》，麦克阿瑟也声援蒋介石，强调台湾作为"太平洋上永不沉没的航空母舰"，对西太平洋防线至关重要。但杜鲁门于1950年1月5日声明美国不拟用任何方式干预中国内战，不会军援蒋介石，更不会卷入中国内部冲突，未来也不打算提供在台军队任何军事援助与顾问意见，至于艾奇逊除讥讽蒋介石是"离弃大陆逃避海岛之难民而已"，也表明美国在东亚防卫半径范围，不包括韩国与台湾地区在内。

如此强硬谈话，加上连串撤侨弃蒋、弃台动作，台湾被解放只是时间问题，连带让宋美龄不断吃杜鲁门与白宫闭门羹。在美停留超过一年的宋美龄随即于1950年1月13日搭机返台，与蒋介石同住在草山行馆，蒋介石更感激宋美龄"在此危急存亡之秋，毅然回国共患难"。

但一如《蒋介石日记》记载，"近时国际环境险恶已极，国家前途更觉渺茫，四方道路皆已断绝，美、俄、英各国政府皆以倒蒋扶共，灭亡中华民国为其不二政策也"，"此时内外环境实为最黑暗中之黑暗"。

加上美国驱蒋自立的政变压力仍在，国民党内斗暗流频仍，受到美方压力，被蒋介石免除台湾省主席职务的陈诚，更多次与蒋介石公开起口角，质疑蒋介石"专制、独裁"，或对前线军队干预过多，并一再请辞蒋介石指派的各种军政职务，言辞动作激烈，让蒋介石曾在日记中抱怨陈诚"面腔怨厌之心理爆发无疑"，"心理全系病态也"。[7]内外交迫下，蒋介石的脾气暴躁，据说1950年5月间，蒋介石还曾致函杜鲁门，如果他下台的确有助台湾情势的改善，则他愿意再度下野。

---

7. 陈诚在1949年间就曾请辞但未获准，之后蒋介石虽任命他出任东南公署长官，但仍时常把请辞挂在嘴边。1950年1月12日在"革命实践研究院"演讲中，陈诚公开批蒋，说蒋介石言行都是空谈，甚至因为蒋介石干涉导致拖延，让台湾动乱从此而起。之后陈诚甚至因不满蒋介石越权，于1950年5月6日亲自向蒋请辞，表示他的健康、性格与能力都已不堪负荷重任，但仍遭慰留。

◆ 草山行馆

"草山"并非一山之名，而是泛指大屯山、七星山、纱帽山所围的山谷地区。日据时期，为迎接裕仁皇太子来台，各地修筑了一系列行馆供皇太子下榻之用，草山上由台糖株式会社修筑的招待所便是其中一座。如今的草山已是阳明山公园，由第一停车场拾级而下约50米，便能从绿树荫蔽中看见和洋混合式的建筑——草山行馆。行馆从修建到改造，从焚毁到重生，历经了数度变迁，建筑也结合了各个时期的时代特色，有西洋小屋组、日式门窗和石造墙体。虽然当年草山行馆无缘担负接待裕仁皇太子的任务，却接待了台湾日后最重要的人物——蒋介石。次年自美返台的蒋夫人亦居住于此，草山行馆便因此成为台湾第一座"总统官邸"。即便日后蒋宋迁居士林官邸，草山行馆亦凭借着清幽凉爽的环境优势，长期成为蒋宋的消夏之所。后陈水扁当选台北市长，执政当局推行"去蒋化"，行馆门前的蒋介石铜像亦被拆除，日后未再恢复。

麦克阿瑟访台
确保金门固守

直到朝鲜战争发生，国民党偏安局面才初步稳了下来。尤其麦克阿瑟于 1950 年 7 月 31 日，在对美国国务院保密的状况下飞抵台北，进行为期 22 小时的访问，更被"国府"视为一大胜利。当时麦克阿瑟要求一切从简，但蒋介石即安排麦克阿瑟下榻草山行馆以示尊重，双方并在附近的草山御宾馆进行会谈。蒋介石以下，包括陈诚、周至柔、孙立人、叶公超等国民党要员均参与了这场会议，宋美龄也到场作陪，随后双方军政高层继续在台北市区的"国防部"磋商[8]。

麦克阿瑟此行除了台湾协防问题，还特地谈到金门撤军问题。因为当时国民党眼看金马孤悬海外，没有美军协防承诺，加上解放军集结在闽厦地区，颇有渡海一战的风险，因此不排斥美国部分人士所提撤军提议。但麦克阿瑟强调，如依他的军人本能，"丝毫也不放弃"。此举也坚定了蒋介石决心，他随后并在军事会议中裁示，金门"固守不撤"。

当晚，蒋介石在草山御宾馆以中国菜款待麦克阿瑟。第二天上午，双方于草山御宾馆举行第二次会议，麦克阿瑟也承诺美国政府很快就会有关于台湾地区军事保护的正式政策。麦克阿瑟离台后，立即派遣副参谋长福克斯抵台担任盟军总部"驻华军事联络组长"。据麦克阿瑟的设想，由于正规划联军在韩国仁川登陆，如能出动国民党军牵制解放军，配合美军在东北的轰炸攻势，将有利朝鲜战争进行，但由于与杜鲁门主张朝鲜战争局限在朝鲜半岛的立场相违背，因此始终没有实现。

麦蒋互动密切，形同重新建立美国与"中华民国"军事与外交关系，这也是麦克阿瑟占领日本 5 年中，首次在日本以外留宿，让蒋介石所面临的局面更加稳定，他更称许麦克阿瑟作为军事政治家，是"罗斯福

8. 相较于杜鲁门坚决与蒋介石断绝关系，美国军方如参谋长联席会议立场较为和缓，美国军方在 1950 年 1 月便认为，一旦美苏开战，不让苏联得到台湾地区，"紧急应战计划"应延长到 1951 年，麦克阿瑟更在朝鲜战争前提出两个"备忘录"，强调台湾对美国太平洋防线的重要性，均较友蒋。

之后第一人"。但麦克阿瑟跳过美国国务院的做法也立刻引起质疑。据周宏涛说，宋美龄之后还将麦克阿瑟访台详情用 20 页信纸告诉与她关系密切的马歇尔，由于麦克阿瑟与甫接任美国防部长的马歇尔素有恩怨，宋美龄此举"等于替总裁的最大政敌做情报"[9]。

说也奇怪，草山官邸非常隐蔽，唯独官邸正上方小山坡有座美国总领事度假别墅，可以窥探官邸院子，因此国民党曾以有碍蒋介石隐私为由，在山坡边搭起高高的竹围篱，反倒是美国人不满别墅景观被挡住。不过蒋介石和美国关系日渐稳固是不争事实，美国于 1950 年 8 月 10 日调回态度高傲的代办师枢安，改派友蒋的卡尔·蓝钦出任在台首任"大使"，国民党即主动把围篱拆去，每逢要事，蓝钦信步走到官邸即可与蒋会晤[10]。之后包括美国总统艾森豪威尔[11]、国务卿杜勒斯等美国政要访问台湾地区，都曾是草山行馆的座上宾。

草山宾馆的神秘通道

1950 年 5 月士林官邸落成后，蒋宋正式搬离草山行馆。但因士林官邸夏天湿热，蒋介石又因西安事变后背伤留下后遗症，无法使用冷气，因此夏季凉爽的草山行馆成为蒋介石夏日避暑之地，素有"夏宫""夏季避暑行馆"之称，也称"草山老官邸""后草山官邸"。

一般而言，蒋介石通常在 6 月初、端午节时前往避暑，在山上处理公务，见客或办公多选在附近的"革命实践研究院"（阳明山庄），大致在双十"国庆"、中秋节前后才回士林官邸。直至 1970 年，位于七星山的中兴宾馆落成，草山行馆夏居功能才被取代。不过曾任蒋介石机要秘书的楚崧秋表示，称草山行馆为"避暑行馆"其实并不正确，因为蒋介石对国民党丢了大陆耿耿于怀，根本没有"避暑"的心情。

由于正位在悬崖边，当时蒋介石随扈只要一出草山行馆，就能在馆前空地远眺周边道路、农田，侍卫也能赶在蒋介石出馆前进行安全管制；联外道路上也是三步一岗、五步一哨，仰德大道沿路也会有特勤人员疏导交通。同时基于房舍安全性，便于应变，草山行馆门窗也非常多。

草山行馆还有条欺敌用的平行通道，与沿着山壁修筑而成的一条往下密道，这条密道高约1.7米，宽度可容许2人并肩行走，深度超过20米，位置相当隐蔽，但已年久失修。这条伪装密道一说是通向邻近美军宿舍区的机密通道，以便蒋介石必要时寻求政治庇护。

草山宾馆不但路线管制与建筑限制严格，管理单位更租下巷口民宅作为官邸收发室与会客室进行管制；当地居民一律搬回山区居住，直到蒋介石去世后，"总统府"未续租当地店铺，当地居民才搬回原址营业。又如由宋美龄画室往外望可俯瞰关渡平原，画室左侧常驻一名站岗宪兵，每当蒋介石或宋美龄在窗前停留，宪兵就会朝山下打旗语，山下宪兵也会立即要求农夫、行人回避。

蒋介石与宋美龄在行馆的生活相当惬意。尤其草山行馆前眺淡水河与基隆河交汇口，往右望观音山，左侧四兽山，最远到林口台地，鸟瞰角度极广；无论晴雨、夕阳余晖、华灯初上，各有不同风情，蒋介石更盛赞此处颇有浙江莫干山风貌。庭院周围则有柏树、相思树、桑树环绕，屋后种有3棵百岁以上的笔直竹柏，以驱赶蛇蝎、蜈蚣等爬虫。正中央天井中有个草书"心"字形的池子，希望男女主人延年益寿。

蒋介石的卧室只有一张行军床、两张藤椅和一个简陋木柜；由于长期背痛，不能吹风，宋美龄怕热，一定要空调，所以两人各有寝室，不过格局相仿、可以互通，宋美龄卧室有专属盥洗间，因此大一点。负责整修行馆的建筑师李重耀怕蒋介石不习惯日本房

9. 虽然麦克阿瑟一直保持低调，飞回东京后也向华盛顿发出一份措辞谨慎的声明，但他仍受到主张对苏联和中共采取绥靖政策的人士颇多质疑，枢安更是不满，通过杭立武向国民党反映这次麦克阿瑟访台事先未获得华府同意，希望国民党不要"轻慢国务院"；没多久麦克阿瑟派出6架喷射机助台，也遭美国政府饬令返回日本驻地。由于与杜鲁门意见相左，并主张动用国军开辟中国第二战场，麦克阿瑟在杜鲁门与马歇尔密商调动下，于1951年2月11日遭免职。

10. 当时阳明山不但是军机要地，国民党要员开会商议政事的重要据点，派台的美军顾问团也大多在阳明山、现今文化大学周边定居，至今仍有许多美方使用的别墅或温泉招待所尚存。

11. 艾森豪威尔（1890年10月14日－1969年3月28日），昵称艾克，美国第三十四任总统（1953年－1961年）。毕业于西点军校。"二战"期间，先后担任美国驻欧洲战区司令及盟军远征军最高统帅。1945年接替马歇尔任陆军参谋长。还曾任哥伦比亚大学校长。1952年退出军界，并借反杜鲁门运动赢得总统选战，结束民主党20年执政并连任两届。1953年7月27日达成《朝鲜停战协定》，推行"冷战"政策，也是首位任内访问台湾地区的美国总统。

舍，所以仅保留几间纯日式房间，其他房间将榻榻米换成木头地板，日式纸门改成木板门，包括蒋介石书房躺椅与行馆其他家具都是从大陆搬来。

草山行馆附设有温泉池，是名副其实的温泉行馆。蒋介石夏日也会不时在行馆及四周散心，笃信基督教的宋美龄避暑时，也会将士林官邸凯歌堂执事请到山上，在邻近草山行馆的空军新生社（空军招待所）临时礼拜堂或阳明山管理局礼拜堂做礼拜。有时官邸还会安排华兴育幼院（"国民政府军"遗族）小朋友到行馆与蒋宋一同野餐。

解密蒋介石的"反攻大陆"之"国光计划"：美国为何力阻蒋反攻？

草山宾馆这块方寸之地，也是蒋介石宣称"一年准备、两年反攻、三年扫荡、四年成功"，擘画"反攻复国"大计之所在，盼在有生之年，带领他带来台湾的子弟兵"打回大陆去"；1962年更是蒋介石最可能发动反攻的一年，台湾部队枕戈待旦，就等蒋介石一声令下，台海几乎一触即发。但就在草山官邸，美国"驻台大使"与蒋介石大吵了一架，把底牌掀了出来：美国无意支持蒋介石反攻，揭开了国王的新衣。

其实早在朝鲜战争爆发后，蒋介石即规划派遣部队协助作战，却被杜鲁门多次驳回。蒋介石除抱怨各项军援项目与数量未准时入账，也曾在日记中自陈，不用幻想美国支援反攻，美国的政策与承诺更不能信赖，如果自己在没有实力的状况下跟美国合作，"只有被其陷害与牺牲而已"。

倒是蒋介石知悉杜鲁门有意在朝鲜战争中动用原子弹的构想，不但反对，并在日记中写到，美国这种想法不能生效，并"应打破之"。蒋介石类似的想法并不让人意外，根据陶涵所著《蒋经国传》，艾森豪威尔上台后为求尽速结束朝鲜战争，于1953年通过蒋介石等渠道向北京示警，如战事仍不停止，他将动用核武并把战火延伸到中国境内。陶涵推测,蒋经国可能经由香港渠道,把信息传递给周恩来。

随着艾森豪威尔上台,杜鲁门台湾海峡中立化政策被打破,美国"放蒋出笼",第七舰队宣布持续防范解放军对台澎攻击,但不再干涉蒋介石对大陆沿海用兵。不过艾森豪威尔私下通过蓝钦取得蒋介石承诺,若事先未与美国协商,蒋介石不会出动军队攻打大陆。至于蒋介石也开始擘画反攻计划,并经蓝钦传话,希望通过三到六年准备,由美国协助训练60个师的军队,但未获艾森豪威尔正面回应。

1955年,蒋介石展开更具体的反攻计划,初期由胡琏负责,锁定福建与广东登陆作战。之后更由陈诚督导"中兴计划室",自1957年开始,研究以金马为阵地,于厦门与福州两地登陆进行自主反攻。不过美方依旧认为太过冒险,会遭国际质疑美方发动侵略,因此多有干涉,甚至杜勒斯还对叶公超抱怨,在美国不支持的情况下反攻只是自杀行为,蒋介石却年复一年地侈谈,不但是"骗人",更只会让民众失去信心。

"国府"此时已与美方签订"共同防御条约",规定台海任何军事行动须双方有一致意见方能发动,加上"八二三"炮战爆发,大陆方面实力今非昔比,蒋介石转而期待美国支持联手反攻。只是美方消极以对,让蒋介石极为不满,"国府"前"驻美大使"沈剑虹[12]并称蒋介石曾于1959年在草山行馆会见"驻华大使"庄莱德时,要求美方支持反攻未果,气得蒋介石不悦地当场拂袖而去[13]。

但蒋介石已不愿再等待,虽然知道美国因素是反攻的要件,但他已转向先由国民党军登陆并发展根据地,再迫使美国参战。至于反攻突破口除了东南登陆战外,蒋介石也希望借着滇缅游击武力同步夹攻。是以蒋介石于1961年4月间即背着美国,制定以自主反攻为主轴的"国光计划"。但为了掩护,蒋介石也

12. 沈剑虹(1908年7月2日-2007年7月12日),上海人,燕京大学毕业后赴美国密苏里大学新闻研究院就读。1948年12月,奉派前往香港设立行政院新闻局办事处,后离开公职先后7年。1956年经陶希圣介绍,出任"总统府秘书",为蒋介石翻译《苏俄在中国》一书为英文。历任"新闻局长""驻澳洲大使""外交部次长"等职,1971年出任"驻美大使"。他也成为"中华民国"最后一位"驻美大使",回台后任"国策顾问",并于2007年病逝台北。

13. 当时蒋介石的反攻方案之一,是希望发动约300人规模的"国府"大型空降部队登陆,目标锁定在云贵两省的9个地点,无须美方兵力支援,相关用兵机密计划并于1960年2月间被中情局获悉。虽然美方直斥这几乎是自杀式行为,同时也无法接受"国府"另提二三十人规模游击队登陆计划,但蒋经国方面称片面行动也在所不惜,因此蒋美关系一度陷入紧张。肯尼迪最后只能同意小规模的游击队刺探计划,却意外遭蒋介石以不具实质效果而拒绝,因此并未落实。

◆蒋介石在山间小路散步。

提出与美国联合反攻的"巨光计划",成立联战演习计划作业室,以美军正统两栖登陆方式为主轴,号称所有资料与讨论完全对美军公开,试探美方动向。

当时蒋介石还在涵碧楼召见彭孟缉等高级将领,强调一旦开打,美国初期虽不支持,但解放军轰炸台湾有现实困难,有苏联反对,美国也势必为防卫台湾地区而有动作,不至于袖手。他也说,"过去在台12年,虽有机会,但没有现在的形势有利,再不奋斗打回去,则绝回不去了"。

时序步入1962年,蒋介石决定发动"最后一搏",反攻计划箭在弦上。他不但在元旦文告上重申"今年"将"反攻大陆",也直接通过CIA管道,与肯尼迪商谈最后全盘规划的时机是否成熟。

美方对蒋介石不断的动作甚为头痛,尤其纸包不住火,美方在台地区大批顾问团发现台湾军队空降团未依年度计划演训,国民党又在没有美军顾问出席的情况下自行召开军事会议,研商准备军事反攻事宜,加上"国府"针对各项税收与公用事业费开征附加的"国防税",总金额高达新台币20亿元,并延长役期,种种迹象均引发美方高度关切。

为杜绝蒋介石单方面行动,美国政府除出动直升机侦察,跟踪外岛补运船只,清点"国府"装甲车数量,还曾派出车队硬闯筹划"国光计划"的基地了解状况。种种行为无视"国府""主权",让蒋介石勃然大怒。事实上,"国府"将领对蒋介石的构想并非全然肯定,以陈诚为例,就因此与蒋介石发生很大分歧,甚至他的日记还记录了一个梦境,梦见自己率领大军反攻,登陆后激战北上,却陷入包围,最后在急迫中惊醒。

即便如此,却没几个人敢出头反对,甚至有所迟疑者即遭撤职,使得反攻几乎只能一路推到底,就连陈诚也表态,一旦号角响起,他仍要请命出征。蒋介石也强调,"等到美国人同意我们反攻,这是不可能的",但如诱发炮战,就能展开空军反制与登陆作战,到时"我反攻,是我们实行国家主权"。

美国此时转趋强硬,公开质疑蒋介石违反美方同意才能反攻的协定,更认为无法劝阻蒋介石元旦文告重提"反攻大陆"的"大使"庄莱德失职,肯尼迪借任期已满为由急电庄莱德返美,另派员要求蒋介石停止计划。

但因研判年迈的蒋介石确有最后一搏的念头,肯尼迪不得不改采拖延策略,

改口愿提供两架 C-123 运输机及小规模试探行动，同意空投数量也提高到 200
人，等于美方首度同意有保留的反攻。蒋介石则强调，台湾军民已失去耐心，
不采取行动可能会让情势失控。因此他先称 5 月 23 日是最佳时机，继而只愿
意推迟到 10 月 1 日发动。大陆方面也开始在福建沿海集结重兵 14。

　　1962 年 7 月，诺曼底登陆战役美国舰队司令柯克受肯尼迪指派接替"驻台
大使"，同时取代之前中情局穿梭于台湾地区和美国高层间的功能。柯克是两
栖登陆专家，此番来台原本还可能被外界误解为美方态度松动，没想到军人出
身的柯克立场强硬，坚持美方没有义务支持台湾地区"反攻大陆"，同时没有
美国支持，反攻计划绝对失败，会严重影响区域稳定。

　　柯克的谈话让承诺"不会片面动武"的蒋介石勃然大怒，抱怨美国不顾台
湾地区民心，宣称不支持反攻就算了，还公开对大陆与苏联宣示美方立场。他
也指出，比起美国希望的按兵不动，即使小规模空降部队失败，也对政府声望
比较有帮助。蒋经国也在会晤中抱怨，对美国毫无回应感到失望。

　　尤其柯克与蒋介石于 9 月 6 日在草山官邸的第三度会谈，不但针锋相对，
更爆发激烈言语冲突，与先前美国政府希望尽量保持委婉立场、以免刺激蒋介
石的作风大相径庭。柯克直斥蒋介石，不该把美国协防台湾地区的义务当作空
白支票，事实上，根据 1954 年的"防御条约"，任何军事行动均需美方同意，
他更拒绝蒋介石关于轰炸机、登陆艇的要求，并诘问蒋介石，"中华民国"有
什么装备打算"反攻大陆"？

　　蒋介石当场反击，美国不断限制"国府"反攻行
动，是在羞辱"国府"，敌友不分，更在塑造一种跟
中共逐渐交好，且对盟友掣肘的风气。说到激动处，
蒋介石甚至扬言美方的做法让人质疑"防御条约"有
无存在必要？柯克则反问，蒋介石是否要片面违约、
拒绝美援？蒋介石愤怒地留下一句"悉听尊便"，随
即拂袖而去，从此不愿再接见柯克，仍沿用既有军方
与 CIA 管道直达华府。

14. 与蒋介石关系甚佳的庄莱德，返美前拜会蒋介石，还是强调美方对大规模反攻的信心极低，只愿忍受小规模刺探与情搜行动。不过蒋介石显然不以为然，并称将不会发生撼动效果。但庄莱德临时返美，也让蒋介石担心美国对台政策已变。在密切磋商期间，蒋介石甚至一度称病不出，美国人被迫只能找到陈诚，要求不得以任何言辞或行动给中共动武借口。但眼看解放军正以最大规模集结兵力，肯尼迪通过外交渠道，向中国及苏联强调无意在当前状况下支持蒋介石反攻，万一发生，美国并将与攻击切断联系，以免造成误判。

大陆试爆原子弹引发蒋介石震撼

事实上，包括张群与俞大维等"国府"重要官员在和美方接触时都点出，不用把蒋介石在"反攻大陆"上的发言看得太认真，但面对蒋介石的强硬态度，美国已无意与蒋介石纠缠下去。

1963 年，肯尼迪虽然召回与蒋介石势同水火的柯克，改由莱特赴台接任[15]，并亲自致电蒋介石，告知他美国无意陷入一场没有成功希望的战争，因此对大陆进攻的一切后果应由国民党自行负责，美方不予支持。他甚至派第七舰队制止国民党蓄势待发的军舰，反攻计划只能胎死腹中，几乎完全停顿。

之后蒋经国虽直接赴美游说，提出国民党停止反攻计划 18 个月，换取美方支持大股地下渗透的行动，都未能改变美方态度，甚至美国还持续秘密监控国民党机动与装甲部队，担心蒋介石不受节制而自行出兵。蒋介石也曾通过蒋经国访美机会，要求美方同意由台出兵，主动渗透、颠覆、摧毁大陆核设施，但最后也未获正面回应[16]。

罗布泊原子弹试爆成功后，国际政治军事情势发生彻底变化，蒋介石遭受到严重打击。据说，蒋介石当时在一次对军中干部演讲的场合中更直言："据最新情报，美国有与中共妥协，允诺阻我反攻，我们只有战才有生路；不战只有死路一条。与其在共产党原子弹轰炸下而死，不如战死；与其死在台湾，不如死在大陆；与其被美国人出卖而死，不如战死在战场。"

此时蒋介石更打破"不光复大陆不出国"的承诺，史无前例地主动表示愿意出访美国，参加 1965 年约翰逊总统就职典礼，同时面见约翰逊以争取美方支持他军事反攻的行动，但因美国认为不易摆平蒋介石而拒绝。

倒是美国这段时间多次派出国务卿鲁斯克等人士来台，反复试探蒋介石对反攻与原子弹的态度。蒋介石会面时虽然依旧争取美方支持，但他对实施核攻击动作相当反弹，明确表态美国"永远不应设想以核武器对付中国"，并强调此举对争取民心毫无帮助。

蒋介石也向鲁斯克推销，要赢得"越战"，必须切断自中国大陆至北越之交通线。因此蒋经国于 1965 年再度访美时，另向约翰逊提出"国府"出动精锐快速反应部队，进攻广东、广西、云南、贵州、四川五省，切断中共对东南亚影响力，配合美国推展越战、围堵解放军势力突破中南半岛的构想，但约翰逊认为相关情报不确而遭拒。

1965 年 8 月，蒋介石跳过"驻台使节"渠道，直接邀请与蒋经国私谊良好的 CIA 官员克莱恩来台沟通反攻事宜，在约翰逊指示可代为传话前提下，官拜中情局副局长的克莱恩与蒋介石、宋美龄、蒋经国在草山行馆会面，蒋介石再度提出借越战升高机会，从广东或福建实施反攻计划。蒋介石也强调，中共试爆原子弹冲击太大，如果战争爆发，到时第七舰队要防卫台湾地区也来不及，因此反攻连半年也等不了。

不过克莱恩虽同意传话，并向美国政府转达反攻急迫性与具体方案，但没有任何正面回应。未料草山行馆密会后几天，就在广东、福建交界海岸，两艘接送特种作战队员到汕头外海东山岛实施侦察与袭扰的台湾地区军舰，由于出高雄外海后即遭中共雷达掌握，并于 8 月 6 日遭到炮艇伏击，两艘主力战舰被击沉，即知名的"八六海战"。

"八六海战"发生后，台湾当局极力封锁消息，但自主反攻计划已完全暴露在美国与中共面前，同时，海战的彻底失败也终于让国民党认清现实，加上蒋介石身体状况如江河日下，终于让国民党取消自主反攻念头，整体战略改为美方劝说的"待机反攻"。"反攻大陆"终成一句虚幻口号。

15. 相较柯克的强硬，前任"大使"庄莱德因为曾任美国驻重庆使馆秘书，与蒋介石等人较熟悉，也比较能体谅同情蒋介石的做法。之后继任的莱特也展现较友好态度，因此美国国务院在莱特到台就任前还提醒莱特要小心，不要被蒋介石等人"俘虏"了。

16. 由于 U2 高空侦察机拍回画面显示中共研发原子弹成功只是时间问题，在克莱恩协助下，蒋经国访美时曾向肯尼迪提出，由"国府"发动约 300 名特战部队，空降包头等关键军事及工业设施，摧毁核设施，协助美方削弱中共军事力量的构想。双方后续并曾展开协商与接触，蒋介石也曾在正式文告中提及摧毁中共原子弹设施的必要性。但因肯尼迪遇刺，谨慎的约翰逊续任，这项大胆的秘密行动规划最终被终止。

一度荒废荒烟蔓草间，又毁于无名恶火

戒严时期，草山行馆是全台机枢之地，不知多少大事决策在此拍板。但蒋介石辞世后，地方原建议改建为纪念馆，因蒋经国主张产权交还原单位而作罢，所以行馆铁门深锁、宪警撤哨，更因杳无人迹，产权复杂，闲置荒废在蔓草间，使蒋介石生活遗迹不复辨识。[17]

1984 年，市政府曾将行馆略作整修，部分家具移放台北宾馆，也将一幢侍从居所整修为首长招待所。不过囿于经费，无法全面整修，行馆始终空荡荡的，无人进住，建材腐朽，自大陆携来的卧床和木柜破败弃置，许多旧桌椅、老式漆器灯饰、字迹文物散乱一地，甚至一张宋美龄提醒蒋介石"救命丸在铁盒里"的字条也胡乱丢在地上。

陈水扁当选台北市长后，因认为官邸闲置过于浪费，因此决定草山行馆应转型为历史与艺文展览空间，并指示市政府尽速修缮，之后行馆迅速于 1998 年开放。这也是陈水扁继收回士林官邸并对市民开放、拆除蒋纬国外双溪别墅后，又一次针对蒋家房舍采取的动作。

1998 年 3 月，马英九击败陈水扁并出任台北市长，持续整修后侧主馆，并找到 1950 年帮蒋介石整修行馆的李重耀建筑师接手整建，建材也从日本进口，务求修旧如旧，虽面临设计工图因牵涉机密、年代久远后不知流落何方等问题，仍于 2003 年 4 月 5 日举行开馆典礼，成为艺文沙龙，并登录为历史建筑，耗资约 2100 多万新台币。维修后的草山宾馆，走进西式石砌拱门后先会进入一栋英式房舍，便是以蒋介石庐山别墅为名的"美庐"大厅；经过穿堂右转日式走廊，宋美龄画室兼卧室更名为

17. 由于草山行馆土地本属"国有财产局"所有，建筑产权属台糖公司，因此草山行馆在军方撤哨后，系由当时的阳明山管理局管理，并因阳明山管理处于 1980 年 12 月裁撤，是以一并转交台糖接管。由于台糖评估此处属于阳明山公园预定地，没有太大开发用途，且房屋老旧，地板、天花板因潮湿而斑驳腐烂，因此台糖于 1982 年商请台北市接管，并将行馆暨附近六幢行馆侍从人员居所卖给台北市政府。之后行馆系由市政府公园处阳明山管理所就近管理。

◆火灾后的草山行馆

2007 年 4 月 7 日凌晨,台北市消防局勤务中心接获报案称草山行馆火灾。之后阳明山消防分队到达火警现场。从接到警报到赶赴现场,大约 15 分钟时间,行馆产生大面积的燃烧,实为罕见。到达现场的消防队在建筑外围拉上黄色胶条,浓烟滚滚,焦油味熏天,石墙内部的桧木结构付之一炬。时值台湾当局"去蒋化"的风口浪尖,蒋介石的草山行馆莫名起火,引得民众心生揣测。历史沿革,政权更迭,遗留的历史建筑和文物是时代的见证者,但它们却因自己的政治属性而难逃厄运。

◆蒋介石的身份证（复刻件）

草山行馆内展示着蒋介石来台之后的许多文物资料，其中引人注目的便是台湾第一张身份证，编号Y10000001，姓名栏中书写"蒋中正"，于1965年4月17日颁发。身份证上的黑白照片是蒋介石晚年采用的标准照，照片中的蒋介石神情慈祥，嘴角略微上扬，眼神中散发出老年人的安宁。据说，蒋介石也有怪异的癖好，喜爱照相而不爱照镜，家中的镜子往往蒙上白布，而许多照片流传于世。

◆修复后的草山行馆

草山行馆遭遇火灾后，台北市文化局力邀曾经两度修建草山行馆的国宝级古迹修复专家李重耀加入重建行列。83岁高龄的李老先生拄着拐杖，来到浴火之后的草山行馆，走在满地的碎玻璃、砖块、木材残渣的瓦砾堆中，不无心疼地感叹："每根柱子、每一扇门、每块材料都投入过真感情。"在李重耀的认知中，"'国定'古迹与历史建筑修复与一般建筑修复不同，依规定，修建后的样貌、色泽、材料，要尽量恢复原貌"，在此前参与的两次重建过程中，李重耀对每一根柱子、每一扇门、每块材料都细细琢磨，到底要整支木材都换，还是部分取代，他都经过深思熟虑。修复后的草山行馆焕然一新，在阳光下闪耀着光辉，从外观上看，与2007年遭遇大火肆虐前的行馆相似度达到百分之百。大片的木板和梁柱，建材全部使用草山行馆兴建之初时使用的桧木和杉木，极具特色的黑屋瓦亦保留，只是当年日本制造的黑瓦已被不同制法的黑熏片所取代。

"萃英堂"；隔壁较大的蒋介石书房兼卧房则更名为"大雅堂"。走廊尽头两面采光的小客厅更名为"介寿堂"，放置照片与各项蒋介石用品。例如蒋介石参加婚礼的大礼服、第二任妻子陈洁如的照片，以及一张于1965年4月17日换发、蒋介石所有、"中华民国"编号Y10000001的第一张身份证复本，职业栏上登记为"总统"。草山行馆也商请长期制作蒋介石贴身衣服、来自上海霞飞路的西服店老板许金地，重制一件肩挂五星等尺寸军常服在馆中展示。

　　由于规划得宜，草山行馆成为阳明山艺文活动及资源总站，并成为民众热门婚纱照景点。不过2007年4月7日凌晨，蒋介石逝世纪念日后一天，台北市消防局接获行馆旁住户报案，草山行馆突然起火，一发不可收拾。虽动员消防水车16部、救护车2部和50名消防警力投入抢救，但已无济于事，行馆下方

高架木与泥土隔间墙都被烧毁坍塌，建筑几乎毁损殆尽，仅部分砖石结构留存。

由于正值民进党发动"去蒋化"，相关部门态度十分保守。文化局估计，草山行馆内部木造结构皆烧毁，损失巨大，所幸文物多属复制品，只有宋美龄一幅兰花画为真品，加上台北市相关单位之前对草山行馆的调查研究相当详尽，因此复建在技术上不是大问题。

台北市长郝龙斌到场后除表示一定要修复，也强调所有历史建筑及古迹无辜也无价，任何政治人物都可接受批评，但不应将古迹或文物作为批判的工具。蒋家后代、国民党立委蒋孝严质疑，这把火在整个"去蒋化"氛围浓厚时刻，原因并不单纯。最后警方则确定，系使用汽油等助燃剂的纵火案件，不过凶手已无从追查。所幸草山行馆二次整修时，建筑师仔细地把施工图保留下来，只需到日本找到工匠就能复原行馆特殊的黑瓦。台北市政府也表示会尽快恢复旧观，并重新开放公众使用。

之后，台北市文化局全心投入进行重建工程，并委由胡宗雄建筑师团队历经一年四个月，按照行馆的原设计样式、工法与格局，选用原材料的桧木与杉木，修旧如旧，让行馆风华再现；唯屋瓦原版因已停产，只能从日本进口形似者加以铺设。

这次重建工程并特别保留祝融元素，包括常设展间有利用焦黑碳化屋梁设计的观展座椅；主餐饮空间"饮和堂"地板强化玻璃下可见祝融纹身的地基；室内廊道有两面可透视昔日修复手法的展示墙"小舞壁"与"木摺壁"。室外廊道更可居高临下，一览台北各个季节美景。

2012年元旦，在各方的注目之下，草山行馆以"老故事，新风貌"的主题重新开放，除周一休馆外，每日上午9点到晚间10点开放，3月底前并开放民众免费入场参观。目前行馆前后规划有两间展示空间，前展间有草山行馆大事纪、草山介绍及不定期展览；有着壁炉的后展间则复刻情境，展示蒋介石的军常服及结婚晨礼服。70余张珍贵历史照片呈现在每个空间里。

特别为呼应草山行馆历史意象，当地还推出特色餐点，不同于过去未烧毁前行馆贩售牛肉面等"蒋介石菜"，这次菜色以苏杭口味时令菜色为主，推出包括"蒋介石私房菜——狮子头"等菜肴，希望透过味蕾，遥想故旧情怀滋味。特别为吸引陆客上门，营运单位也引进台湾在地文创设计，以草山为主题进行商品开发，每季更换主题贩售。

草山行馆这番重建开放，为当地的文史、观光又带来了新的气象，台北市当局更希望借此提供新的观光景点资源，成为营销台北的热门景点，以招揽陆客人气，同时提供游客凭吊当年蒋介石生活起居、接待外宾、运筹帷幄的光景。

只是，草山行馆从落成的那天开始，就未摆脱其浓厚的政治象征意义，是否还会为它在未来的岁月里带来麻烦，谁也不敢打包票。

倒是从草山行馆的起起伏伏，正可窥见"两蒋"在台的岁月缩影，幕起幕落，俱成往事。功过虽已交给历史，依旧反映出岁月的落寞无情。

◆《草山行馆》(油画，赵宗冠)

赵宗冠 1935 年出生于彰化秀水，后入东海大学美术系进修，是中山医学院毕业之妇产科医学博士，几年来连年担任台湾省美术展评审。他近年来大展宏图，力图发挥愚公移山之精神，呼唤众人关爱台湾本土。在其画展序言中，赵画家深情写道："我怀着挚热的情感，呼吁国人要从各种角度来爱护自己的土地——宝岛台湾。因此我要'一步一脚印，台湾画透透'，我以画笔来倾我对乡土关爱。承各县市文化中心、社教馆、美术馆之邀，我一县市一县市，一地区一地区旅游写生，然后展出该县市地区的美景风光及我多年来的得奖作品，庆幸的是在各地颇获方家，媒体及民众之鼓励与认同，让个人颇感温馨。"（上图）

◆草山国际艺术村的艺术家工作室

草山行馆遭遇祝融之后经过整修恢复一新，环绕行馆的四栋山间小屋也以"草山国际艺术村"之姿得以重生，让山上多了一处寻幽探艺的空间。藏身山林的四栋石屋原是蒋介石属从侍卫居住的宿舍，有别于草山行馆正馆日式典雅的风格，它们造型简朴，在树木丛中平添几分恬适的欧式气息。由于远离市区，这些艺术家工作室仿佛置身世外桃源，访客也多是误打误撞进来的山中游客，常常因奇妙的艺术空间而驻足流连。（下图）

附录

车祸重伤害致蒋介石折寿

　　随着年纪老迈，蒋介石身体状况变差，因此草山行馆虽然夏季凉爽，但因气候潮湿，加上蒋介石背部承受不起当地湿度，许多军事会议已逐渐移到士林官邸等地举行。但严重影响蒋介石身体状况的意外，应该还是 1969 年 9 月 16 日在阳明山仰德大道上的那次车祸。

　　当时蒋介石出巡的车队编制包括五人座凯迪拉克先导车一辆；接着是蒋介石与宋美龄同乘的七人座凯迪拉克座车，前座坐有座车侍卫官，负责开车门；后面紧接一辆同型替代用车，称"随一车"，坐侍卫长、随从副官、医官；随后是同型的侍卫座车，即"随二车"；最后一辆是武官与秘书人员座车，沿路有军警维持交通。

　　蒋宋两人搭乘的七人座凯迪拉克座车本应备有防弹设备，但因防弹玻璃颜色较深，蒋介石不喜欢，所以除非特殊场合，平常都不用有防弹玻璃的座车。此外，他的座车不但车身加长，而且中间拆掉一排座位，乘客座空间因此加大，加上座车内前后座间有一道玻璃窗，蒋介石通常就在这个隔音空间里，与宋美龄讨论"国家"大事。

　　车祸发生在阳明山仰德大道，这是一条为蒋介石往返草山行馆和士林官邸而开辟的双向道路，从仰德大道、官邸，最终抵达蒋介石办公的"总统府"，沿途经过圆山、中山桥、中山北路、中山南路、介寿路等地段，约5000米。但为保证安全与畅行无阻，不但布置便衣岗哨，各路口所有红绿灯一律亮绿灯，连沿途高楼都不能开窗，以确保绝对安全。

当天上午，蒋介石还主持了军事会谈，吃过午饭后，夫妇俩搭乘凯迪拉克座车由山脚返回草山行馆。由于车辆稀少，车队快速经过仰德大道岭头弯道时，前导车为躲避一辆下山超车、猛然冲出并逆向行驶的军用吉普车，未依规定把来车撞开，而是选择紧急刹车，导致跟在前导车后的蒋介石座车在无警觉情况下，与前导车车尾严重碰撞，车头全毁。所幸后面两辆警卫车紧急刹车，才没有发生连续追撞。

没有系安全带的蒋介石夫妇在加长型防弹车厢内，因座位直撞车顶与驾驶座隔板，导致83岁高龄的蒋介石胸部重挫，假牙脱落，鼻子流血，不过一时看不出明显外伤，但蒋介石静坐时已无法聚气。宋美龄双腿受重伤，几乎失去知觉，颈部严重受创，当时没有太多异状的蒋介石还不断安慰喊痛的宋美龄，很快就能到医院。随后侍卫人员便把蒋宋从座车上抬下来，改由后方警卫车火速送往荣民总医院救治。

这是蒋介石在台湾唯一经历的一场车祸，也是严重的意外。肇事军用吉普车虽然迅速逃逸，但在蒋经国追查下，还是查到一名师长惹祸，最后撤职查办；不过据说"总统"车队因此增加一层宪兵机车前导，必要时须以重型机车冲撞，以防意外再次发生。仰德大道也迅速截弯取直，改为四线道，重新整铺后更几乎是台湾行车质量最高级的一条公路。

蒋宋两人虽然一时并无大碍，甚至蒋介石第三天就出席阳明山的会议，但没想到后遗症严重，宋美龄双脚出现毛病，医官们不久后更发现蒋介石心脏有杂音，推断心脏瓣膜受伤。蒋介石体力急速消退，双脚无力，病痛不断，精神不佳，心脏病等大毛病更突然严重起来。这场意外车祸让蒋宋饱受打击，静养许久也不见好转，包括签名、绘画等日常动作都受影响，以致蒋介石晚年多次向严家淦等人抱怨，这场车祸让他减寿20年。当时美国总统尼克松甚至曾致电询问,是否要派美国神经医学专家来台帮蒋宋两人医治,不过遭蒋介石婉拒。

除了车祸意外之外,1972年,在完全保密状况下,蒋介石为前列腺肿大赴荣总住院开刀,虽请到美国名医,但结果也不甚成功,甚至出现血尿等情形,时好时坏。接二连三的打击,让一向硬朗且重视养生之道的蒋介石,无法再抵挡死神的召唤,于1975年告别人世。

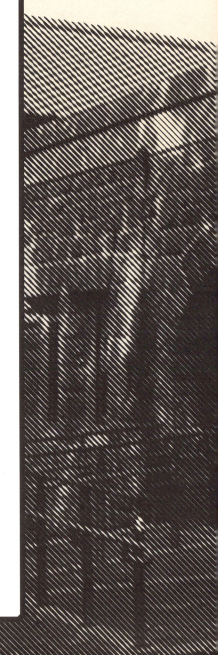

士林官邸

蒋宋 25 年寒暑共度的
唯一「总统官邸」

1950 年上半年，可能是蒋介石有史以来最朝不保夕的时刻，美国人明显不信任他，希望能把蒋介石赶出台湾，"台独""托管"之议频传；解放军可能解放台湾之说更在民间流传。就在当年 5 月，宣布复行视事的蒋介石，与宋美龄由阳明山巅的草山行馆搬进山脚下的士林官邸。

蒋介石拒绝认输，但美国弃蒋心意不变，先是由国务卿艾奇逊声明，"美国政府并无使用军事力量以防卫台湾之意向，唯对台湾局势表示关切，并将继续予以援助。"甚至国务院已研商对策，推派杜勒斯访台，当面要求蒋介石下野，台湾地区则由联合国托管。

6 月 15 日，美国中央情报局远东情报处对台湾局势做了公开评估，认为台湾在 7 月 15 日前即可能遭到大陆方面全面攻击。由于国民党军队军纪荡然，民心浮动，美国认为，大陆方面将于发动攻击数周之内顺利解放台湾，甚至美国还在评估发动政变要蒋介石下台的可能。

1950 年 6 月 25 日，改变了蒋介石在台湾地区的命运。当天凌晨，蒋经国在长安东路寓所被吵醒，幕僚告诉他，朝鲜战争爆发了！朝鲜向 38 度线猛攻，展开两栖登陆抢滩。

蒋经国闻讯后先到"总统府"听取简报，清晨 6 点，再赶到士林官邸吵醒了蒋介石。蒋介石闻讯后兴奋地在士林官邸连日召开紧急军政会议，除宣布宵禁，台湾全面进入紧急应战状态，蒋介石并研判朝鲜战争起自苏联试图取得韩国战略地带，以确保在亚洲大陆安全，或日后一连串侵略行动的开始。

为抵御苏联在亚洲势力快速扩张，美国再不能对东亚束手，27 日晚上 8点，美国"驻台代办"师枢安致送蒋介石备忘录，强调杜鲁门决定派遣第七舰队巡弋台湾海峡。朝鲜战争发生后 14 天，美国第七舰队司令史枢波抵达台北访问，象征双方军事互动再度升级。

虽然蒋介石早在 29 日就派顾维钧向美交涉，希望派遣最精锐的第五十二军（附第十三师）约 32000 人支援朝鲜战争，甚至麦克阿瑟也持赞同立场，却意外吃了闭门羹。杜鲁门质疑国民党军根本缺乏现代化技术装备与战力，无法期待协助扭转局势，甚至他在致蒋介石函件提及，"台湾未来地位应待太平洋区域安全恢复及与日本成立合约时再予讨论，或由联合国予以考虑"，并要求蒋介石，"不得对大陆沿海发动攻击"。

杜鲁门企图通过第七舰队把海峡中立化的做法，以及力主"台湾地位未定论"，主张台湾归属问题应待对日和约签订后再行讨论，或先交还美国托管等说法，让蒋介石无法忍受，并在日记中痛批，美国"视我一如殖民地之不若，痛辱尽极"[1]。

两害相权取其轻，蒋介石决定坚守"反共抗俄与中国领土完整之立场"，愿以临时紧急措施为由，停止对大陆攻击，并由叶公超发表声明表示，"台湾作为中国领土之一部分，已为一切有关国家所公认。美国政府在上备忘录中所提之建议，应不改变按照开罗会议宣言的地位，亦不影响中国对台湾的主权。"

只是蒋介石仍忍不住在日记中痛批美国，"毒狠仇恨、毁蒋卖华"，更痛陈美国务院"其煽动台民反对政府之毒计始终不变也。何上帝必欲生此坏蛋而苦我中国一至于此也"！

无论如何，1950 年 7 月，杜鲁门授权麦克阿瑟动用地面部队协助韩国作战，出动第七舰队"协防"台湾地区，并批准在台派驻两个中队喷射战斗机，同时从冲绳岛向台湾运去数万吨武器装备，重

1. 当时美国国务卿艾奇逊声明美国派遣第七舰队"协防"台湾地区，但在台的蒋军不可在朝鲜战争期间"反攻大陆"，引发台湾颇多人士不满。例如时任台大校长的傅斯年便痛斥"声明中的尾巴太坏，应该斩掉"。

◆ 1956 年 7 月，美国副总统尼克松访问台湾地区，张群（右）陪同蒋介石夫妇接待。从 1928 年南京政府成立后，张群即掌握对外工作的实权，尤其是当时十分重要的对日关系。1935 年张群任外交部长时，对日本采取较强硬的立场，并在随后的八年抗战中，对日本与汪伪政府积极斗争。

新在军事与财政上援助蒋介石。

第二次世界大战后"冷战"格局确定，"国府"偏安局面才初步稳了下来，也使蒋氏政权转危为安。蒋介石此后，一直到1975年与世长辞，整整在黛青山色的士林官邸度过25个寒暑，此地不但是蒋介石与宋美龄长年居住处，也是名副其实的"总统官邸"。

官邸隐于环境中，尽目花木扶疏，有美丽的欧式花园、中国庭园，也有蒋介石夫妇做礼拜的"凯歌堂"。即便蒋介石辞世，宋美龄远渡重洋十余年，官邸摆设一如当年。直到陈水扁出任台北市长后，才一股脑地配合"空间解严"等"去蒋化"议题而对外开放。

◆ 1953 年 11 月 8 日，美国副总统尼克松访问台湾地区，代当时的总统艾森豪威尔致赠照片给蒋介石。

◆迎接杜勒斯的晚宴上，蒋介石虽然面带笑意，但心情并不愉快。杜勒斯因为金门炮战的发生，1958年10月20日专程飞台与蒋会谈。会谈中，杜勒斯又一次压蒋介石接受"划峡而治"的方案，蒋介石大发雷霆，断然拒绝了杜勒斯的方案。

◆蒋介石于 1950 年 3 月 1 日复行视事,同月 31 日住进官邸,直到 1975 年 4 月 5 日病逝,在官邸度过了 25 载春秋。官邸不光作为接待宾客的重要场所,也是蒋宋二十几载的起居之处,记录着蒋宋生活的点点滴滴。直到蒋介石病逝,宋美龄长年旅居美国之后,才于 1996 年结束了 40 余年的管制,初步对外开放参观。如同蒋宋"驻跸"过的其他行馆,作为"总统官邸"的士林官邸,更因其地位的重要性颇受关注。

陈诚亲选，蒋介石择定为驻台25年正式居所

士林官邸并非蒋介石行馆，而是他在台25年正式居所。

国民党政府迁台前夕，时任台湾省主席的陈诚亲自挑选台北、草山、大溪、日月潭、高雄、四重溪、澎湖两处共八处地点，供蒋介石选择作为官邸，最后拍板，三面环山，位于芝山岩的南方的士林官邸脱颖而出。

官邸用地前身是创立于1908年的士林园艺试验分所，原属"台湾总督府"园艺用地，据说日本人在此引种繁殖柑橘。1949年，官邸用地由目前士林园艺所前身的园艺试验分所接收，同年，台湾省政府（东南长官公署）在此兴建七栋外宾招待所。蒋介石择定此地为官邸后，随即由大陆工程负责兴建，1950年完工。

据当时蒋介石幕僚周宏涛回忆，由于担心蒋宋夫妇迁入新邸会引起外界批评，因此他与曹圣芬、夏功权、俞济时等蒋介石身边的年轻干部，曾共同联署签呈请蒋介石暂勿迁居，甚至宋美龄也当面应允了。但蒋介石还是在1950年5月间正式搬入官邸，从此士林官邸便成为军机要地，外人难窥究竟长达数十年。

士林官邸虽然有大片的园艺用地，其布局却仍维持俭朴风格；核心建筑是最内侧，由蒋宋两人居住的二层楼正房。连驻守侍卫都说，最初见到正房只觉得有一片森林、几栋平房，还有个大烟囱，丝毫没有深宫大院、富丽堂皇的感觉；正房大门朝北偏东，后侧有空调仓库两间，前左边有一间洗石子外观的水泥屋则是官邸招待所，除款待国际贵宾外，另外宋美龄侄女孔令伟自1962年来台后，也常住其中。花圃设有鱼池、假山、凉亭，中央设有升旗台，经常升着青天白日旗。

由于往来官邸之人均属国际政要，因此官邸的保护与隐蔽性也是一流，5个对外出入口均设有岗哨，建材不但是当时少见的RC钢骨结构，四时并有宪兵把守交通要道，为防突击、空袭，正房、侍卫警营房墙面皆粉刷为灰绿色，

◆士林官邸的正房，以 1949 年台湾省政府兴建的外宾招待所为基础加以修建，主体为简便、实用的两层楼斜顶建筑，结构上融合木构造及钢筋混凝土。蒋介石在世时，士林官邸曾做增减与修整。蒋介石逝世后，为了保护历史建筑及尊重前"国家元首"，士林官邸长时期保持戒严，内里未做一丝变动。2006 年起，士林官邸进行了为期三年的大规模维修，后得以开放示人。

◆士林官邸，不论是蒋介石与夫人生活起居的正馆，或侍、警卫人员驻守的营房，均漆以灰绿色，与周边树林色调调和，兼具隐蔽、防护作用。对外界来说，这里是与世隔绝的禁区，而在官邸内部，也发生着如普通百姓家里一样的爱恨情仇，悲欢离合。士林官邸并非传说中的富丽堂皇，在绿树当中更显得隐秘而低调。在朝鲜战争爆发后，同时作为贵宾馆的"总统府邸"，士林官邸接待了无数大名鼎鼎的人物，其重要地位无可替代。（左图）

◆士林官邸的会客厅位于一楼，十分宽敞明亮，每年农历新年、圣诞节、蒋宋生辰等重要的日子，官邸里总是人头攒动，欢乐不断。尤其是在蒋介石10月31日生日时，即使只愿与家人分享生日喜悦，各界的祝寿贺礼依旧会纷至沓来，经过层层检查摆满客厅，可见是如何的盛况。（下图）

与周围森林环境协调，以发挥保护色作用。甚至装甲部队与宪兵营也曾在此驻守，使当地形同圆山地区战时指挥所。

士林官邸虽未如传言有通道可到松山机场紧急撤离，却有据称可抵抗核爆的山区隧道，可由园艺管理所边紧急避难，办公、休憩设备一应俱全，以避免临时攻击。至于花园附近一条大水沟，则是当年湖口兵变后，担心装甲车进占官邸才临时抢挖的，日后也都拉上电网防护。

特设教堂「凯歌堂」，蒋家弥撒聚会的私人礼拜地

在"冷战"局势下，蒋介石主导的"国民政府"，依旧维持相当数量的外交关系与互动，与美方接触更是密切。因此作为"总统官邸"的士林官邸也曾风光耀眼，无论"国庆"、美国国庆、蒋宋寿诞或新任"大使"来台履新，会客厅均冠盖云集。包括伊朗国王巴列维[2]、约旦国王侯赛因·伊本·塔拉勒、越南共和国总统吴庭艳[3]，都曾到官邸正式拜会蒋介石。

美国总统艾森豪威尔、副总统尼克松、约翰逊、阿格纽等政军要员都曾光临官邸，沟通美国战略或重大政策，美国总统里根在担任加州州长时，也曾来台湾地区访问，并在士林官邸受到蒋宋热烈欢迎。其他要员如艾森豪威尔时期国务卿杜勒斯、肯尼迪时期国务卿鲁克斯、参谋首长联席会主席雷德福、太平洋舰队司令等人，则曾在名为"贵宾馆"的官邸招待所留宿。

以曾任美军太平洋舰队司令的雷德福为例，他不但是蒋宋两人好友，甚至雷德福于1953年准备返美

2. 巴列维（1919年10月26日－1980年7月27日），伊朗国王，伊朗君主制最后一个沙王。1925年底被立为王储，先后在英、美接受西方教育。1941年登基。"二战"后在联合国支持下将苏联军队赶出国界；1951年被软禁在王宫，直到1953年8月才在美国中情局支持下夺回权力。1979年1月被霍梅尼领导的伊斯兰革命推翻，逃亡美国。
3. 吴庭艳（1901年1月3日－1963年11月1日），越南共和国第一任总统（1955－1963）。因宗教政策等因素，美方于1963年默许军事政变，吴庭艳遭枪击身亡，南越陷入长期混乱。

◆ 1958 年，伊朗国王巴列维来访，巴列维政权为传统世俗皇权，以铁腕统治国家，并大量引进西方的商业、教育与文化事业，迅速推动国家的现代化。1979 年伊朗爆发革命，巴列维家族流亡海外。

◆士林官邸的凯歌堂建于 1950 年，是为方便信仰基督的宋美龄及全家人做礼拜而修建。凯歌堂建筑采用中西折中的建筑风格，反映 20 世纪三四十年代的民风，为一层斜顶红砖楼房。教堂内设有 60 张座位，第一排 4 个大位均装有防弹靠背，过道右侧的两个座位分别为蒋介石和夫人的专属座位。凯歌堂曾接待过前美国总统艾森豪威尔、尼克松等，蒋家三代都在此受洗。晚年的张学良与赵四小姐也在蒋夫人的牵线下在此聆听讲道。堂顶硕大的水晶吊灯透露着凯歌堂的光彩与神秘。如今的凯歌堂仅开放民众在外参观拍照而不得入内，允许教友免费举办结婚仪式。蒋家第三代蒋孝勇、蒋纬国之子蒋孝刚在此步入婚姻的殿堂。2012 年 9 月，蒋家第四代、设计师蒋友常亦在此迎娶其第二任妻子，引得外界关注。

担任参谋首长联席会主席前，还曾住在名为"贵宾馆"的官邸招待所，与蒋介石多次详谈。1949年后一度滞美的胡适首次受邀返台演讲，以及他70岁寿辰，蒋介石都曾在官邸设宴款待。

此外，由于考量宋美龄与外宾的基督教信仰，官邸内还设有教堂"凯歌堂"，是蒋家周日弥撒聚会的私人礼拜堂，名称系延续南京官邸为纪念抗战胜利而兴建的"凯歌堂"之称，占地220平方米；由牧师陈维屏（前期）、周联华（后期）讲道，不但蒋家三代都在凯歌堂受洗，蒋经国三男蒋孝勇、蒋纬国之子蒋孝刚在此结婚。

蒋宋两人平日也时常邀请其他人一同做礼拜，包括张群夫妇、何应钦夫妇、彭孟缉夫妇、黎玉玺夫妇、俞鸿钧、王宠惠、洪兰友、辜振甫家人等，为考量安全，还要通行证才可进入凯歌堂，时间约50分钟。

凯歌堂仅共60个座位，前排4张贵宾所坐沙发背部加装防弹钢板，蒋介石与宋美龄固定坐在右手边，蒋经国与蒋方良坐在后方一排；蒋介石除非有疾病或行程冲突，总来礼拜。不过据说蒋经国因为公务繁忙，较少到凯歌堂，倒是蒋孝勇、蒋孝武与蒋纬国时常报到。做完礼拜后，蒋宋常同车离去，有时也会约宾客回官邸午宴。遭到蒋介石软禁的"少帅"张学良，由于晚年与赵四小姐都成为虔诚的基督教徒，因此也常在宋美龄拉线下，到教堂做礼拜。

> 蒋喜京剧，喜照相，不喜照镜子；宋爱电影、西餐，爱吸烟

士林官邸除了在政治、历史上的意义与价值外，也是最能呈现蒋介石、宋美龄生活风貌、人文气息的地方，毕竟蒋家，尤其蒋宋二人在此生活了数十年的时间，较其他行馆更有家的归属感。二层楼正房造型颇普通，分前后栋，前栋为日据时期即存的日式斜顶建筑，后栋则是平顶钢筋混凝土结构。官邸正房

大门朝北略偏东，门口有回车道及花圃，客厅、卧室使用的家具材质均是红木，都是由军中木工自制；部分家具还是由大陆运来的老古董。

正房一楼通常用来公家交谊使用，入门就是一幅生气蓬勃的巨龙木雕屏风，是宋美龄从上海带来的嫁妆，孔家致赠的礼物；屋内左右两侧分别是武官办公室及起居室，过穿堂到小客厅，墙上挂着王太夫人油画像，有两张蒋宋固定入座的沙发。由于宋美龄爱看电影，因此官邸拿到新片或戏曲后，晚间常在小客厅放映，武官与侍卫都可在小客厅后方一同欣赏，英语片还会由武官翻译。

据说，宋美龄平常不爱听京戏，但在收音机里听到有京戏，还会把收音机拿给蒋介石听。有次蒋介石在官邸看了香港拍的京戏《武家坡》电影，看完后还问宋美龄，"比你喜欢的交响乐好听吧"？不过1967年后，蒋介石为保养眼睛，不太常看电影；宋美龄则可为电影废寝忘食，并特别偏好没有字幕的英文电影。

行经小客厅、餐厅之后，穿过落地玻璃窗就是大会客厅，厅中挂着一幅及人高、蒋介石在1950年5月20日就任"总统"时与宋美龄的合影，两人通常坐在照片前接待来访贵宾。如果是外宾，会有英文翻译随行，但英文颇佳的宋美龄会在场压阵，确保翻译如实传达蒋介石意思，有时更直接由宋美龄亲自翻译。

大厅陈设相当简单大方，没有谣传的金碧辉煌，采用木板砖铺地板，地毯与窗帘多使用红色；左右两侧三扇大型圆窗则是整个厅的造景重点。据说，宋美龄喜爱国画，因此圆窗设计就是在屋外花园栽种梅、竹等植物，让屋内的人向窗外望去时能够借景，看到一幅诗意的画。加上宋美龄喜爱玫瑰、兰花，因此正厅内高几、矮几都放置有配套的小盆栽，花盆六角、八角、圆形都有，由专人到当时北投"中华陶瓷厂"订制；墙上并挂着雕刻细致的宫灯，也有仙姑祝寿、象征吉祥长寿的木屏风，由于蒋介石不喜灯光太亮，正房灯光都偏昏黄。至于面向花园的正房，一、二楼装有垂挂白色窗帘的大扇落地长窗，但因室内仍有厚重红色布帘阻隔，因此由外往内望只可以看见窗内白纱飘动与隐约灯光，室内维持朴

◆官邸客厅陈设相当简单大方，采木板砖铺地板，与其他行馆色彩淡雅简洁的设计不同之处在于，地毯与窗帘多使用红色，显示出尊贵的地位；左右两侧三扇大型圆窗则是整个厅的造景重点。据说，宋美龄喜爱国画，因此圆窗设计就是在屋外花园栽种梅、竹等植物，让屋内的人向窗外望去时能够借景，看到一幅诗意的画。加上宋美龄喜爱玫瑰、兰花，因此正厅内高几、矮几都放置有配套的小盆栽，花盆六角、八角、圆形都有，由专人到当时北投"中华陶瓷厂"订制；墙上挂着雕刻细致的宫灯，也有仙姑祝寿、象征吉祥长寿的木屏风，由于蒋介石不喜灯光太亮，正房灯光都偏昏黄。

◆ 王太夫人像（上图）

◆ 士林官邸内依旧有壁炉的设计，因为宋美龄的生活习惯与偏好。壁炉上方悬挂着蒋介石母亲王太夫人的油画，在每年王太夫人忌辰时，蒋介石都会依礼数进行祭拜的仪式。虽然母亲已离开人世多年，但颇重孝道的蒋介石仍在多处场合悬挂王太夫人的画像及照片，似乎母亲一直在天国与自己同在。（下图）

◆宋美龄来台之后，以习画修身养性，陶冶情操。宋美龄学画之初已到了花甲之年，但她好胜心强，对古画又相当痴迷，甚至到了茶饭不思的境界，一有空就钻进画室研习画画，废寝忘食。画画除了先天的禀赋，当然缺不了后天的努力。宋美龄与所有初学画画的人一样，也经历了由不像到像，由不好到好的过程。只是鉴于宋美龄身份的尊贵，她的老师黄君璧、郑曼青不敢以要求其他学生的方式那样以最严格的方法按部就班，而是跳跃式地教授，据说宋美龄早期作画还遭到蒋介石的取笑。这里还有一个传言，说宋美龄最早中意的老师是傅心畬，只是当傅心畬听到宋美龄可能要找他当国画老师时，当场就以半开玩笑的口吻说："我们大清帝国就是被你们中华民国推翻的，我岂能教宋美龄作画。"这只是坊间趣谈，而宋美龄又极其尊师重道，最终练得一手好画。

实风格。屋外有座由园艺试验所蓄水池改建的池塘，蒋介石闲时喜欢坐在池塘边喂鱼。

官邸二楼属于专为主人而设的居家空间，另有独立餐厅及卫浴设备；另有几间客房供至亲及重量级贵宾做客居住。小客厅主要用来放置部属赠送的结婚或祝寿纪念品，蒋宋两夫妇起居间则以洗手间相隔。

蒋介石因嗜读唐诗，因此桌上总有本读烂了的《唐诗选集》，日后也被放到他的棺木中。此外，蒋介石公余之暇也爱读古书，时常散步时一路顺口哼诵"四书"，记不得了，就马上问随行的秦孝仪，"后一句是什么"？

但据说蒋介石有怪癖，喜欢照相却不爱照镜子，所以卧房与盥洗室的镜子都会拿白布遮住。至于宋美龄房间还有小书房及画室，墙上挂着宋美龄的水墨画作，床头还依序摆着她从小到大求学阶段的毕业证书。不少摆设都是宋美龄的嫁妆，也维护得很好。

官邸二楼主卧室外阳台上，至今仍摆着两张摇椅，缎面椅套久经使用已磨得绽开了线。士林官邸主任钱义芳也曾表示，蒋宋两人最喜欢坐在阳台上观看景致，直到赴美之前，宋美龄每天起床后还习惯在阳台唱诗歌、静坐、运动，也看看她栽植的一草一木。

官邸账务均由宋美龄负责；蒋注重养生，宋喜送宾客旗袍

官邸内务与账务均由宋美龄负责，宋美龄出国时，蒋介石会亲自看账。不过关于庶务人员晋用或奖励，向来由宋美龄全权负责，蒋介石不会干预，一般说来，宋美龄给人的印象是非常尊贵，但不会有架子。大约20世纪50年代晚期，孔二小姐住进官邸招待所，通过对宋美龄的影响力，形同官邸总管，也对美国外交有兴趣，不过蒋介石从不和孔二小姐讲公事，也不让她有插手的机会。

◆蒋氏夫妇的情感属于老而弥坚那种，到台湾后，他们才似乎真正开始了一种相随相伴的恩爱生活。这也是两个人除了在饮食与夜生活中不能同步的问题外，少见的一致。两人时常在自己的官邸莳花弄草。（上图）

◆蒋氏夫妇在官邸的草坪上打槌球，蒋夫人穿着深色白花的旗袍，依旧戴着钟爱的阔边帽，两手轻轻牵着旗袍，像小姑娘似的用鞋踢地上的球，似乎在跟一旁的蒋介石嬉戏较劲。蒋介石持槌弯腰，任夫人摆弄这颗球，俩人间来回传递着欢乐的情趣。（下图）

◆宋美龄爱穿旗袍，是与生俱来的天性。她中西兼具的气质将旗袍穿在身上，更将她内心的东方女性展示得淋漓尽致。宋美龄爱好旗袍，就使得与她相熟的国民党高官的女眷们有了投其所好的目标。每逢有重要的节日时，都会礼节性地向宋美龄赠送一些绸缎布料作为礼物，宋美龄便有了用之不竭的高级布料来定做心爱的旗袍。据蒋介石身边的医生熊丸说："夫人一向喜欢穿旗袍，她的这种穿衣风格任何人学也学不像。直到现在，她有时还会对我说：'我这件衣服三十几年的衣服耶！'她的身材一直没有变，从前的衣服现在还能穿。她有个专属的张姓裁缝一直跟着她，此人是湖北人，专门为她做衣服改衣服，有时还为她做旗袍送人。官邸里的针线活都是张师傅一人负责，有时他也为蒋先生改衣服。"

　　一般而言，蒋介石生活相当规律，早、中、晚，均会静坐各30分钟。每天早晨6点起床，通常一起床会先用些温开水，之后唱诗歌、做运动、祷告、静坐，6点多开始写日记、看书报，然后到四周散步。

　　宋美龄起得晚，蒋宋早餐各吃各的，蒋介石吃得简单，多是油豆腐细粉、小笼包、馄饨、虾仁土司等点心，加上木瓜等水果，不过蒋介石不喝茶也不喝咖啡，爱喝温开水。早餐时会翻阅由秘书用红笔圈出的报纸消息。外界曾传闻蒋介石的报纸是特别印的，不但是大字版，且报喜不报忧，不过侍卫强调蒋介石看的报纸和一般无异，直到年纪大了，眼力差，才由秘书读报。

　　早餐后，蒋介石车队就由官邸出发，固定11分钟到15分钟内抵达"总统府"。晚睡的宋美龄大概早上11点起床，在床上吃早餐，总是自己化妆；接着会看些书报，不过宋美龄虽然看中文报纸，读的却多是外文书籍。蒋介石中午1点左右会回官邸用餐，宋美龄会在旁作陪。饭后蒋介石会到花园散步，并踱步到鱼池边喂鱼，似乎蒋介石替每条鱼都命了名。接着他会睡午觉或静坐，宋美龄则会找黄君璧和郑曼青等国画老师到官邸楼下客厅习画，草稿一律全部销毁。

　　晚餐是蒋家一家人吃饭时间，餐后除了散步，蒋介石有时会与宋美龄搭车外出，约一小时返回官邸。蒋介石除批阅些公文，准时9点就寝，即使看电影到一半也不例外；但医官熊丸曾回忆，蒋介石睡眠状况始终不太好，甚至要靠药物入眠。

　　夜猫子的宋美龄晚餐后会找人下棋、打桥牌，孔二小姐也会不时找宋美龄聊天，宋美龄每天约凌晨1点就寝，通常都是陈诚夫人与孔二小姐等与宋美龄最亲近的人，最晚离开士林官邸。

　　服饰方面，蒋介石变化并不多，由秘书室前一天准备，公开场合常穿的就是一袭旧大氅，不喜欢穿新鞋，绝少穿西装；主持国民党会议会穿中山装，阅兵时穿挂阶军服，出席国民大会等重要场合则穿长袍马褂。宋美龄喜欢穿旗袍众所皆知，且有专人裁缝，数目虽繁多，但款式变化不大；碰到要好的外宾，宋美龄还会特地制作旗袍致送客人，颇受好评。

宴客家宴时，
蒋介石亲自排座次，
宋美龄负责菜单；
蒋宋分别喜吃中西餐

官邸内餐饮则没有外界想象的繁华。正房内餐厅墙上挂了多张蒋家家居生活照片，厅内有一张长方形大餐桌，餐饮由大师傅、两名助手及多名手下负责调理。平时外人很少能进入正房，通常只有蒋经国、胡宗南等和蒋介石关系亲近的人进到官邸楼上小饭厅和蒋介石共餐；平时官邸用餐时，也只有蒋宋二人与孔二小姐、萧太太一同用膳。

蒋介石三餐多在官邸用餐，但即使外出视察、演习，遇上聚餐或开会场合，虽然蒋介石食物分量样式与其他人一样，但都是贴身厨师另做一份，以符合安全与他的口味。下午蒋宋两人有时也会外出兜风、散步，并用些午茶、点心；蒋介石除了温开水，有时也喝不冰藏的可口可乐。

宴请重要宾客或家宴时，均由蒋介石亲自排座次，宋美龄负责安排菜单；用餐时，蒋介石和宋美龄隔桌子对坐，宾客依职位高低一男一女间隔入座，宋美龄右手边是大位；采中餐西吃，菜单多为一汤、一海鲜（鱼或虾）、一肉和两素，有外宾则加甜点；除刀叉外还要摆筷子。由于蒋介石不喜欢单数和13，所以用餐人数如果不对，常拉医官或侍卫长抵数，他尤其对用餐礼仪格外计较，甚至还把内务人员送到大饭店见习，学习餐饮工作礼仪。

因为蒋介石喜吃中餐，宋美龄喜吃西餐，搭配不同口味，后来官邸也形成午餐西式、晚餐中式的惯例。官邸正房外不远处有一菜圃，特别种有各式新鲜、无污染蔬菜。不过蒋介石从不进厨房，宋美龄在蒋孝武、蒋孝勇还小时，偶尔会带孙子到厨房做巧克力，此外，也不踏进厨房。

官邸平常开饭，没有客人时，多是四菜一汤，用方桌吃，菜放在桌上，非常简单。如果宾客过多，才会延请圆山饭店负责外烩。日后蒋孝武、蒋孝勇长大，在他们安排下，还会请台北的餐厅到官邸外烩，不过还是要经过严密的安

◆便餐餐厅里有圆形餐桌一张，上铺白色蕾丝桌布，简洁明快。虽然蒋宋生活作息大为迥异，不过几乎每日中午，蒋宋会在便餐餐厅里一同用餐、交谈，饭后蒋介石稍事休息，而宋美龄则从师学画。1960年《生活》杂志摄影师得以进入士林官邸，为蒋宋的生活拍摄一系列照片，有幸一睹了神秘官邸的真面目。一张蒋宋亲密进餐，地上趴着他们爱犬的照片在蒋宋晚年颇为有名，显示出家庭的和睦与美好。

◆宋美龄之于蒋介石，其意义绝不止于伴侣，只有宋美龄才敢在老虎头上动土，也只有她能逗得蒋介石哈哈大笑。（上图）

◆蒋家温暖一幕，宋美龄与蒋介石对弈，据说宋美龄的棋艺很高，每次都会使蒋介石陷入长时间的思考。（下图）

全检查才能让菜肴上桌。

官邸席间餐点虽然精致，却多是家常便饭，少有大鱼大肉，像蒋介石喜欢竹笋、腌盐笋等宁波小菜，吃西餐也要加酱瓜等一两样中式小菜；他面前总放着一只小巧玲珑的瓷缸，里面放的是宁波人爱吃的"泥螺笋"；同时蒋介石口味清淡，不吃辣和大蒜，但对汤质很讲究，官邸每餐必有鸡汤和一些面。不过西安事变后，蒋介石听从医师建议拔去牙齿以治疗背痛，因此长期戴假牙，也出现牙床萎缩等毛病，是以偏好口感较软的食物，最爱吃黄埔蛋，葱爆芋头也是蒋介石爱吃的餐点。

为养生，蒋宋食量都很小，蒋介石每餐仅吃小半碗，宋美龄除了偏爱蔬菜色拉，也常叮嘱厨子，菜别做太油腻，分量也不要多；至于她自己喜欢广东菜，也和蒋介石一般，喜欢吃笋子、雪里红、梅干菜烧肉等菜色，但对鱼虾过敏。

宋美龄农历生日恰处百花节，官邸曾辟兰花与菊花两展

由于官邸本身就是园艺所，向来培育名花异兰，不时可见来自国外的特殊品种。尤其宋美龄生辰农历二月十二日刚好是百花节，所以她特别爱花，不但房内每天要有一盆花，官邸有专人换花，每年宋美龄生日与10月31日蒋介石阳历生日，官邸还会举办春秋两季花展，大部分以兰花为主题，秋季则以菊花为主题。

官邸第一届花展约在1950年开始举办，由于当时兰花相当罕见，加上官邸属于禁区，因此人潮络绎不绝。但民众仍仅能进入园艺区游玩；正房依旧警卫森严，不仅无法靠近，连相机镜头都不得朝向正房。

原先官邸正房前并无内花园，大部分是果树和杂木丛，偏偏艾森豪威尔到访后，与蒋宋一同步行回官邸正房，曾向蒋介石谈及白宫花园美景，让蒋介石

旁边人士相当尴尬，才在艾森豪威尔离去后，将正房前整修为目前的中西庭园，由中、日技师共同设计，以喷水池为中心，花坛、树篱、园路呈几何形对称，为当时台湾少有的示范性西式庭园。至于官邸中式庭园则于 1966 年为庆祝蒋介石 80 岁寿诞而建。庭园内有假山、泉石、曲池、拱桥及贯穿全区的弯曲小径。

由于宋美龄偏好玫瑰，官邸也开辟玫瑰园，搜集各国名种，专人植栽，宋美龄常在此招待好友。园中自有品种约七八种，宋美龄最喜欢"黑玫瑰"；蒋介石喜爱的梅花栽植于玫瑰花圃每畦两端，象征夫妻相伴。据说宋美龄甚为在意官邸玫瑰，连侍卫偷摘了一朵都被发现而处分。由于细心照料，直至今日，官邸玫瑰园已达共 70 多畦，共有各品种 2100 多株，梅树树龄超过 50 年的，有 100 余株，成了台湾年轻人拍摄婚纱的最好去处。

官邸培育的菊花，直径均超过二三十厘米，俗称"寿菊"，是从日据时代就已栽培的特殊品种，采无性繁殖，须依生长条件，由小盆栽，逐渐换到大盆，以一株有三朵为标准，且要雕成三角形。当时包括"总统府"本身苗圃、铭传商专、振兴医院及大同公司等十个公家单位、学校或私人财团均加入培育行列，每年参展时并由官邸负责评比。

官邸一年五个节日局部开放，供民众签名致敬

官邸门禁森严，蒋介石在世时，一年只在五个节日局部开放，除了宋美龄农历生日、蒋介石公历生日和蒋介石农历生日（九月十五日），包括新年元旦、农历新年，官邸都会在门口设签名处，摆设鲜花盆景，供台湾地区军政首长和民众签名致敬；这些签名册最后都会由侍卫长送宋美龄核阅。

至于农历新年前，官邸也会开始布置，同时做些年糕、汤圆等应景食品，由于往来送礼拜年的人很多，也是宋美龄最忙碌的时刻，必须逐一回礼。直到

◆誓要走遍宝岛，展示台湾之美的台湾画家赵宗冠先生在其作品里留下了蒋宋居住 25 载的"总统府邸"——士林官邸的美好画面。林孟寰用清新的语调，为这座已渐渐抹去政治意味的花园作了注解：天空飘着细雨，城市没有田亩新绿芬芳，我们的灵魂倦了，短暂停留的恋情，匆匆错身而过，忙碌地迎接晨光降临，已被遗忘心里的春天，悄悄绽放在花园的一角。

除夕夜，蒋家亲属会一同来吃年夜饭，大约忙到晚间 9 点，蒋介石则会发压岁钱，各家人也才都辞岁离去。

大年初一一早，来官邸签名的人会比往常多，很多高官更直接相约在官邸碰面拜年。蒋介石身体还硬朗时，大年初一在花园散步后，一如每年王太夫人忌辰，会爬上正房后方福山的"慈云亭"沉思。

慈云亭兴建于 1963 年，是约两层楼高的方形亭；由于蒋介石母亲王太夫人逝世所葬墓庐称"慈庵"，孙逸仙也曾题颁"为国劬劳，慈云普荫"匾额，"慈云"二字由此而来。不过也有人说，士林官邸三面环山，正房几乎就位于这个口袋状区域袋底，背有高山，左侧福山由圆山饭店延伸到基隆河，风水颇佳，唯独右侧山势过短是一大缺陷，因此蒋介石在其上兴建慈云亭等两座凉

◆蒋介石常喜含饴弄孙。每到周末，"士林官邸"就会洋溢出别样的喜庆之气，三个孙子蒋孝文、蒋孝武、蒋孝勇都会聚拢在爷爷身边。下图是蒋氏家族常见的温馨一幕，蒋氏给三个孙子分水果。三个人中，最受祖父器重的是蒋孝武，走在前面的最小的则是号称"祖父开心果"的蒋孝勇。每次这个洋娃娃式的小孩子，都能逗得蒋介石乐不可支。

◆蒋家第三代先后出生，让蒋介石的晚年生活颇添生趣，一系列的生活照显现蒋对其孙辈相当溺爱，蒋介石生前确有想法培育第三代中的男丁继承其事业，但可惜生于蒋家后代已无先祖遗风，现在除了蒋经国的私生子蒋孝严投身政坛外，其余第三代后人对蒋氏"祖业"均不感兴趣。

◆蒋介石到最后成了一个真正的基督徒，起初他是由于宋美龄的紧逼，到最后则已成为他的一个习惯。蒋家过圣诞节时，蒋介石亦亲自动手，看看树上挂着的瓜果，并同宋美龄一起摆弄圣诞树。蒋介石恪守中国的传统，将其母之像悬挂于其官邸内，每逢节日总是亲临祭奠，鞠躬如也，即使洋节也不例外。（上图）

◆蒋经国夫妇带着刚出生的小儿子孝勇来拜见蒋介石，蒋介石在私下其实还算是个感情丰富、热情的人，这会儿放下身段，抱起孙子，似乎也像模像样。（下图）

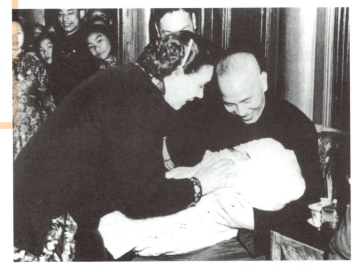

亭，作为弥补。

每年王太夫人忌辰，蒋介石除了不吃早餐，只进些水果，也会爬山到慈云亭沉思、逗留。凉亭外有一座邹姓私人坟墓，每年清明扫墓，官邸会破例允许邹姓后代进入，也成为当时唯一可一睹官邸全貌的人。到了初二，蒋介石仍会依礼数，出外向吴忠信、吴鼎昌、于右任、黄膺白、张静江等人拜年，留在官邸含饴弄孙的时间并不多。

除了新年之外，蒋宋两人生日以及每年圣诞节，是官邸较为欢乐的家庭聚会日。官邸工作人员回忆，宋美龄、蒋介石生日当天，官邸大门会客室与公馆都会布置寿堂。寿堂中央墙上除挂有蒋介石或宋美龄肖像外，并饰以全套寿屏，丝绸寿屏绣有福、禄、寿三星之像，还会摆设寿桃、寿面等点心，与大陆时期布置一样。

尤其蒋介石10月31日过生日，他虽不爱公开过寿，只见家人，但各界礼物都会在前一天放在蒋介石房间的客厅。礼物想进官邸，要经过层层安全检验，甚至动物实验。官邸也会以侍卫队名义，向台北知名糕点店"美而廉"定制大型蛋糕，绝对都在九层以上，要用军用卡车才能载到官邸，蒋介石切完蛋糕后就由官邸上下200多人一同分享。

官邸内有座兴建于1950年前后的鲜红色中式四角亭"新兰亭"，又名"寿亭"，蒋家每年会在此设寿堂，同时会在前一天举行餐会，为蒋介石暖寿。寿诞当天，官邸还会将平日供奉在书房的王太夫人遗像请到小客厅，供蒋介石与家属跪拜。官邸也会在晚间施放烟火，让蒋宋在房间阳台就能观看。

宋美龄笃信基督教，上教堂、读《圣经》也成了蒋宋固定的功课。每年耶稣受难节，蒋介石也会参加证道，并禁食祈祷。12月24日圣诞夜更是官邸一大节日，除各类西式节庆布置，宋美龄在前几天就会包装圣诞礼物分赠亲友，23日还会与数百位"国军"遗族子弟共进晚餐。24日晚间固定举行圣诞家宴，蒋介石除与子孙欢聚，也会邀请非基督徒将领到家中共聚，之后步行到凯歌堂参加礼拜，一同祈祷，度过平安夜。

蒋介石 85 岁连任始缠绵病榻；宋美龄乳癌赴荣总切除

蒋介石相当注重养生与医生建议，一直有医官注意健康[4]，官邸并先后增设电梯与医生、护士、检验房等设施。但生老病死是人生常态，意外更无从预防。特别是 1969 年阳明山车祸后，蒋介石身体状况急转直下，侍从医官熊丸及陈耀翰因此召集台北荣总与"国防医学院"神经外科、骨科、胸腔科、泌尿科医师共同照顾，渐转型为"总统医疗小组"。

官邸侍卫也说，大约在 1970 年，蒋介石因为体力不济，已出现缺席国民党月会的问题，之前也曾发生在涵碧楼突然跌倒，或在士林官邸晕眩昏迷的状况，经医师检查后，确定这些症状是心脏扩大惹的毛病，同时病况有加重趋势，蒋介石还曾在日记中记载，"此次大病之中，以元月下旬至七月上旬间最为险恶沉重，余心神沉迷昏晕毫无知觉至今。余起身解手，此身体僵硬为木棍，必须有二人护持推拉也"。

1972 年初开始，蒋介石更一反平常的作息，每天上午 9 点 30 分左右即卧床休息，一度打嗝不止，同时走路喘息、间有呕吐，健康问题严重程度由此可知。虽然在宋美龄敦促下，本无意连任的蒋介石还是续任第五任"总统"，但当天典礼不但很短，85 岁高龄的蒋介石也出现站立不稳等症状，所幸次日会客蒋介石还是精神奕奕，但蒋介石在公开场合露面的次数越来越少，参加活动也越来越吃力。

蒋介石的副官翁元就曾说，医官陈耀翰当年为蒋介石身体检查后，曾建议停止对外活动半年；但宋美龄认为将对政局造成极大影响，因此将陈耀翰骂了一顿。此后医官们不敢向蒋介石面报病情，须先向宋美龄报告后，才告诉蒋介石，且多半隐瞒实情。因此官

4. 早在 1926 年，蒋介石就任国民革命军总司令后，即成立军医处，首任处长为金诵盘；其后蒋介石侍从单位多次变动，直到 1943 年成立军事委员会侍卫长室，由俞济时任侍卫长后，也编制了两名医官，分别是吴麟孙及熊丸，负责蒋介石与一些党政大员医疗工作。

◆士林官邸展示的亮点之一，便是宋美龄在台湾期间搭乘的凯迪拉克加长型豪华轿车。该车由美国通用公司于 1988 年制造，排气量 5031CC，可乘坐 7 人，车身长 647.7 厘米，宽 191.2 厘米，高 144.1 厘米，重 3.4 吨。此车于 1988 年至 2004 年间为宋美龄服役，是宋美龄在台使用的最后座车，在展览当中很受大陆观光客的喜欢。（上图）

◆虽然士林官邸没有想象中的富丽堂皇，但这里还是充满了当年最为先进与奢侈的设备，例如这一部全台湾第一台广播唱片三合一电视机。宋美龄每日起床后都会打开这在当时最为先进的电视机听西洋音乐。不好西洋乐的蒋介石只能踱步到起居室旁集工作休息为一体的卧榻，开始读《圣经》，要不就到书房看看《苏联在中国》。（下图）

◆蒋介石起居室里最引人注目的是一张与卧床类似的躺椅，这是因为"西安事变"时蒋介石背部受伤，宋美龄特地为他定做了一个批公事专用的半卧半坐椅。而蒋介石生活作息极为规律，每日晨起盥洗后，他会到前侧阳台静坐、读经、做早操，一直持续到1975年。当年4月5日晚间，蒋介石就是在卧室的床上去世的，现一切摆设仍保留着当时的样貌。

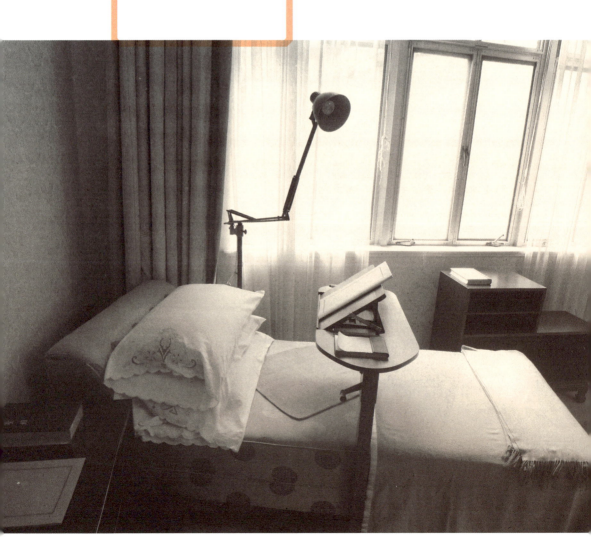

邸虽然在医疗工作上投入巨大人力、物力，但也时常发生医疗是否得当的争议。

1972 年中，蒋介石健康急剧恶化，一度在中兴宾馆避暑时，因心脏病昏迷，随即送荣总第六病房医疗，虽然经过抢救，奇迹似的苏醒，且未影响记忆与思考，但蒋介石的身体状况已趋恶化，不时发高烧、咳嗽，且长期未公开露面，连相关大典都宣布缺席，外界流言不断，更有人质疑蒋介石已住院多年，无法视事。甚至美国也要求"驻华大使"马康卫多次求见蒋介石，确认蒋介石健康情形，却屡遭婉拒。

为安定人心，蒋孝勇与蒋方智怡于 1973 年 7 月 23 日在凯歌堂结婚前，还特地安排到荣总贵宾病房，对仍在荣总休养的蒋介石与宋美龄奉茶，官邸并随

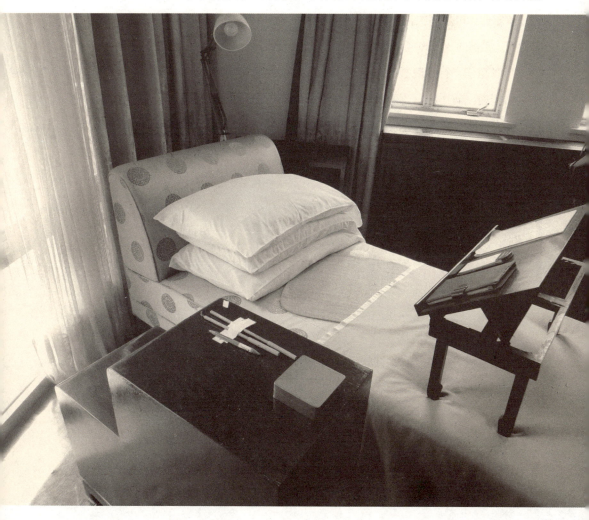

即将合照发布，不过因为考量蒋介石手有插管，担心针头脱落，所以将他的右手固定在座椅上；蒋孝武儿子蒋友松诞生后，也特地抱到六病房大客厅探望蒋介石并公布合照，可说煞费苦心。

蒋介石一直住到 1974 年 12 月 22 日圣诞节前，才离开荣总，返回士林官邸，官邸除了增添大批的医疗器材，也为蒋介石修筑了电梯、检验室等建筑，并增加护士。反倒是宋美龄此时发觉自己生了乳癌，赴荣总住院近两个月予以切除。

蒋介石返回官邸后，每日接受美籍医师物理治疗，虽仍有心室肥大、前列腺等毛病，但已能恢复散步，只是身体依旧虚弱。蒋介石与宋美龄均希望能尽快恢复批阅公事，甚至为加速复健，蒋介石曾有一天到花园散步 20 多次的记录，连夜间还要求起床散步多次。也幸亏蒋介石身体已渐好转，加上宋美龄在旁翻译，让马康卫返美前约 30 分钟会面没有出乱子，间接证实蒋介石身体大致无虞的消息。

当时担任"行政院长"的蒋经国每天都会到官邸请安，或陪蒋介石用餐。不过由于糖尿病影响，蒋经国早晨向蒋介石请安后，也会请官邸护士帮他抽血量血糖，并施打足量胰岛素，吃过早餐后才离开官邸。

《蒋介石遗嘱》风波
宋美龄拍板为蒋介石做肺部积水抽除手术；

在心脏科权威余南庚主持下，官邸组成约 12 人规模的医疗小组，希望维护蒋介石健康，成员来自大陆迁台、前身为北洋军医学堂的"国防医学院"及蒋经国创办的荣民总医院两大医疗系统，不过实际主持人是宋美龄深为信赖的孔二小姐。

只是蒋介石身体实在很差，发烧与肺积水等问题时好时坏，肺与肾均出现发炎，已无法接见外宾。1975 年 1 月 1 日，蒋经国前往官邸向蒋介石拜年，当时蒋介石仍在睡眠中，连蒋经国都称他"病情颇重"，之后高烧不退，到 1 月中旬体温才下降，蒋经国甚至一天探病三次。

官邸前副侍卫长陈宗璀回忆，为釜底抽薪，1974年底，约12月初，孔令伟自美国请来到振兴医院做客座教授的哥伦比亚大学的哈比夫，在宋美龄拍板下，计划于1975年春为蒋介石进行肺部积水抽除手术。当时蒋介石身体非常虚弱，甚至出现暂停心跳的症状，因此医生不敢为手术打包票，纷纷希望官邸收回胸部穿刺手术的成命，甚至还找蒋经国讲道理，但蒋经国一切只能听宋美龄的。

手术于3月19日在官邸二楼病房进行，原先情况尚可，没想到当晚突然引发高烧、昏迷、心跳失常；直到医生用大量高单位抗生素才又抢救回来，蒋介石并于3月下旬恢复清醒。不过官方版《蒋介石治疗报告》则指蒋介石晚期身体严重不适，系因感染当年的流行性感冒。

无论如何，蒋介石已卧病不起，甚至心跳不到二三十下，需施打强心剂才能渡过难关，虽然他神志始终清楚，但让蒋经国相当忧心，副官等工作人员更是24小时监控心电图。熊丸也回忆，当时曾考量帮蒋介石装心脏调节器，不过身体太弱，担心无法负担。官邸还特地安排护士在病床旁为蒋介石读唐诗，化解苦闷。

1975年4月4日清明节上午，蒋经国还陪同蒋介石在官邸内散步，报告要到日月潭慈恩塔祭拜王太夫人，并出席在中山堂举行的张伯苓百年诞辰纪念会。蒋介石除问了清明节的事，还要蒋经国好好休息。稍后蒋纬国也到官邸报告要到台中为姚夫人扫墓。不过蒋介石当天上午似乎坐立难安，不断要侍卫把轮椅推到花园散步，前后多达10余次。

晚间，蒋经国依例到官邸问安后回到七海住处，蒋介石当天除脉搏较弱、腹部不适外，神志清晰，并无任何异状。没想到晚间8点15分左右，医疗人员发觉蒋介石脉搏转慢，状况急速恶化，医疗小组施以心脏按摩与人工呼吸，仍时跳时停，要靠电击才能遏止心室颤动。由于情况紧急，宋美龄与蒋经国都被召唤赶往病榻旁陪伴，蒋经国更是刚洗完澡、头发没干，就急忙赶到官邸。蒋纬国则在台中未归，据说蒋经国还激动到在病床旁跪下，哭求"上帝救救阿爹"。

子夜11点30分，据医疗小组记载，蒋介石当时双眼瞳孔放大，强心剂、电击无济于事。蒋经国因情绪激动，一直哭泣，反倒是宋美龄颇冷静，要医官

◆蒋介石的书桌向来简洁，在士林官邸内的亦不例外。古朴典雅的书桌外观有精致的雕花，桌台上恭敬地陈列着母亲王太夫人的画像，一支洁白的蜡烛神圣而安宁。在蒋介石沉静思索、茫然若失的时候，也许他会一个人坐回书桌前，和逝去经年的母亲说说话，渴望聆听到母亲的指引。

将蒋经国扶到旁边沙发，设法让他情绪平复。11 点 50 分，经请示宋美龄后，熊丸在官邸中正楼宣布蒋介石逝世，官邸深夜紧急增调宪兵在士林通往市区和福山的路口严密布哨，台北市区实施宵禁。

经通知后，秦孝仪先赶到官邸为蒋介石立遗嘱，当时"副总统"严家淦以及杨亮功、田炯锦、余俊贤、倪文亚等国民党五院院长随后紧急奉命赶赴士林官邸瞻仰遗容，并为《蒋介石遗嘱》签字。4 月 5 日凌晨 3 点，台湾各电视台播发蒋介石病逝讣告，并公布遗嘱。蒋经国因为悲恸双手发抖，甚至自承连向哪些人答礼都不复记忆。

《蒋介石遗嘱》由秦孝仪修改润饰多次，不过他最后在五院院长联署后添了一笔"秦孝仪受命承记"的字样，颇引发物议。秦孝仪则解释，此举不过是模仿孙中山遗书后"汪精卫记"的前例，并非他标新立异。

这份遗嘱从何而来？据闻蒋介石曾要求秦孝仪来官邸整理遗嘱。因此1975年3月29日上午，由蒋介石口授，秦孝仪记录这份最后公布的遗嘱。此外，由于蒋介石接受宋母倪太夫人所提信奉耶稣基督的条件，促成蒋宋联姻，秦孝仪执笔的遗嘱写好后，宋美龄交代，"你加几句进去，说明他是信基督的"，遗嘱才写进了信奉基督的事。

蒋介石去世后，贴身副官李大伟帮蒋介石换衣服，简单地擦擦脸，把胃管、鼻管拿掉，假牙装回去，安置在病床上。因空间不够，蒋经国向宋美龄请示后决定移灵荣总怀远堂，侍卫也换下中山装改穿西装，遗体约凌晨2点在车队护送下移往荣总，原本夜半晴空无云，突然雷声、风雨大作，声势吓人。

蒋介石去世后，国民党中常会召开紧急会议，决定严家淦于隔日上午11点继任"总统"，但蒋经国因父丧请辞"行政院长"职务的辞呈则予以退回。随后，台湾为蒋介石举办了隆重丧礼，在孙逸仙纪念馆举行奉厝大典后，移灵慈湖。遭蒋介石软禁半生的张学良，则为蒋介石写了对挽联："关怀之殷，情如骨肉；政见之争，宛若仇雠。"

宋美龄离开伤心地，士林官邸的主人再也没回来过

1975年4月5日蒋介石去世后，同年9月17日，宋美龄搭乘"中美号""总统"座机赴美，隔年4月，宋美龄返台参加蒋介石追思逝世周年纪念，但8月22日再度赴美，并未在台长期停留。

其实宋美龄在1975年离台前《书勉全体国人》一文中已提到，她的家人陆续凋零，自己身体状况也不佳，尤其蒋介石故去后，"顿感身心俱乏，惊觉确已罹疾，亟需医理"，同时，"余总与'总统'相守相勉，每日早晚'总统'偕余并肩一起祷告、

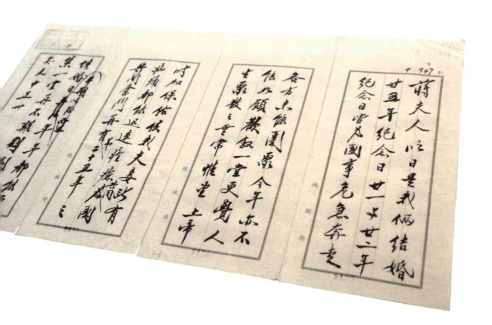

◆蒋宋结婚15周年时，宋美龄赴美养病，蒋介石还以电报传情遥祝早日康复，隔日夫人也回文致意，两人的手写电文在士林官邸展出，浓情蜜意呼之欲出。（上图）

◆作为一个基督徒，诵读《圣经》是蒋介石的必修课，除此之外，博览群书是蒋介石的嗜好。蒋介石每日都有固定的时间阅读书籍和新闻，每次阅读均用笔勾画批注，可见是悉心研究。在1931年印行的蒋介石《自反录》第一集第二卷，就收录有蒋介石开列的《选读各书目录》，蒋介石推崇王阳明的学说，终其一生都在研究。（下图）

读经、默思；现在独对一幅笑容满面之遗照，闭目作静祷，室内沉寂，耳际如闻謦欬，余感觉伊乃健在，并随时在我身边"，因此决定离开官邸，赴美调养。

但外界揣测宋美龄赴美，与蒋经国接班，宋美龄无从插手相关事务有关。蒋介石在世，宋美龄拥有无比影响力，特别对美这一块，宋美龄几乎一言九鼎，但蒋经国接班后情势起变化，谷正纲等人提议让宋美龄出任国民党总裁也未获同意，催化宋美龄不如归去的意愿。熊丸也说，蒋经国主要是和孔二小姐等孔家人士不合，但宋美龄当时因为与蒋经国"外交"看法不同，所以对蒋经国说她不愿再管，随后远走美国。影响所及，连蒋经国于1978年当选"总统"，邀宋美龄返台参加大典，她也以"深恐睹物生情，哀思蒋介石不能自已"，而并未返台。

主人远离，不过蒋经国可不敢轻慢礼数，不但每周都到官邸探望，每年蒋介石冥诞、除夕，蒋经国还是率领蒋家亲族在官邸举行家宴，为蒋介石祝寿，或吃年夜饭，蒋孝武等人也会衔命到美国向宋美龄问安或共度节日，士林官邸人员编制与维护经费也从未减少。

直到1987年蒋介石百岁冥诞，在纽约住了10年6个月的宋美龄才受邀回台，返回士林官邸居住。一向节俭的蒋经国为了让宋美龄满意，还由蒋孝勇出面，动用2000万经费全面整修官邸，自己居住的七海则一切从简。当时各界预料宋美龄停留时间不会太久，孰料她决定长住，从此官邸圣诞节恢复举行，新年家宴也扩大举办。但宋美龄返台后只有两度公开讲话，一次谈蒋介石百岁冥诞，另一次则发表《我将再起》文章，一度让外界认为宋美龄有复出的打算。

其实蒋经国主政后，宋美龄绝少过问政务或高层布局，党政要员虽不定期探访，但多属请安，绝少谈政事。尤其90岁高龄的宋美龄当时已不复当年健康，原来她返台前，不小心在曼哈顿家中摔了一跤，腿、臀部都受伤动手术，有段时间须以轮椅代步；外界也传言，让蒋介石元气大伤的那场车祸，同样也在宋美龄身上留下了后遗症。

因此宋美龄虽然身体并无严重病痛，也依旧喜好运动，但返回官邸居住后，已须由医院派人每天下午3点半到5点到官邸协助她做运动，近距离步行虽然只需要拄个拐杖，不太需要搀扶，不过走远一点路也要坐轮椅，同时听力退化。不过1988年，蒋纬国之子蒋孝刚在官邸凯歌堂结婚，现场冠盖云集，算是官邸难得的喜事。

之后随着蒋经国殒落，"两蒋时代"终结，无力回天的宋美龄当时已不问政事，除偶尔上荣总看牙外，平时得空多以查经、看书消遣，有机会也外出探望老友，更有意返美定居，但1989年1月1日一场大病，却拖延了宋美龄的打算，当时她高烧不退，送荣总急救，却又出现过敏症状，体力衰弱，无法起床，最后开刀取出肿瘤才渐渐恢复正常。

恢复清醒的宋美龄原希望随前来探视的孔令侃一同返美，但因孔二小姐极力挽留，才暂时留下来，不过蒋孝勇与孔令侃之后相继离台，还是让士林官邸越来越冷清，尤其隔年宋美龄一度昏迷，甚至停止呼吸，所幸急救得宜才挽回性命，也让她返美意愿更坚定。

当时政坛风波不息，李登辉结合国民党本土派势力，与林洋港、蒋纬国等非主流斗得火热，原本蒋纬国信誓旦旦地希望一搏，却遭支持李登辉的蒋孝武一封公开信严加斥责，败兴而归。宋美龄虽没多说些什么，但据官邸侍卫回忆，之后蒋孝武多次赴官邸，宋美龄均很少接见。就连蒋孝武在荣总意外去世，宋美龄也没有指示。

亲人接连病故，加上病痛缠身，1991年9月21日，宋美龄还是告别了停留5年的台北，赴慈湖谒陵后，搭乘波音747SP型长程客机改装专机，返回纽约疗养，这是她生前最后一次在士林官邸长住，也被视为蒋家在政坛影响力的正式结束。

宋美龄赴美后，正房重要物件都已搬到美国，甚至多张珍贵照片连同底片都一块带走，唯独她心爱的旗袍多半留在官邸，但据闻在官邸开放前均已焚毁；至于重要文物则分别放置于"国史馆"与中正纪念堂。不过宋美龄亲信仍说，无论长岛及曼哈顿，都是亲戚房舍，因此宋美龄在纽约是"借住"亲人房子。宋美龄一直认为，住了近40年的台北才是自己的家，所以士林官邸陈设多维持原状，随时准备宋美龄回去。

只是民进党并未放弃打击蒋家这块政治招牌，先是由民进党籍监察委员提出调查报告，质疑台湾地区"外交部"发给不具"总统夫人"身份的宋美龄及其随员通行状及"公务外交护照"赴美，有违法之虞。陈水扁任台北市长后，锁定的打击对象就是蒋纬国在外双溪的别墅，打着对抗蒋家权贵的招牌说拆就拆，借此扬名，同样让蒋家感到窘迫。

1994年9月10日，蒋孝勇陪同宋美龄，连同助理、秘书、医护人员等10余人，以不坐专机、持用"外交护照"、不再持用"元首通行证"等方式迅速返台，看望因癌症住在台北振兴医院中的外甥女孔令伟。她返台后除赴桃园慈湖谒陵，一直住在孔令伟病房所在的第八层楼休息所，不曾公开露面，仅两度回到士林官邸暂歇，直到抢救无望，宋美龄才坐着轮椅离开振兴医院，前往官邸与在台亲人告别。9月19日，宋美龄离台，此后，士林官邸的主人便再也没回来过。

官邸开放成了政治争议

1996年，畅议"空间解严"的陈水扁要求李登辉主政的"总统府"返还士林官邸这块属于台北市政府的土地，当时"总统府"以宋美龄仍在世且随时可能返台居住为由，只归还土地与花园，但拒绝归还正房。因此陈水扁当年即收回士林官邸花园并开放市民使用，官邸正房仍由"国安局"特勤小组24小时轮流看管，并未对外开放。

陈水扁随即借馈赠101岁生日礼物、刻有100种不同字体的"寿"字水晶樽向宋美龄祝寿之便，宣称将积极推动官邸正房作为"蒋总统介石先生纪念馆"开放。不过宋美龄并未回应，仅通过"中华妇女联合会"秘书长严倬云回赠礼品。当时"总统府"也表示，基于尊重前"国家元首"及遗孀，目前"不具急迫性"，不宜开放，代宋美龄婉拒。

2000年，陈水扁当选，虽将官邸宪警全数撤离，仅剩3名老人看管，但他硬是拒绝台北市长马英九所提返还官邸管理权要求。倒是马英九于2000年7月由当时"文化局长"龙应台指定士林官邸为第93号市定古迹，且更名为"蒋中正·宋美龄故居"，简称"蒋宋故居"，以记录蒋宋两人起居、生活与其间发

生的历史，并彰显宋美龄作为 20 世纪现代女性对台湾的特殊贡献。

陈水扁则不甘示弱，主动宣布于 2000 年 10 月 31 日蒋介石诞辰开放官邸正房一日，公开让民众参观，引发马英九不满，强调官邸已是古迹，开放应先提交计划审议。民进党借机反击马英九为反对而反对，"对国家元首不尊重莫此为甚"。市政府则由龙应台出面，强调是否开放是专业问题非政治问题，一方面，官邸正房 50 年未曾有大批人潮进入，楼地板承重量、文物保险与防火等安全问题都需顾虑；此外，开放前必须清点官邸内文物并造册，并经家属同意，因此台北市将先邀蒋方智怡清点士林官邸文物，"文化的归文化，政治的归政治"。

事实上，士林官邸状况虽大致良好，但已陆续出现多处破坏，包括正房木地板下陷、皲裂渗水，门窗白蚁蛀蚀与雨水侵袭，需要进一步修缮。不过相关部门能拖就拖，甚至还质疑官邸只是老旧没法收回的宿舍用地，让蒋家长媳蒋徐乃锦很难堪。反倒是凯歌堂长久遭受白蚁肆虐，影响建筑安全，经台北市政府着手修复，已恢复周日证道活动。

台北市长郝龙斌就职后，也积极推动士林官邸开放工作，整修相关设施。

角板山宾馆

台湾版溪口的
沧桑岁月

1950 年秋，素喜山水的蒋介石，率着宋美龄、蒋经国、纬国夫妇一家大小远离台北避寿。

当年朝鲜战争正酣，蒋介石重新找到与美国结盟机会。虽然杜鲁门依旧冷言相向，多所牵制，但与 1949 年的危急存亡相比，蒋介石已不可同日而语。

带着一家人，蒋介石先是到了他印象很好的大溪，接着再往山区步行。角板山离大溪有段距离，更要从山下转搭台车才能抵达，蒋介石跟着进驻日据时代为接待裕仁而建的"太子楼"，在幽静山顶远眺台地风景，让蒋介石无限感慨，深为当地风光颇似家乡溪口景色而感动。

蒋介石因此将角板山下河阶台地命名为"溪口台地"，太子楼也就改为蒋介石"驻跸"的行馆"角板山宾馆"。1953 年 10 月 31 日，蒋介石将角板乡更名"复兴乡"，日后更在行馆不远处再建新馆，亦命名"复兴宾馆"，以展现他个人"光复大陆"的雄心壮志。

尤其"文革"期间，蒋介石听闻溪口王太夫人墓遭红卫兵摧毁，心情至为悲伤，即在角板山静居，一语不发，甚至坐在宾馆外凉亭望着溪口台地而沉思，人生无奈，莫过于此。

◆角板山宾馆"总统正房"

蒋介石曾是中华民国时期翻云覆雨的人物，在与中国共产党斗争的 10 余年里，经历先胜而后衰，最终丢失整个中国大陆，偏安台湾，并且以此作为"复兴基地"，誓言终其毕生"反攻大陆"。直至去世，蒋介石再也未曾踏足大陆，更无法回到故土以告母亲在天之灵，在台湾，蒋介石也觅得角板山这处神似家乡山水的地方，常常凝望潺潺溪水，心思飞往千里之遥的中国大陆。

源起自裕仁行宫，
日太子楼变身
角板山宾馆

位于大汉溪上游河湾的角板山，坐落在桃园县大溪镇东南方，海拔430米，属于插天山系一支。当地河阶台地层层，山峦包围，景色秀丽，有台湾"庐山"之称，是泰雅族的世居宝地。相传清光绪十二年（1886），台湾巡抚刘铭传开山抚番至此，见山峰突起如角，河阶面平坦如板，颇似三角形令牌，以此命名"角板山"。

泰雅族称此地为"比亚山"，据说是攻占此地战死勇士之名，也说是指"物品交易场所"。日据时代，角板山以生产樟脑闻名，工人将收获的樟脑缴到樟脑收纳所，再经轻便铁路载运下山，到大溪集散口岸后改走水路，沿大汉溪、淡水河系将樟脑送出去贩售。

角板山也是日据时期日本第五任"台湾总督"佐久间佐马太[1]"理蕃事业"的开始之地。当地泰雅族不服日本统治，前后流血冲突十余年，佐久间采取强硬手段，讨伐不肯归顺的山地部落。1907年，他发动大军，攻下角板山附近的枕头山，迫使大嵙崁溪上游泰雅族人归顺，因此日后殖民政府即在此建碑歌颂佐久间佐马太的贡献。

角板山四季温和，空气清新，早被日本人评选为"台湾胜景"。因此佐久间佐马太于1914年即兴建了角板山贵宾馆，是一栋完全用森林桧木搭建的全白色拟洋式平房行宫，屋顶瓦片都采用从日本进口、造价最昂贵的"龙鳞瓦"，由于兴建得宜，据说冬暖夏凉，相当舒适。之后为接待裕仁来台，殖民政府又修建用角板山樟木搭盖的日式房舍"薰风阁"，因此当地也被称为"太子楼"。

但裕仁在台全部行程不过9天，据说原拟在角板

1. 佐久间佐马太（1844年11月19日－1915年8月5日），日本长州藩出身（今山口县），曾参与对台湾少数民族作战的"牡丹社事件"，于1906年继儿玉源太郎出任日据时期第五任"总督"兼台湾守备队司令官，任内发起"五年理蕃计划"，不断对台湾少数民族用兵，北讨泰雅族，南抚布农族，作风血腥残暴，是日本在任最久的"台湾总督"。

◆角板山溪口台地

现今角板山公园的山崖栏杆处是俯瞰溪口台地的最佳展望之处。整个大汉溪溪谷台地有三四层，层次分明，周围山峦起伏绵延，云雾缭绕轻浮，恍若仙境，美得让人心醉。沿公园步道下行可直抵大汉溪畔，可穿越惊险狭长的溪口吊桥通往对岸的溪口台地。据说此地曾是蒋介石最喜欢的行馆，其与蒋介石故里浙江溪口奉化的山水景色之神似自不言而喻。

◆思亲亭
角板山行馆一旁最著名的建筑则是思亲亭，原为蒋介石以角板山酷似浙江奉化溪口故里的风光，而在公余和夫人游憩、眺望、览胜之处。在此，蒋介石留下了诸多筹划"国家"大计、缅怀先人或怡然驻留的身影。蒋介石逝世后，蒋经国居丧期间经常由慈湖至角板山行馆凭吊，回到小亭追思亲恩而百感交集。《梅台思亲》一文就是此时的作品。伫立亭内可远望大汉溪在此转弯所形成的河阶地形，天气晴朗时远望山景，美景尽收，令人心旷神怡。"青山高峰，苍天白雪，余心戚戚，然颇有境与神会，智与理冥之感，离开梅台之际，此心犹觉依依。拟名台上之亭为思亲亭。"

山停留一晚，但最后仅派出裕仁的武官侍从以"御使差遣"的名义，到当地表达慰问。倒是风景秀丽的"太子楼"并不会被人遗忘，之后还有秩父宫、朝香宫、东伏见宫妃等日本皇族陆续在此进住。

不过附近山林由于是日本殖民政府压榨台湾木业资源的重点林区，因此长时期维持封山管制，也未修整能通行汽车的马路，顶多靠着一条轻便的窄轨铁路通行火车、台车，从角板山经大溪而后直通桃园。光复后，位处角板山顶端的"太子楼"由国民党政府接管，一度成为复兴乡公所所在地，直到蒋介石进驻后，才成为正式的"总统行馆"。

蒋介石最爱的休憩之所

自从在角板山设裕仁行宫开始，当地就维持管制与神秘性；蒋介石在角板山设置行馆后，同样门禁森严，除因地属山区，普通人进出须先申请入山证外，并有宪兵全天候看守，外界颇难窥其堂奥，甚至有人连当地是"总统行馆"都不知道。

但因行馆可远眺青山苍翠重叠与大汉溪上游支流蜿蜒曲折，山岚云雾笼罩，溪谷若隐若现，蒋介石一得空，有时一住就是两三个月，因此据说角板山宾馆是蒋介石生前最喜欢前往休憩或避寿的地方。

从许多照片上都可以看见，蒋介石常在角板山台地上摆张藤椅，眺望沉思的样貌，他也常带着孙辈在角板山游山玩水，留下很多合照。不过当时山区道路根本未开辟，只有载运物资的台车道，想往角板山须从大溪前往。只是汽车就算勉强开到附近，也只剩山区小径，当时已年过60岁的蒋介石因此是坐轿子上山，宋美龄当然更不在话下。

这批轿夫是蒋介石由大陆整班带出来的老人，平时在官邸内兼作园艺等工作，等蒋介石或宋美龄到角板山等山区时，会带两顶轿子 6 名轿夫上山，轿夫步行如风，有时连侍卫也跟不上。

由于远离都市且通信不便，蒋介石在行馆多半不看公文，不看报，白天打桥牌，晚上看电影。但因山区颠簸，宋美龄没有蒋介石如此常上角板山。但生活西化的宋美龄每到角板山行馆，最爱的下午茶就是姜饼配上热巧克力，与蒋介石相伴欣赏美景。行馆门口两棵老榕树更是 1950 年由蒋宋两人手植，并立下石碑纪念，至今仍枝繁叶茂，有如天然的绿色大门，当地人称"永结同心"。

宾馆内参天黑松也蔚为壮观，蒋宋两人也常携手散步听松涛，据说蒋介石还常强调，"老树之能挺立参天，在其有深根也，大丈夫要能挺立天地之间，当有其骨气与信心"，"本无动摇，能生万物"，借此来勉励子孙。直到近来，黑松才逐一枯死。

虽然升格为"总统行馆"，蒋介石对房舍并没什么更动，馆内设有客厅、餐厅、厨房、主卧房、客房与书房，侍卫和随从住在行馆后方一排宿舍；装潢采英式古典沉稳风格，家具也是择深褐色雕花搭配花布沙发。

> **蒋经国忆及，溪口王太夫人墓遭红卫兵摧毁，蒋介石悲伤莫名，在角板山静居**

因为蒋介石深爱角板山青山叠翠、碧水环绕，加上顾虑大陆方面装备日渐强化，对台威胁大增，所以国民党之后也在复兴台地北方，原本受管制的保留地上，另修一栋西式平房新馆"复兴宾馆"。当地居民称"复兴宾馆"为"新宾馆"，与角板山行馆的"旧宾馆"区分。

新馆不同于老馆的日式风格，采用欧洲建筑形式设计，外观素雅朴实，占地近 6 公顷，建筑面积 657 平方米，与裕仁创建的旧宾馆遥遥相对，约 400 米，并与从行馆侧门一条小路直接相通。

◆内观
如今的角板山宾馆内图文并茂地展出着蒋介石在台湾的历史活动，行馆被开辟为展览馆，屋内还播放着肃穆的纪念歌曲，对于在台湾成长起来的中青年来说，更是记忆深刻。（上图）

◆图文展示
展览馆内展出蒋经国和蒋方良女士的大幅照片，蒋经国是台湾地区真正的建设者，历史功过当留待岁月厘清，而"清廉爱民，永铭于心"的形象是难以抹杀的。自此角板山宾馆完全对民众开放展出，每年都有大量民众前来参观吊唁。（下图）

◆蒋宋亲手所植树

1950 年 10 月 25 日，蒋宋联手在角板山贵宾馆前植下两棵榕树。60 多年过去了，除却大榕树枝粗叶盛，颇具历史感的形象，树下也展示着当年蒋介石和夫人植树时的留影。随着"两蒋时代"在岛内的终结，蒋氏家族的影响渐淡，唯有当年留下的这些旧物，在静静见证着时代的变迁。

这栋新馆原先打算代替旧馆，提供给蒋介石休憩使用，但完工后，蒋介石到角板山视察时仍偏好留宿旧馆，因此未曾在新馆驻留，反而是蒋经国较常在新馆居住，因此新馆成为蒋经国行馆，甚至外传早期当地也作为高层紧急军事会议的场所。

因此新馆安全管制绝不马虎，甚至更齐全。门口有侍卫房舍、驾驶宿舍、贵宾房舍；廊前还设有防弹玻璃，同时只有一道门可供出入。行馆左侧守卫室门口，循150级阶梯而下，即可抵达长达200余米的紧急避难用秘密地下坑道，号称能承担战时指挥与原子弹攻击，隧道两端出口均设有厚重的混凝土掩体，内部有厚重钢板门及射击口。

戒严时期，曾传说这个战备隧道可直通慈湖，不过，地方政府探勘后确定隧道不如想象中长，但挑高达三米，相当宽敞，一说行馆有三条通道出口，隧道内有灯光与通风设备，当年还曾铺上地毯。

不过随两岸情势缓和，避难坑道并没有派上用场，反而因十分潮湿，隧道地底长满青苔。防弹设施也已在1972年改建时拆除，并改以红瓦砖墙。行馆内部空间虽然相当宽广，据说当年除入门处摆有件玉塑屏风外，几乎没有任何摆饰品，陈设十分简单。

新馆园区除了人工湖，最受瞩目的就是大面积的梅园和相思树，计有70多株梅树，品种系多瓣梅花，雅致绮丽，每年春节前后是北台湾最可观的梅林景色，有"梅台"之誉，宛如一片白雪，与角板山公园内170多株白梅相互辉映。

"复兴宾馆"梅树适宜观赏，但不易结果；冬季花开时节，暗香浮动，蒋宋常相携上山小憩、赏梅。行馆正前方小径可抵达南侧一座新建的凉亭，有梅有竹亦有松，是光复后国民政府拆除原先的久间佐马太纪念碑，在原先基座上重建而成。蒋介石常在此凭眺大汉溪口台地，青山苍翠、曲溪深涧。蒋介石去世后，蒋经国命名为"思亲亭"，匾额字样则是搜集蒋介石墨迹连缀而成。

沿思亲亭旁花园石阶步道下行，约40分钟至1小时即可抵达河床与近40年历史、由草屯人林枝木兴建的溪口吊桥。站在吊桥中央，景色极佳，高峰清秀，峡谷迤逦，并可直抵对岸四层台阶式的溪口台地。

据蒋经国回忆，"文革"期间，溪口王太夫人墓遭红卫兵摧毁，蒋介石心情至为悲伤，即来角板山静居，之后蒋介石在思亲亭对蒋经国说，"私仇可以不理，大仇不可不理，因私仇者个人之仇，大仇者国族之仇，大丈夫可不计私仇，但不可不报国族之大仇也"。

无名火焚毁了蒋介石行馆

随着蒋介石年事的渐长，到桃园巡视常常仅至慈湖，而较少到位于山区的角板山。1975 年蒋介石逝世，更使得行馆顿失主人。蒋经国在居丧期间，则是经常由慈湖至此驻足停留哀思，并发表《梅台思亲》一文。

1976 年，蒋经国将角板山老行馆对外开放，让民众瞻仰，为求朴实，外观与陈设保持简朴风格，仅做局部整修。不过为吸引更多青年支持，蒋经国也批准在紧邻行馆处修筑新建筑"复兴山庄"，供青年活动住宿使用，加上由原属"总统府"管理的行馆，均由蒋经国创办的"救国团"[2]一并管理。至于复兴台地原本受甲种山地管制，也在当时解禁，不用向警方申请即可进入宾馆参观，迅速成为假日踏青好所在。

但就在 1992 年 4 月 3 日蒋介石逝世纪念日前夕，夜宿复兴山庄的游客发现角板山行馆突生大火，虽经抢救，但通往行馆林间小道太窄，消防车开不进去，火势燃烧 3 个多小时后片瓦皆无，唯独门前蒋宋手植大榕树尚存。虽然行馆内并未住人，但摆设的多项珍贵文物、史料、书画均葬身火海，殊为可惜。

起火点初步认定应在行馆内蒋经国卧房浴室。特

2. "救国团"成立于 1952 年，最初因蒋介石发表《告"全国"青年书》，倡议成立青年组织，并交由蒋经国筹备。当年 10 月 31 日，"中国青年反共救国团"成立，为带有官方色彩的政治性组织，蒋经国任首任主任，制度与"三青团""共青团"类似。不过在蒋经国主导下，"救国团"不断活化、年轻化，兼办青年寒暑假活动，加上许多受官方禁制景点，唯有"救国团"畅行无阻，因此大受欢迎，也为蒋经国影响力进一步往校园及青年学生延伸。但因"救国团"苏派色彩，遭留美背景的台湾省主席吴国桢强力杯葛，最终演变成吴国桢与蒋经国之争。蒋经国自 1952 年接任"反共救国团"主任，直到 1973 年卸任，"救国团"被视为"太子"人马聚集地，知名作家柏杨即曾在"救国团"担任文胆。蒋经国后数任"救国团"主任，包括李焕、李元簇、宋时选、潘振球都被认为是蒋经国亲信。直到近年两岸和缓，"救国团"才申请去除"反共"字样。

◆备战隧道
隐蔽的备战隧道与蒋介石行馆相连，是当年政局环境下所出现的特殊军事设施。长长的备战隧道内有备战所、休憩间、通信设备等，以作临时作战指挥之用。彼时，为确保"两蒋"及其他政要的安全，洞内的防弹门制作得相当厚实，长久以来，鲜有人知道这个地点的存在。隧道外树木藤蔓密布，又形成天然的掩护，因此又得名"神秘隧道"。日后，李登辉将行馆无条件拨给桃园县政府使用，战备隧道里彩绘上泰雅族图腾，配合着昏黄的灯光，又散发出不同于往日冰冷坚硬的另一种神秘气质。（上图）

◆溪口吊桥
游览者从角板山公园悬崖栏杆向下俯瞰，可以遥望溪口台地下方蜿蜒的大汉溪上，有一条细细的吊桥连接两岸，名曰"溪口吊桥"。曾经，这座吊桥还肩负着联络大溪两岸通行行人的重要作用。随着周边桥梁的陆续开通，它的交通功能锐减，却因其极大的落差和身临施施风光中，成为观光客莅临角板山时的热门景点。置身吊桥上，脚踏木板，体会摇晃于山涧之中的快感，还是需要拥有几分胆量的。（下图）

别当时各地陆续传出反蒋、烧毁铜像、喷漆破坏等事件，且连续几天阴雨不断，因此外界普遍认为内情并不单纯。鉴识人员仔细查看后曾发现两条可疑电线，一度怀疑人为纵火。不过台湾警方随即宣布，疑是行馆旧浴室屋顶夹层老旧电线肇祸，未发现液态纵火剂等纵火迹象，于是不了了之。

这片废墟一直到1998年，才由"救国团"出资改建为面积660平方米，地下一层、地上四层的水泥钢筋建筑，同时命名为"复兴青年活动中心"，日据时期木造房舍模样却已然丝毫不见踪影。

至于"复兴宾馆"定位则较特殊，原来蒋经国就任"总统"后，即要求各处行馆回归公有，唯独"复兴宾馆"别具象征意义，他指示将此处改为全台唯一正式的"总统行馆"，平常由宪兵看守。不过李登辉执政后并未正式入住，唯独1990年，李元簇[3]接受李登辉提名，并经"国民大会"通过为"副总统"后，曾因肠疾在此养病，只是那时李元簇也尚未宣誓就职。

之后虽有人建议将宾馆改建为"元首"级度假别墅、度假场所，但构想并未落实，反倒是1995年7月，李登辉主动将房舍无条件拨给桃园县政府使用，以发展当地观光。只是李登辉致赠时表示，希望地方尽量保留别馆庭园，不要大兴土木，破坏原有景观，不过行馆内部摆设与物件不久后便搬移他处；逃生通道彩绘泰雅族图腾，原貌尽失。

2001年10月，由于遭逢"纳莉"台风豪雨侵袭，思亲亭和位居附近大溪宾馆旁的志清亭均遭到严重破坏，两座凉亭前方土石崩落变成悬崖，随时有坍塌可能，一度被列为危险建筑，禁止游客接近。

2003年，"复兴宾馆"正式开放民众参观。同时在桃园县长朱立伦推动下，邀请巴黎资深艺评家GerardXuriguera与台湾艺术家吴炫三共同策划，邀请来自多国当代国际艺术家来台创作，将"复兴行馆"所在的角板山公园打造为公共雕塑公园，成为观光新景点。

3. 李元簇（1923年9月24日－），湖南平江人，中央政治学校法政系毕业，德国波昂大学法学博士。曾任政治大学校长、"教育部长""法务部长"等职，蒋经国逝世、李登辉就任后，继沈昌焕出任"总统府秘书长"。后经李登辉提名，于1990年当选"副总统"。卸任后隐居苗栗头份乡下。

阿里山神木与贵宾馆

1951 年 10 月，65 岁高龄的蒋介石登上阿里山避寿，此时台湾地区和美国合作渐入佳境，更有宋美龄作陪，蒋介石在日记中痛陈"平生最黑暗、最悲惨"的 1949 年已是明日黄花。为了避寿，蒋介石登上阿里山上游览风光，赏日出，观神木，前后长达 10 天之久，足见此时的自在与意气风发。

蒋介石此行并特地游览台湾政战体系鼓吹"舍生取义"精神而大书特书的吴凤庙[1]，对吴凤不惜自我牺牲也要以生命教化未开化生番的精神，蒋介石亲题横匾，号称要作为全台公务员的楷模。

尤有甚者，由于蒋介石到阿里山避寿消息频传，当地官员认为阿里山神木正与蒋介石长寿、健康相互辉映，因此主动在神木旁边立碑、建神木亭，不但为蒋介石贺寿，更赞誉蒋介石"寿比神木"。此后，阿里山神木与蒋介石一般，成为长寿吉祥的象征，"台湾有个阿里山，阿里山上有神木"也成为民间小童朗朗上口的儿谣。

1. 吴凤（1699 年 2 月 17 日－1769 年 9 月 9 日），字符辉，福建省平和县人，生于康熙年间，曾任嘉义通事，死于汉人与邹族纷争。清代诗文与《台湾通史》曾记载，吴凤死后鬼魂作祟，当地人畏惧，尊吴凤为神。邹族口述历史却说吴凤是奸商，因此邹族诛杀吴凤。
现存吴凤传说，多强调吴凤为开化野蛮的台湾少数民族，与当地人约定攻击着红衣者为出草对象，并自我牺牲，以劝诫停止猎人头陋习。内容系日据时期嘉义厅长津田义一编纂的《吴凤传》而改编，以配合日本人的"理蕃"。1913 年殖民当局兴建吴凤庙，当时"台湾总督"佐久间佐马太更亲自主祭，并编入小学教科书。1949 年后，国民党宣扬吴凤舍生取义精神，阿里山地区也更名为吴凤乡，直到 1988 年才因涉及族群歧视而将吴凤故事由课本中删除，吴凤乡改称"阿里山乡"。

◆阿里山贵宾馆现状

如今的阿里山贵宾馆亦是阿里山风光的组成之一，只是仅在周三有人数限制的参观，让很多慕名而来的游客无缘一睹"总统行馆"的真面目。开放后的阿里山贵宾馆依旧保持着蒋介石行馆的原样，无论油漆涂装、窗帘帷帐、天花板、原木墙，都是曾经的模样。只是国民党接手后的阿里山贵宾馆外观穿上了绿衣，目的是让建筑融入周围的绿色植被中，增强隐蔽性。内部的格局分为玄关、廊道、会议室、会客厅、寝室、幕僚休息室、侍卫休息室、厨房、浴室等。尤其是超过半个世纪历史的浴室，在现在看来也属新潮的装潢，宋美龄的卫浴设备特地从欧洲装船送过来，在当时的台湾恐怕也只有她才有福享用。

昔日裕仁行宫，
阿里山神木陡增神奇

地处海拔 2000 米以上的阿里山，东南面与花莲、高雄交接，东北角和南投、云林为邻，区内全是高山，据说早在 5000 多年前便有邹族移徙至此。

1896 年，日本陆军中尉长野义虎从玉里翻越玉山，途经阿里山时，发现遍野原始桧木林，1899 年 2 月，第四任日据"总督"儿玉源太郎派遣技师小池三九郎等人深入调查，决定采用美国式机械力运材方案开发，预估无尽藏的立木蓄积 625 万立方米，成为阿里山桧木浩劫的开始。阿里山附近山头也被称为"儿玉山"。

1906 年，日本人开始修筑深林通往市区的阿里山铁道，以配合日本"总督府"官营伐木事业；1912 年 12 月正式通车，沿线景观极为傲人。但在经济上，台湾大批木材因此被日本殖民体系廉价地运往本土，饱受压榨与剥削。总计 1912 年至 1945 年的 34 年间，伐木作业面积约为 9773 公顷，伐采立木蓄积约为 3469930 立方米，搬出材积约为 1523484 公顷，阿里山天然贵重木材几乎被砍伐殆尽。

1920 年，日本"总督府"为迎接裕仁，在祝山林道旁红桧林内，离阿里山森林铁路不远处兴建行馆，离阿里山第二管制站约五分钟步程。但裕仁并未亲临行馆。之后行馆作为日本皇族上山视察林业、游憩的避暑行馆，从 1927 年开始，陆续有朝香宫、久迩宫朝融王、梨本宫守正等皇族，以及川村、石冢等"总督"，都曾到此避暑，皇族久迩宫邦彦也于 1935 年在此下榻。

阿里山行馆系采平房建筑，占地约 600 平方米，整体风格为日洋合璧，木造红瓦，造型大方，古色古香，地板维持挑高，以防止湿气入侵。建材全采用阿里山红桧建造，梁柱未使用任何铆钉，而以木榫固定，具有相当的特色。四周森林茂密，加上房舍外有小巧的园林，不但隐秘，更颇有曲径通幽的感觉，

◆ 20世纪20年代明信片上的神木
阿里山神木，原本特指台湾阿里山上这棵树龄达到3000余年的红桧，由于在1906年被日本技师小笠原富二郎发现，被日本人尊称为"神木"。随着阿里山森林铁路的开通，这棵参天巨木成为闻名中外的台湾地标之一。（上图）

◆ 台大校史馆珍藏的神木前留影
神木的高大雄伟令日本人瞠目结舌，喜好供神的日本人甚至在阿里山未设神社，直接用木栅将这个巨木团团围住，挂上一堆粗稻草结成的"七五三绳"，把神木作为祭祀的对象，仿佛天地神灵的现实化身，甚至还被写进"台湾总督府"教科书，可见在日本人的心中，这棵巨木闪耀着神圣光辉。各界人士来到阿里山，必定游览和朝拜阿里山神木，这张留存在台大校史馆的照片让人们看见，浩浩荡荡几十人排列在神木前合影，每个个体都显得如此渺小和袖珍。（下图）

行馆旁桧木群步道也让人沁凉舒爽。

至于同在阿里山铁路沿线的神木更是非同小可，号称 3000 年寿命，1906 年才被日本人小笠原富二郎发现。当年阿里山神木枝叶繁茂，高 40.9 米，树围 18 米，直径 6.3 米，最低枝干距地表 13.6 米，所在位置海拔 2182 米；雄伟到日本人未设神社，用木栅团团围住，挂上一堆粗稻草结成的"七五三绳"，直接将神木作为祭祀对象，还被写入"台湾总督府"教科书，更是各界必来览胜、参拜之地。

1949 年，63 岁农历生日避寿之旅

1949 年飘摇之际，眼看兵败如山倒，但莫可奈何的无力感让蒋介石在 10 月 31 日阳历生日日记中写道："本日为余六十三岁初度生日，过去之一年实为平生最黑暗、最悲惨之一年。"

信仰上帝的蒋介石接着更写道："当幼年时，命相家曾称余之命运至六十三岁而止，其意即谓余六十三岁死亡也。惟现在已过今年之生日，而尚生存于世，其或天父怜悯余一片虔诚，对上帝、对国家、对人民之热情赤忱始终如一、有增无已，所以增添余之寿命，而留待余救国救民，护卫上帝教会，以完成其所赋予之使命乎？"

由于当年 11 月 5 日就是蒋介石 63 岁农历生日，蒋介石在蒋经国陪伴下首次登阿里山避寿。4 日上午，蒋介石从草山宾馆出发，自台北搭机前往嘉义，稍事休息后，就从北门车站搭乘阿里山小火车登山，除蒋经国之外，当时还有李君佩、马超俊同行。

蒋介石搭乘的两节小火车即日据时期为裕仁与日本皇族上山或到各地游览专门设计的铁路花车，这批小火车全由阿里山高级红桧打造而成，光复后被国

民党接收，仅拆除车厢与设施上日本皇室菊花纹。1904 年完工的第一号车是台湾现存最古老的客餐车。除可在车上用餐，雕工精细，内部有金黄色地毯、丝绒座椅、沙发、壁画等设备，甚至还装了彩绘气窗、纱窗、可收式踏板等装置。

火车约 6 小时抵达阿里山车站，蒋经国形容，"沿途风景甚佳，古木参天"，抵达车站时，"正当夕照，晚霞云海，如入画中，不禁心旷神怡"。当晚蒋介石与蒋经国即夜宿于阿里山行馆中。

阿里山行馆早于 1945 年 8 月即由林务局接收，改称"阿里山贵宾馆"，当地僻静清爽，周边红桧群集成林，加上相当邻近祝山山巅，因此是清晨观日出的最佳住所。隔日上午，蒋经国于凌晨 3 点 30 分起身，向蒋介石行礼祝寿后，两人在月光下步行登祝山，准备观日出。

当天天气难得的晴朗，同时"明月高照，清光无极，如入水晶世界，美丽无比，难以笔墨形容"，60 多岁的蒋介石漫步这段八华里的山路至山顶，毫无倦意。"两蒋"看到旭日初升，"鲜艳夺目，红光渐满大地，似从新高山山巅腾空而上"，蒋介石即东向肃立，对天地祷告，随行人员亦在祝山向蒋介石祝寿。

中午父子两人并在阿里山神木下同进午餐，颇有以神木高龄寿蒋介石的味道，晚间官邸则在阿里山行馆设宴。直到隔日，蒋介石才由阿里山搭乘火车回到市区，再经嘉义返抵台北。

神木已死，官僚怕触霉头猛作弊

1951 年 10 月底，蒋介石再登阿里山，见到附近海拔 2220 米儿玉山形势，与当年抗日名将张自忠[2]杀身成仁所在湖北省钟祥县关子口相似，因此将儿玉山更名为"自忠山"。受蒋介石推动正名影响，当时嘉

2. 张自忠（1891 年 8 月 11 日－1940 年 5 月 16 日），字荩臣，后改荩忱，山东临清人。原为西北军系将领，中原大战后接受中央改编，任第三十八师师长，曾参与喜峰口战役。1935 年冀察政务委员会成立，先后任察哈尔省主席与天津市长。1937 年七七事变爆发，曾代理冀察政务委员会委员长与北平市长。脱出日本控制后任第五十九军军长，后升第三十三集团军总司令兼第五战区右翼兵团司令。曾参与临沂战役、徐州会战、汉口会战，1940 年，日军会师枣阳，张自忠率第七十四师增援友军遭围，自杀殉国，为抗战期间位阶最高的殉国将领。

◆阿里山火车历史照片

阿里山森林铁路，简称为"阿里山林铁""阿里山小火车"，为台湾地区仅有的一处处于营运状态的高山森林铁路系统。建于日据时期的林铁，目的在于将阿里山林场产出之林木向外输送，与阿里山林产资源被剥夺之辛酸史紧密相连。诸如桧木、云杉等珍贵林木源源不断被输送至日本，使得山中资源几乎被开发殆尽。这些珍贵木材则成为日本传统建筑所使用的建材，甚至很多都保留至今。

◆阿里山火车

闻名中外的阿里山森林铁路的起点，位于嘉义火车站第一月台的北侧，当年蒋介石就是在这里登上火车，途经6个小时的高山美景，到达阿里山宾馆开始了避寿之旅。昔日为转运木材而建的林铁，如今蜕变成阿里山森林旅游列车，都说到台湾怎能不到阿里山，到阿里山必定会坐小火车。阿里山森林铁路因其美不胜收的风景和悠久的历史，曾数次被冠上耀眼而未经证实的头衔。自1986年与大井川铁道缔结为姐妹铁路后，诸如"世界三大登山铁道之一"等头衔开始陆续萦绕在其头顶，后来竟讹传为"世界三大仅存的登山铁道之一"。2003年，台湾地区知名铁道学者苏昭旭率先提出更正，事实上，根本没有一个具有足够国际信力的单位曾发布或宣称阿里山森林铁路为三大仅存的登山铁道，而目前仍在运行的山岳铁道仅瑞士至少有17条。不过，即使没有这些虚无光环的环绕，如今的阿里山森林铁路，仍是吸引岛内外游客争相游览的胜景之一。

义县也立刻把阿里山下儿玉村易名为"自忠村"，阿里山森林铁路东埔支线儿玉站也改为"自忠站"；阿里山上少数民族部落则被命名为"中正村"。

蒋介石登过阿里山后，阿里山贵宾馆成为蒋介石专属行馆。由于在行馆周边漫步，山风徐来，凉意袭身，暑气顿时全消，因此让蒋介石相当满意，在此停留多日。行馆门前除数棵吉野樱及八重樱外，也栽有蒋宋相当喜爱的几株梅花，让气氛更加雅致。

为帮蒋介石祝寿，地方官员与士绅众相争宠，提议在神木旁立碑、建神木亭。尤其光复后，重新测量神木，高度竟增加到53米，树围增加到23米，以如此威仪的神木比拟蒋介石，自有其道理，也让国民党官僚跟着推波助澜起来，蒋介石"寿比神木"之誉不胫而走。

只是没想到正在地方兴致勃勃之际，1953年间，阿里山神木遭到雷击，虽然仍存活了下来，但已折损神木最大的枝干，在此关头，实在不是个好兆头。不过嘉义地方人士还是在隔年，赶在有恙的神木旁竖立了"神木颂"石碑与碑亭，以寿蒋介石68岁华诞。石碑系由何志浩撰文，阙汉骞书写，碑文相当有意思：

阿里山中有神木，三千余年耸然矗，
坚苍郁勃开鸿蒙，傲雪凌霜挺大谷，
根挐怪石蟠龙蛇，节驭苍台栖鸿鹄，
纷披翠盖势横空，石身正直姿拔谷，
排云御气涵太虚，啸雨吟风壮山岳，
百人合围千尺高，俯视众木皆抱足，
独立不移见骨气，万古长春赞化育，
山有主木尊为神，定是仙灵护其福，
朝雾冲开迎日光，暮霞飞去落星宿，
风生枝动翔凤鸾，雨淋叶响骇麋鹿，
春花灿烂延清芬，秋月皎洁泻深绿，
天地正气留此身，此身万劫不屈服，

老干直立撑天柱，灵枝竟可运地轴，
地僻天教生大材，得天独厚志行淑，
松柏有心耐岁寒，蓬蒿无骨委林麓，
此不卓绝世所希，支持乾坤无倾覆，
更奋长戈树大纛，纵撼蚍蜉岂能剥，
故乡乔木化劫灰，惟有神木莫予毒，
天矫矗立上参天，浓阴广被荫大陆，
高风烈烈铄古今，立地顶天光国埃。

1956 年底，蒋介石第三度登上阿里山避寿。只是没想到，这棵神木像遭了诅咒般，1957 年 6 月 5 日下午，在大雨中，神木再度遭到雷击而起火，只是这次没了好运道，虽有林管处与一旁学校学生 200 多人拼死救火，但燃烧威力惊人，神木烧出多个大洞不说，为救火在树底打出的大洞引出更猛烈的火势。火势扑灭后，林务人员检查发现，神木树干、树心被烧到几乎中空，神木因此正式枯死，残存在树梢的叶片，也在几年内逐渐枯死。连报纸都报道，"神木业已面目皆非"。

说也奇怪，蒋介石隔年原有再上阿里山的计划，不知有意无意，或承办人员怕触了霉头，结果以接待伊拉克王储艾布都伊拉亲王访问台湾地区为由，临时取消蒋介石前往阿里山避寿的计划，改在士林官邸度寿，邀请政要元老在官邸共吃寿面。神木失火新闻也迅速在报刊上消失。

1960 年，嘉义地方人士又在阿里山姊妹潭畔兴建了一座介寿亭，作为恭祝蒋介石三连任的贺礼，亭内碑文仍是由何志浩所撰，其文曰：

大哉领袖，德无能名，天生神武，功盖古今，
以仁义为甲胄，以忠孝为干城，宇宙媲其伟大，日月同其光明，
荡荡乎继往开来，民族重赖复兴，巍巍乎峻极于天，人类共仰救星。

不过由于蒋介石其后再未登阿里山，因此和这座介寿新亭缘悭一面。只是

神木日渐枯萎是不争的事实，如不处理，假象被揭穿，"蒋介石寿比神木"岂非成了场大笑话，升官无望不说，还可惹来滔天大罪。林务局百般无奈，于1962年请伐木工人爬上神木顶端，在中空树干栽种七株红桧树苗，营造神木顶端绿叶繁茂的未死假象。偏偏这七棵红桧幼株又不争气，只活了三株，三年后，林务局只好再派伐木工人爬上神木顶端，栽种两棵红桧树苗，让神木存活假象维持了20多年。

蒋介石三度登阿里山行馆，门禁森严

总计蒋介石三度登阿里山，除休息住宿，更是为避寿，躲开台北官场的送往迎来。不过20世纪50年代后期，他未再光临阿里山。但由于考虑到蒋介石仍可能前来"驻跸"，行馆因此不对外开放，虽然每天都有管理人打扫，但门禁管制森严。除少数贵宾外，其他人均不得擅入。事实上，当时台湾山区属于军事管制区，出入都受严格管制，除非正式申请入山证，一般人连到阿里山游览都相当麻烦，遑论想住进贵宾馆。

至于行馆屋内简朴素雅，有"总统"房、夫人房、会客室及侍卫房，也有幕僚休息室、会议室及浴室、厨房等设施，但房间内只有简单的几张床铺及暖炉。至于行馆内部摆设，包括中西桌椅寝具与各项器物，一直保持蒋介石进住时式样，没有太大改变，只是相较其他行馆似乎较为冷清。倒是行馆原本桧木原色不知何时被涂上深绿色油漆。

其间行馆一度整建、维修，但也仅在园内增添梅花、海芋及野百合等花卉，或在外围步道栽种紫色毛地黄和海芋、菊唐草等观赏植物。倒是庭园造景雅致，除有紫藤花棚，因海拔高度与湿度均适合，馆前山坡

3. 一叶兰，系台湾高山原生兰之一，以阿里山铁路旁数量最多。为兰科观花植物，多年生常绿宿根性草本，叶自根部抽出，直立向上生长，只长一片叶子就开花，故称之为一叶兰。

有众多一叶兰[3]生长，淡紫色花蕊满布在绿草如茵山坡，相当醒目。

阿里山在 1963 年停止官营伐木事业，转型森林游乐区，凭借着多样性动植物生态，绝美的云海、日出、晚霞，及每年赏枫、赏樱时节的缤纷，成为最受民众青睐的游憩地，只是行馆依旧是禁区。反倒附近有栋造型类似的日式桧木屋——第一员工寄宿舍，原本为裕仁的随员、侍卫所预备，以便就近执勤，内部为日式通铺，每间房可容纳 8 至 12 人；蒋介石入住行馆时，随从也在此入住。因广植吉野樱，花期景致十分壮观，加上离民居较近，所以意外成为赏樱的好去处。

直到 1998 年，林务单位才将行馆有限度开放供游客参观，但无法住宿。之后经历"九二一"大地震，山区受创严重，祝山观日楼因结构毁损而被拆除，高山森林铁路位移坍塌，行馆内会议室烟囱倒塌，部分墙壁剥落，整栋行馆被贴上危楼黄单，直到 2002 年才修复完成，再度对外开放，但仅在星期三开放参观。

草山御宾馆

见证蒋介石『清党』与『孙立人兵变案』

1946 年 10 月 21 日，意气风发的蒋介石与宋美龄首次来台，打赢了抗日战争，中国国际地位大大提高，英雄光环让蒋介石所到之处引起轰动；来台八天，蒋介石先与宋美龄一同赴圆山忠烈祠吊唁，之后搭机飞台中再转车雾峰，游历庐山温泉，跟着在日月潭涵碧楼停留暂歇。

10 月 25 日，蒋宋联袂参加在中山堂举行的台湾光复周年纪念大会，当时从圆山中山桥到中山堂的几千米的路程，挤满了兴奋的台湾同胞，见证了蒋介石的风光，直到 10 月 27 日搭机返回上海为止。当时蒋介石在台北停留期间，就是住在日据时期专为裕仁访台而兴建的草山御宾馆，当地也成为台湾地区首座行馆。

只是三年不到，蒋介石 1949 年再度来台，没了宋美龄陪伴，少了志得意满，大半壁江山失手，加上美国唱衰，处在下野尴尬处境的蒋介石痛定思痛，决定在台另起炉灶，草山御宾馆与周边建筑成为他新设"中国国民党总裁办公室"，并邀集党政要员商议大政之所。

1950 年 3 月 31 日，蒋介石将草山正式改名为"阳明山"，对外宣称系为纪念创立"知行合一"学说的明代学者王阳明，但大家心里有数，就连美国人都讥讽蒋介石是"离弃大陆逃避海岛之难民",草山之名大大地犯了"落草为寇"的忌讳,自然尽快修改,以免触了霉头。

但朝鲜战争爆发,"冷战"格局成型,蒋介石不但转危为安,还一举成为西方围堵新生中国的桥头堡。先是吴国桢,继而孙立人,乃至于 60 年代雷震与"自由中国"[1],这些蒋介石为争取美国支持而推出的民主样板,迅速即被铲除。

吴国桢长期避居美国;雷震遭判十年冤狱;号称"东方隆美尔"的名将孙立人更在未经司法审判状况下,遭软禁长达 30 余年,直到蒋介石、蒋经国都告别人世,孙立人才得以重见天日。草山御宾馆,正是蒋介石派出九人小组秘密审讯孙立人的关键地点。

随着时光流逝,御宾馆逐渐败落、荒废,至今隐没在乱草之间,形同废墟。如同其他命运多舛的"两蒋"行馆般,草山御宾馆曾经辉煌灿烂,但如今已逐渐被历史与人们遗忘。

1. 雷震(1897 年 6 月 25 日 – 1979 年 3 月 7 日),字儆寰,浙江湖州人,青年时赴日本帝国大学法学部主修宪法。1932 年任国民党南京党代表大会主席团主席。抗战期间获蒋介石提拔,任国民参政会副秘书长等职。1946 年 1 月任政治协商会议秘书长。1947 年 4 月任张群内阁政务委员。1949 年曾赴溪口向蒋介石报告创办"自由中国"并取得同意,同年 11 月 20 日,在台北创刊,胡适挂名发行人。"自由中国"初期主张"拥蒋反共",因自由主义色彩浓厚,主张渐变为民主人权法治,与蒋介石渐行渐远,1953 年雷震遭免除"国策顾问"等职,隔年底被注销国民党籍。1956 年该刊出版"祝寿专号",汇集自由派建言,引发媒体围剿。殷海光执笔《"反攻大陆"问题》提及"反攻无望论",触动政治禁忌,1960 年雷震联署反对蒋介石三连任"总统",鼓吹成立反对党。同年 9 月 4 日,雷震被逮捕,并被判处十年徒刑。1970 年 9 月 4 日雷震出狱,1979 年逝世于台北,2002 年 9 月 4 日雷震案作为冤案正式平反。

接待裕仁访台，草山大出风头

阳明山，昔称"草山"，是台北市公认的富人居、风生水起之地，泛指大屯山、七星山、纱帽山环绕的这片谷地，由于大屯山区丰富的硫黄矿。早在明代，就有汉人前来与当地少数民族以物易物；荷兰人更将草山硫黄当作重要输出品。清代因怕贼寇藏匿在草山树林中，盗取硫黄，因此定期放火烧山，整个草山山区只能长出五节芒这类的芒草，每逢秋季就会白满了山头，成为当地特殊景观，"草山"因而得名。

日本占据台湾后，约于1901年发现草山温泉，展开山区道路开发。台湾土地株式会社鉴于草山观光潜力，积极收买纱帽山麓土地，吸引不少日本人到此开设公共浴场、俱乐部、温泉名汤、旅馆与疗养院所或大商家的私人别墅，草山因此名声响亮。1923年，为迎接裕仁高调访台，殖民政府在草山设置通信设备和邮便局等设施，并展开系统造林，名声显赫的草山御宾馆也应运而生。

原名"草山御休憩所"的草山御宾馆落成于1922年，是殖民政府为迎接裕仁隔年来台而在全台修筑的贵宾馆，并且是唯一的新建筑。殖民政府以山猪湖旁土地，与世居草山的吴氏家族以地易地，才换得这块背山面溪谷，风景视野最佳之处，仅仅65日，以"财团法人台湾救济团"名义修建草山御宾馆，土地产权属于"台湾总督府"。

此处占地广大，庭园草地近8250平方米，眺望松溪及纱帽山，环境优美隐秘；施工者为著名营造商池田好治。平房式主屋由杉木搭建，屋顶铺设红色日本瓦，面积仅165平方米，入口采西洋风格，一旁设有用人房，未规划留宿空间。因此1923年4月25日，裕仁前往北投温泉游览途中曾到此休息用餐约两小时，但未住宿。当时裕仁曾要求拍照留念，没想到因相机故障，使得裕仁草山之行没有留下多少照片。

◆草山御宾馆洋馆西向立面照

在日据时期享有皇家声名的"草山御宾馆"，仅有皇亲国戚才有资格享用其中的温泉宾馆，一般人只能望而却步。该宾馆落成后，先后入住的人物均声名显赫：裕仁皇太子、"总统"蒋中正、孙科、孙科之子孙治平和孙治强。草山御宾馆掺杂着和洋并存的设计思维，流行于明治后期，缘彼时"台湾总督"适逢文人接替，为向皇室展现殖民地之初步成果，表现不同于政治母国之空间风貌。为迎接裕仁皇太子的光临，设计了不同以往的社交空间来接待东宫殿下。草山御宾馆的空间划分相当细致，分为洋馆、和馆（别称"日本家"）与洋房。洋馆整体风格受西式概念的影响，庭院里栽植原生的笔筒树，营造一番南岛、亚热带蓝天椰林的风情。和式风格在西洋概念下亦有显露，如设有"缘侧"，即日本人饮茶、观庭、供忍者来回奔跑的面外长廊，可拾级而下进入户外充满禅意的养心庭院。（左上图）

◆花木掩映中的草山御宾馆

1998年，台北市政府为妥善保存草山御宾馆，在取得孙科之子孙治强的同意之后，宣布其列入古迹保存范围。但由于草山御宾馆产权复杂，年久失修，如若修葺则需动用高额经费，至今仍未开始修复作业，亦未对公众开放。（下图）

◆草山御宾馆洋馆西向立面照（现状）

已有近90年历史的草山御宾馆，因位于山谷之中，毗邻硫黄温泉，气候潮湿，周围草木丛生。1973年孙科去世之后，长期作为孙科宅邸的草山御宾馆渐渐陈旧，草木掩映之下逐渐失去往日之精巧秀丽。倒是庭院中的草木在适宜的气候之中枯荣生衰，见证着时代的流逝。（左下图）

之后当地温泉与旅游业迅速起飞，同时竖立多座纪念碑，以纪念裕仁此行，大屯山并于1932年列入"国立公园"[2]。为庆祝日本在台执政40周年，殖民政府并于1935年举办"始政四十年纪念博览会"，在草山设有分馆，因此顺道铺设士林与草山间汽车道路，使交通更为便利。

在这段时间内，草山陆续出现许多建筑，但仍以草山御宾馆名声最显赫，并于1933年改名为"草山贵宾馆"，或称"太子楼""太子亭"，平时偶有日本皇族、"台湾总督府"高官前来使用，一般人不得其门而入。倒是为解决投宿问题，后方的用人宿舍因此改建为约200平方米的日式木构住家房舍，形成和洋混合的新风格。

沿着西式入口门廊走入以社交为主的洋馆，可看到专供裕仁休憩的"御休憩室"，称为"次间"的起居室、阳台、三间温泉浴室。屋内采西式装潢，拼木地板上铺设亚麻油毯与壁纸，摆置藤桌藤椅，浴室贴有磁砖，有浓厚的亚热带风情。以住宿为主的和馆面积稍大，铺设榻榻米，属正统书院造型，设有和室客厅[3]、起居室及厨房、配膳室、管理人房，之后并增设浴室与温泉水塔等设施，方便泡汤。

至于草山贵宾馆外侧系以奶油色油漆粉刷，并使用类似栏杆式挑高结构以避潮气，还设有木制长廊连接洋和两馆，也可随步走入日式庭院，是明治时期相当流行的建筑风格。至于庭园则是依当地地形而修整，除了修辟水池，保留许多原生植物，并广栽杜鹃花与樱花、山樱花，随四季有不同景观，因此很快就成为台湾风景明信片上的名胜地。

抗战胜利后，蒋介石与宋美龄于1946年首度来台视察，他们在台北就是暂居在新园街一号，已更名为"草山第一宾馆"的草山御宾馆。当时御宾馆产权已转为台湾省政府所有，修建工作还是委托给草山行馆同一位设计师李重耀负责。为方便蒋介石与市区交通，国民党还在大门旁加盖车库。车库前方并有日据时期修建、长达20米的防空洞，并有三间隔间，可供临时疏散避难使用。

2. 1937年12月27日，在日本殖民政府推动下，"大屯国立公园"与"次高太鲁阁国立公园""新高阿里山国立公园"三座公园同时成立。不过国民党来台后，相关"国家公园"建制取消，直到1985年9月16日，经过多年规划并解决土地资源纠纷后，阳明山公园正式成立，其范围以大屯火山汇的中心地带为主。

3. 即所谓"座敷"，功能相当于客厅，是日式宅邸中最尊贵重要的空间。和馆内有12帖半及8帖的座敷，并各有8帖及6帖的次间。

之后草山御宾馆成为国民党接待党政要员的重要住所，例如1948年10月，陈诚由沪飞台养病，甫抵台湾，由于暂无适合永久居住房舍，因此安排陈诚住在草山御宾馆前后约一个多月，才在台北市延平南路装修好一栋二层小洋楼，让陈诚夫妇定居。

全台首座『总统行馆』转型『总裁办公室』

1949年6月24日，蒋介石由大溪搬到台北，落脚住所虽从草山御宾馆改到更隐秘、易守难攻的草山宾馆，但随着国民党声势日下，大批政要或官员陆续来台，纷纷选择草山御宾馆周边入住，许多日商私人别墅也经台糖公司或台湾工矿公司接收后，分配给达官贵人或做休憩场所。影响所及，草山地区房屋交易格外热络，并形成新的政要聚落。

倒是蒋介石在台这段期间，由于认定国民党派系斗争是失败的病源，多次思及改造问题，他当时就是在御宾馆成立"总裁办公室"，加上附近的草山第二宾馆，作为幕僚商议党政、军事之处，并可暂时休憩。

事实上，国民党内斗激烈早已是外界抨击焦点，例如陈果夫、陈立夫兄弟长期发展党务，其"CC派"在抗战胜利后如日中天，与陈诚为首的"三青团""黄埔系""复兴社"互不相让。1947年党团合并也无法遏止"CC派"与陈诚间矛盾，更因恶斗使蒋经国被迫放弃出任政大教育长，足见"CC派"实力。也让大败初亏的蒋介石对党内掣肘深恶痛绝，更痛批党内纷争日甚一日，是他毕生最大过错。

因此早在1948年，蒋介石就在日记中感叹，"大局之危险困厄，至开封沦陷以至极点，乃知历代亡国之原因，并不在于敌寇外患之强大，而实在于内部之分崩离析所致。尤以亲近左右之干部，不知自强自立，而一意推诿塞责，只怪他人，互相抱怨，而不肯为国家尽职责，减损丝毫之权益与名利，凡一切失

◆ 草山御宾馆侧面（1935 年）

草山地区在日据时期因裕仁皇太子的光临而奠定了其在台湾地区的重要地位，也因丰富的温泉资源铸就了经久不衰的观光胜地之地位。1923 年，当时学习地球科学的裕仁皇太子于"台湾行启"时，曾至草山，并至北投欣赏其向往已久的"北投石"，该事件促成了相关交通要道的兴建，为提供其休憩而兴建的草山御宾馆更长期成为该地最具代表性的日式温泉建筑之一。1935 年的台湾博览会，在台北近郊北投一带的草山，设置了一个占地 5000 平方米的观光馆，是当时台湾博览会宣传观光的重要设施，其中展出了一系列草山系建筑的珍贵影像。

败皆推至元首一身"所致。

所以蒋介石下野后先在溪口召见张群、陈立夫、黄少谷、郑彦芬等人，研究党务改造；尤其在 3 月间，蒋经国提出整顿现状、改造过渡、筹备新生的三阶段论，更被蒋介石接纳为推动国民党改造的重要方针。1949 年 5 月间，蒋介石率蒋经国一行搭乘"江静轮"在东南海域巡行，当时蒋经国与陶希圣、沈昌焕、曹圣芬等人即在蒋介石指示下，研商"抛弃旧组织"等党政改造方案。

蒋介石在澎湖停留期间，再度思及推动国民党改造问题。他当时在日记中指出，"以往领导干部之无方，不仅使革命重受挫折，而且使革命干部对余之观念与认识有此错误，仅视为法定总统之职位，而不以革命领袖之身份待之，殊为惭怍"。换言之，蒋介石认定，国民党对"领袖"无法绝对服从，党内分裂是溃败的最重要关键，需对此彻底改变。

蒋介石 5 月间抵台后，除听取蒋经国关于全盘改造党组织，挽救青年对国民党信心等构想，并请教吴稚晖后，即决定收回党的决策主导权，并指定张道藩、谷正纲、黄少谷、袁守谦、张其昀、胡健中及陶希圣等人，整合派系意见，在草山御宾馆讨论改造问题。

1949 年 7 月 1 日，蒋介石抢在国民党在广州召开中常会讨论是否要改组战时决策组织前，正式宣布在草山御宾馆设置总裁办公室，表面看起来仅是蒋介石个人幕僚单位，实质上却相当于小型党机器，成员由蒋介石全权指派，下设设计委员会与 9 个组，蒋介石形同宣告正式另起炉灶，在台湾成立国民党新中枢，为未来彻底改组吹响号角[4]。

这波异动，多属蒋介石亲近人士方能冒出头，蒋经国也被拔擢出任党务组副组长，日后因"自由中国案"遭禁的雷震，此时仍深获蒋介石信任而出任设计委员。从 1949 年成立后到 1950 年中，蒋介石幕僚即以总裁办公室名义，密集在附近的草山第二宾馆开会

4. 当时由于解放军进迫华南，国民党中枢转赴广州作为根据地，但军事、财政大权都在蒋介石掌握下，因此李宗仁与行政院长阎锡山 6 月间两度去电蒋介石，盼速到广州主持大局，可是未获回音。蒋介石先是出访菲律宾，继而在出访途中完成总裁办公室的组织大纲，取代国民党中央党部各职能，总裁办公室以蒋介石为主席，下设设计委员会和 9 个小组。设计委员包括王世杰、俞大维、张道藩、俞鸿钧、吴国桢、余井塘、方治、胡健中、雷震、任卓宣、张国泰、端木恺、罗时实等人。办公室分成九组：

第一组掌管党务，组长谷正纲、副组长蒋经国。

第二组掌管经济，组长吴国桢（实未成立）。

第三组掌管军事，组长王东原、副组长唐军铂。

第四组掌管宣传，组长董显光、副组长沈昌焕。

第五组掌管国际问题研究，组长陶希圣、副组长蒋君章。

第六组掌管秘书业务，组长张其昀、副组长周宏涛、曹圣芬。

第七组掌管情报，组长唐璇、副组长张师。

第八组掌管警卫，组长施觉民、副组长楼秉国。

第九组掌管总务，组长陈舜畊、副组长黄寄慈。

研议，稍后国民党也在草山第二宾馆前成立"革命实践研究院"，以培养党内新进干部。

总裁办公室第一份成果，就是由陶希圣执笔，将讨论结论整理为改造方案，并于7月8日呈送蒋介石参考，主张在中常会外新设改造委员会。蒋介石在台布局底定后，也立即拿着新出炉的改造方案，在未告知国民党中央情况下，于7月14日自菲律宾访问返台后，立即飞往广州，迳赴国民党中常会参与讨论。

据说蒋介石莅临会场时，阎锡山正在发表谈话，突然看到蒋介石现身，众人均大吃一惊。接下来在蒋介石主导下，国民党顺利通过新设由12名委员组成的非常委员会，蒋介石与李宗仁分任正副主席[5]，取代党内最高决策机构——中央政治委员会，会中并决定国民党未来将改造为列宁式革命政党，以党领政。

蒋介石之所以急于设置非常委员会，主要因为他虽已下野，但却能以非常委员会主席身份，通过国民党指挥政务体系，直接插手军政。因此他在台设置的总裁办公室，也成为贯彻他个人意旨的机要组织，国民党中央基本上已被架空。7月18日，国民党中常会讨论并通过陈立夫等人起草的《本党改造方案》，宣示将推动改造并展开清党，蒋介石也在稍后搭机返台。

但没过几天，由于白崇禧主导的华中战线告急，李宗仁赶来台北向蒋介石搬救兵，当时陈诚以降数百名官员于松山机场列队欢迎，蒋介石也在机场休息室等候，并发动台湾民众在街道列队欢呼，之后国民党在中山堂举办盛大欢迎会，给足了面子，让李宗仁在台期间相当风光，当时蒋介石更安排李宗仁住在草山御宾馆，以示尊荣。[6]

为进一步推动国民党改造，9月20日，随着国民党中央因广州陷落而迁往重庆，蒋介石飞抵重庆并发表《告全党同志书》，号召国民党员参加改造。但蒋军节节败退，蒋介石在各地东奔西走，地方党务处于无组织状态，根本没时间处理改造与否等末节。直到

5. 非常委员会名单包括蒋介石、李宗仁、孙科、居正、于右任、何应钦、阎锡山、吴忠信、张群、吴铁城、朱家骅、陈立夫。

6. 只是李宗仁在台这几天内，虽与蒋介石先后进行五次会谈，30日李宗仁搭机返回广州当天，蒋介石并再度亲自到松山机场送机，但蒋介石并没有承诺在财政或军事上立即协助白崇禧防卫华南战区，也回绝了李宗仁要求让白崇禧接手国防部长、执掌兵权的构想，没几天，白崇禧就因为难挽颓势而退守衡阳，广州跟着也岌岌可危。

7. 如美国国务院政策计划处主任肯楠曾建议美国国务卿接管台湾，并邀孙立人参加占领军新政权，以分化中国驻台军队。国务院参事莫成德在1949年2月3日电文中亦指出，美国需要"一干练笃实之人，不必听蒋介石之指挥，亦不必从李宗仁联合政府之命令，而专为台湾谋福利。孙氏经验，或有未足，但其他条件，却甚相合。"虽然孙立人回绝美方的邀约，但这些消息都踩到蒋介石痛处。

1949 年底在台落脚，蒋介石才腾出手推动改造，清党、重新登记，"CC 派"遭彻底洗出权力核心之外，国民党权力布局呈现全新局面。

度过朝鲜战争前的风雨飘摇，蒋介石在台湾地区的统治渐上轨道，包括士林官邸、草山行馆、草山御宾馆、"革命实践研究院"，乃至于日后陆续建立的中山楼、中兴宾馆、圆山大饭店，都位于草山山系，俨然是蒋介石在台足迹遍布最密集的地方，更是他相当重要的居住、生活区域。

以草山御宾馆为例，除提供党政军等政要在此商议要事、临时休憩，蒋介石与宋美龄也会不定期到此洗温泉。蒋介石莅临前，侍卫会通知管理员净空，管制出入，蒋介石通常约在下午 3 点抵达，偏好使用和式会馆的温泉浴室，洗浴后稍事休息即离去，不会在此用餐或住宿。但为了避免遭到轰炸攻击，国民党也陆续以钢筋混凝土等建材修建强化原有防空洞，使得防空洞长达 60 米，可防范炸弹碎片与爆风袭击；宾馆外侧也新增红砖围墙，同时插上"宾馆重地、请勿擅入"的木牌。

不过冠盖云集的草山御宾馆，也意外见证了一场国民党内的政治冤案。1955 年 6 月 6 日，"国民党政府"宣称屏东发生"兵变"，指控有人企图利用南区国军阅兵场合兵变，矛头指向被蒋介石调到"总统府参军长"的名将孙立人与其少校联络官、陆军步校教官郭廷亮。包括孙立人在内，相关人士陆续遭软禁、逮捕，由于孙立人被认为是国民党内真正有作战实力的将领，与美方关系良好，立刻引发轩然大波。

事实上，美国在 1949 年已一度考虑"驱蒋自立"的可能性，尤其继策反陈诚无功，转而鼓吹留美出身、维吉尼亚军校毕业的孙立人取代蒋介石，执掌台湾省政与军政。消息频传，对孙立人相当不利。[7] 尤其在上海失守之际，麦克阿瑟发函约孙立人赴日晤谈，为期三日。

孙立人深知犯忌，请陈诚代向蒋介石请示，蒋复可后，方前往晤谈。据孙立人自述，麦克阿瑟告知国民政府势必垮台，美国保台立场明确，有意请孙负起责任，美国全力支持，"要钱给钱，要枪给枪"。孙立人当场称他"忠于蒋，不应临难背弃"，他也将在蒋介石指导下保台。孙立人返台后又亲往溪口向蒋介石说明，蒋介石批示"继续回台练兵"；但孙立人不知已踏到红线，蒋介石早已勃然大怒，双方互信基础薄弱，美方有意以孙代蒋一事，始终不绝于耳，甚至有美国情报官员居中提醒"国府"，要多留意孙立人。

因此虽然在 1949 年 10 月，蒋介石为拉拢美国而重用孙立人，他却在日记中强调，"共产党与俄国人"到处活动、阴谋挑拨，以孙立人为目标，"将行谍间"。他甚至写道："接妻（宋美龄）密函，报告立人事……如非余之明见，则误大事矣。"

据说孙立人在 1950 年初，有次与蒋介石在士林官邸共进午餐。席间蒋介石突然对孙立人说，有人跟他讲，"你野心很大"。孙立人当场辩驳，"我是一个军人，只知道带兵打仗，保国卫民，不懂政治，何来野心"？类似中伤全属"分化阴谋"。

但事实上，美国国务院与中情局等单位在 1950 年上半年确有发动政变、驱蒋自立的规划，美国国务院中国科甚至拟定《台湾政变草案》，计划发动孙立人为政变指挥官，执行"驱蒋、保台、反共"任务[8]，让孙立人卷入美国"以孙代蒋"策略而无法脱身；他偏又频频会见美方政军界人物，不时抱怨国民党与军队腐化，全遭政工体系掌握，蒋介石防孙、去孙之心也越加明显。

表面上，蒋介石对孙立人表达信赖，却私下认定孙立人"有异心"，更曾在 1950 年 6 月的日记中记载，需"严戒孙立人阳奉阴违及招奸泄机各种不法行动"，并直批第三期国防工事尚未开始，是孙立人"荒唐误事"。因此，对孙立人的各种指控、整肃也不让人意外。

先是两名女性部属被逮捕判刑，让孙立人陷入挨打局面，由于非黄埔系的孙立人对蒋经国在军中布建

8. 甚至当时美国国务院远东事务助卿鲁斯克于 1990 年在接受台湾"中国时报"专访时还称，曾于 1950 年 6 月间接获孙立人要求美方协助政变的密函，只是为了保密并保护孙立人，他当下立即毁去原件，同时陈报美国国务卿艾奇逊，他也指出，密函中并未讨论计划而只是提及了构想，结果此事变成了一桩无头公案。孙立人晚年则对外否认他曾发出这封密函。

◆行馆内部结构平面图

苏维埃模式政工制度，成立"国防部总政治部"的做法也颇为不满，屡起争执，也让他成为箭靶，处境越来越不利。是以孙立人来台后虽担任过两任"陆军总司令"，但始终未循例擢升"参谋总长"，让自视甚高的孙立人心中相当不平。

1954 年，蒋介石拔擢原"总统府参军长"桂永清转任"参谋总长"，"陆军总司令"由黄杰接任，他并将孙立人调为无兵权的"总统府参军长"。没想到桂永清到任即患病去世，与"两蒋"关系密切的彭孟缉又直接跳过孙立人，代任"参谋总长"，让许多孙立人部属发出不平之鸣。在这个负面信息笼罩下，1955年即爆发了震惊中外的"孙立人案"。

政工系统系于 1955 年 5 月蒋介石南下视察空军基地校阅前一晚，指称孙立人旧部属郭廷亮计划趁蒋介石在屏东机场阅兵时，煽动机枪手瞄准司令台，造成混乱，以发动兵变；之后，政工系统另指控孙立人曾向美方转达有意政变，并饬部属王善从、陈良壎侦察蒋介石出入频繁的阳明山、西子湾行馆地形以绘制地图，刺探高雄要塞警备情形，意图兵力包围，是以认定孙立人政变动机与迹象明确，宣告将他软禁在台北市南昌街的官邸之中。

但孙立人在受讯时则反驳，西子湾地形简单，根本不用侦察。甚至当时被要求自白的孙立人部属也指出，高雄武装部队在蒋介石抵达后根本不能随便行动，甚至"要塞警备森严，像一道城墙一样，根本没有办法进去，再加总统府内部警备森严……恐怕还有电网地道"。简言之，身经百战的孙立人想借此兵谏的说法实在太牵强。[9]

尤其国民党手中并无任何孙立人涉及"兵变案"的直接证据，因此引起岛内外激烈非议，美国政府与军方均强调无法接受孙立人是共产党的说辞。加上蒋介石迅速明令批准孙立人以"总统府参军长"名义于 8 月 3 日所提，因郭廷亮、江云锦等事件引咎辞职的公文，更使争议持续扩大。

为平众议，蒋介石宣布由当时担任"副总统"的陈诚为主任委员，与王宠惠、许世英、张群、何应钦、吴忠信、王云五、黄少谷、俞大维等组成 9 人调查委员会，负责调查"郭廷亮匪谍案"。当时九人小组正式于 1955 年 9 月 18 日下午在草山御宾馆约谈孙立人。

虽然孙立人完全否认，并称他只是想在阳明山找地盖房，不希望打扰蒋介石官邸，因此要部属去找，之后也找到阎锡山官邸后一块用地。不过陈诚等人审讯郭廷亮等人后，仍得到"坦承不讳"等"自首"结果，并称因不满孙立人遭蒋介石打压，因此打算趁蒋介石巡视时兵变。

除在日本治疗眼疾的何应钦未参与调查，其他8名调查委员联署后，共同宣布由王云五整理撰写的调查报告，指称郭廷亮承认利用其与孙立人的关系，执行阴谋叛乱任务，孙立人则企图利用郭廷亮在军中建立个人力量，至陷入其中而不自觉，应负"未适当防范""失察、包庇"之责。

孙立人曾是陈诚辖下印缅远征军旧部。据陈诚之子陈履安表示，当时负责孙案的陈诚明知冤案却无能为力，亲自探视遭禁闭的孙立人。孙立人谈话中奋力扯开衣衫，裸出全身伤疤，激动地大喊：我这辈子为国家这样子出生入死，为什么怀疑我变节！为什么！[10]

这段时间里，调查小组所有约谈、开会，到最后决议，都是在草山御宾馆进行。但俞大维晚年也自承，他虽被任命为调查委员，却从未被通知开会，只在王云五报告完成后被通知听取宣读内容，他认为孙立人背负极大冤屈，因此没有用印为报告背书，但最后报告上却出现了他的图章；许世英[11]更公开在调查书述明孙案"罪疑唯轻，恩出自上"。

但蒋介石已决心拔除这根痛刺，即便宋美龄、陈诚不断力保孙立人忠诚无虞，台湾当局仍在没有具体证据、未经正式审讯判决之下，于10月8日下令，孙立人"今即令准免去'总统府参军长'职务，特准予自新，毋庸另行议处，由'国防部'随时查考，以观后效"。蒋介石因此"不杀、不审、不问、不判、不抓、不关、不放"，把一代名将孙立人软禁在台中

9. 当时台湾监察部门同时由陶百川等人发动调查，也质疑孙立人没理由用"印象不好"之人，率"不及一百"杂凑之兵，对戒备森严之官邸，作三面包围或四面包围，以备自己进去苦谏。因此，"虽毫无军事常识之人在愤激狂妄之下，亦不敢冒生命之危险，作此绝无收获之行动，孙立人将军，军事学识、造诣深邃，谅不至愚妄如此。"

10. 陶百川和张群当时也以"监察院"欲完成"孙立人将军与南部阴谋事件关系调查报告书"为由，尽力将孙立人请到"监察院"约谈。孙立人声泪俱下，直指他忠于"领袖"及"国家"，同时如果要反，何必等已无兵权、时局已变时再反？结果"监察院"的报告认为郭廷亮并无兴兵叛乱情节，"南部阴谋事件"仅是向蒋介石呈递改革部队行政建议书，无叛乱意图；至于孙立人遭人检举一事乃属军队内部派系构陷，不足为凭。但与九人小组差异过大，因此被国民党封锁，并以极机密封存数十年。

11. 许世英（1873年－1964年10月13日），字静仁，号隽人，安徽贵池人。1897年以拔贡生选送京师参加廷试，得一等，官位扶摇直上，1910年任山西提法使、布政使。1911年山西太原新军起义，许世英与新任山西巡抚张锡銮联名吁请清帝退位，拥护袁世凯。民国后，历任大理院院长、司法总长、内务总长、交通总长，1925年底被段祺瑞任命为内阁总理。1928年10月，任国民政府赈务委员会委员长、驻日大使。1948年以政务委员兼蒙藏委员会委员长身份，随阁揆张群总辞，移居香港。1951年应邀赴台，出任"总统府资政"，1964年病逝于台北。

草山温泉場竣工

公共衛生費を以て新築中なりし士林支廳草山温泉の浴場は過般漸く竣工し近くその開場式を舉行する筈なるが同浴場は八疊敷一室、四疊半敷二室の客室を有し温泉を引いて内湯となし入湯者の便利を計り宿泊料共に一食前二十五錢と定め中食は入浴料二十五錢、入浴料五錢にて開場の豫定なりと士林より温泉場まで輛の交通あり又八十錢にしてこれは士林支廳又は草山派出所へ依頼せば周旋の便あるべく昨今の草山は既に夜間冷氣を覺ゆべく其を放されさる由にて將來避暑地として最も適當なる場所となるべし

◆ 1913 年 8 月 27 日《台湾日日新报》上关于草山温泉的报道该篇报道记录了日据时期台湾草山温泉竣工的事宜，经过 7 年的建设，草山温泉算是正式开发。1930 年刊印的《台北近郊的温泉案》一书内亦有如是描述：现在 1913 年的公共浴场建设后，陆续有警察职员疗养所、山梅旅馆、巴旅馆等建筑。可见，草山温泉的开发逐渐展现其规模，成为日后温泉旅游的胜地。（上图）

◆草山温泉地图（1935 年展于台湾博览会）
日据时期建于草山的温泉旅馆及别墅，地理条件优越，除了坐拥优质的温泉外，建筑在景观视野上皆将山色尽收眼底，建筑设计和材质与日本国内一流的温泉旅馆相比亦毫不逊色。草山温泉旅馆善用借景手法，室内空间精巧，室外周遭庭院简约朴素，成为草山日式建筑鲜明的特点。（下图）

市向上路 18 号一间独栋日式住宅中，在看守他的副官、宪兵与在外戒护的特务人员监视下，被软禁长达 33 年。

蒋介石为表达对孙中山之子礼遇，送草山作孙科官邸

之后，草山御宾馆一度于 1958 年，外借给蒋纬国自德国延请的将军级装甲兵顾问的在台住所，其使用空间为和馆两间房舍，前后约 3 年到 5 年时间。直到 20 世纪 60 年代中期，被美国所限，无法反攻的蒋介石，改从文化争取正统性，因此国民党多方联系海外多位文学家或学者返台，发动"文化复兴运动"，也积极动员有象征性的国民党大佬与政治人物回到台湾。其中一位标志人物就是孙中山长子孙科[12]。

孙科从 1931 年 2 月支持胡汉民反蒋开始，1932 年立法院长任内主张联共抗日，之后虽屡任国民党高职，也当过行政院长，但与蒋介石关系一般。1949 年后，孙科移居中国香港、法国巴黎、西班牙等地，并于 1952 年定居美国洛杉矶。直到 1965 年为纪念孙中山百年冥诞，蒋介石积极动员，孙科才前往台湾定居。

蒋介石为表达礼遇，特地将草山御宾馆拨给孙科作为官邸，同时也进行大规模整修，包括天花板全部更新，餐厅铺设地毯，阳台加铺地砖，增设西式卫浴设备，也把原本日式房舍的门厅改为驻警房舍，原本宾馆东侧的苗圃，之后也被新纳入成为御宾馆庭园的一部分。当时洋馆是孙家客厅与餐厅，和馆是孙科寝室与书房。之后随着孙科次子孙治强一家搬回定居，国民党还邀请设计孙中山纪念馆的建筑师王大闳在和馆旁新盖一间 165 平方米的砖造洋房，以方便居住。

12. 孙科（1891 年 10 月 20 日 - 1973 年 9 月 13 日），字哲生，广东香山人，系孙中山唯一的儿子，其母是孙中山原配夫人卢慕贞。美国加州大学柏克莱分校文学士，哥伦比亚大学硕士。曾任考试、行政、立法院院长等职。43 名国民党战犯之一。孙科赴台后屡任公职，同时曾任东吴大学董事长之职，1973 年病逝于台北。

不过由于孙科家人习惯美式居住环境，因此御宾馆不但加装窗型冷气，和馆内风格也渐渐因一些设施与装潢调整而改变，包括原有榻榻米地板被换成榉木地板，和式纸窗门也换成了毛玻璃。由于孙治强喜爱狩猎，还带回许多狮子、犀牛等兽头标本，放在洋馆中展示。

至于孙科先是受邀担任"总统府高级咨议"，并于 1966 年出任"考试院院长"。蒋介石与蒋经国每年大年初一还会亲自到御宾馆登门拜年，也会到宅为孙科贺寿，或邀请孙科夫妇同到士林官邸做礼拜。孙科 1973 年因心脏病逝世后，官邸仍由孙科遗孀与孙科子嗣孙治平、孙治强等人继续居住。因为风水考量，孙家把原先洋馆大门改了一个方位，并陆续加设了壁炉、烟囱等设施防寒，已不复当年裕仁来台时的旧观。

同时由于当地位居硫黄温泉附近，气候潮湿，加上长期缺乏维修，权管单位归属问题又复杂[13]，因此孙科去世后一段时间房舍就渐渐陈旧，不堪修葺，孙家于 1986 年间，向国民党当时的秘书长马树礼反映后，国民党决定拨款新台币 2500 万元，供孙家另购房舍，御宾馆则归还公家，但之后也不了了之。

李登辉出任"总统"后，御宾馆状况每况愈下，虽然孙科次子孙治强仍居住在内，但房舍陈旧不说，客厅屋顶已塌陷，孙科的书房杂乱不堪。屋外芒草丛生，几乎把木造主建筑整个遮住。经济状况不佳的孙治强因此上书李登辉求援，意外引发国民党是否怠慢孙中山后代的争议，甚至一度还传说孙家打算以摆地摊或收孙中山遗像费支应生活。不过随着风波逐渐平歇，相关问题还是没有解决。

直到担任"台北故宫博物院"顾问的孙治强因罹患前列腺癌，需往返荣总就医，他才于 1997 年暂时离开官邸，借住在友人家。1999 年的"九二一"大地震，更让洋馆屋架受损严重，阳台墙面整片塌陷，不过为妥善保存草山御宾馆，台北市政府于 1998 年取得孙治强同意后，宣布当地与草山宾馆同列入古迹保存范围；孙治强则于 2001 年病逝于台北。由于产权复杂，所需经费数目庞大，因此至今尚未开始修复作业，徒留破旧的木造架构与暂时挡风遮雨的铁棚架，荒废在阳明山的杂草之间，当年荣景盛况已在风吹雨打中销蚀殆尽。

13. 当时草山御宾馆土地产权已因台湾政治区划变迁，由原先台湾省政府代管，改属为台北市政府所有，蒋介石是以借用名义，礼遇孙科住进御宾馆，同时出入配车以示礼遇。

蒋宋夫妻隐秘的温泉小屋

除了御宾馆、草山行馆外，其实阳明山系还有着许多隐蔽且鲜为人知的地点兴建起简易的温泉小屋，成为蒋介石处理政务之余，休养生息的重要去处，或国民党政要聚集开会的地点。

坐落隐秘、不得其门而入是这些小型行馆的特点，由于袭自日式建筑风格，所以除简单朴实的庭园造景，更多采用木骨石造工法，亦即除房舍属于木造构架，还要加上石造壁体装饰，和洋混搭的风格别有特色，也刚好符合蒋介石与宋美龄喜爱壁炉等设施的要求。另外，泡温泉养生的观念，也使得"两蒋"乐于在这些行馆内休憩，自我放松。

举例而言，今日游客如织的阳明山后山公园四周，就布满了这些行馆。与邻近草山行馆的前山公园不同，后山公园地势较高，位于七星山、大屯山、纱帽山间，海拔445米，最早是由日据时期的台北州议员、海山炭矿主山本义信于1923年以山本炭矿株式会社名义买下土地，聘请造园技师坂口孙市依山势兴辟纯日式庭园"羽衣园"；他也于1928年与1931年在园中兴建私宅，即为"山本别墅"。

羽衣园内有流水池塘，广植樱花、杜鹃，虽对外开放，但并未普及。光复后，山本别墅与羽衣园为台湾工矿公司接收，由于地势缓和，夏季凉爽，广植花树，因此蒋介石夏天住在草山宾馆，不但办公地点从山下的"总统府"改到"革命实践研究院"，更常到这块区域散步。因蒋介石颇喜爱"羽衣园"的名称，所以暂未改名，一段时间后才更名为"山本公园"。

1955年，国民党为配合耕者有其田，将"国有"矿权开放民间拍卖经营，后山公园的园林连同海山煤矿，一并转手给土城李家，由李建兴、李建州、李建和家族所有。不过蒋介石仍不时前来散步休憩，只是蒋介石一上阳明山居住

◆ 1930 年出版的《台北近郊温泉案》中一幅地图局部（翻拍自台大图书馆）1920 年，草山至北投间的公路通车，北投的观光客被陆续带往草山旅游，而草山至北投间，于 1925 年至 1929 年亦开始运营定期公车。一时间，草山的交通变得四通八达，更加推动了该地区的繁荣，每到天气微凉，雾气萦绕的季节，这里便成为台湾北部的观光重地。从地图可见，纱帽山右侧谷底可见两条溪流从泉眼冒烟处留下，据书内记载，两眼泉质各不相同，东流为白浊色强酸性的硫酸盐泉，西流则为白浊色中性的硫酸盐泉。

山区安全管制也跟着紧密起来，等闲人无法靠近。

其实李建兴不但是富商，更曾因反抗殖民政府而入狱，光复后更于1946年参加台湾世绅团赴南京拜见蒋介石；加上李家交际手腕灵活，因此虽然专心经营煤矿事业，但党政关系良好，曾被列为台湾五大家族之一；李建兴更曾受蒋介石赏识而被指派担任"中央银行理事"。1963年2月，李建兴决定将土地捐出，并于隔年10月25日光复节当天上书蒋介石，把这块三公顷土地无偿捐给国民党；邻近花钟喷水池，位于湖山路2段22号的后山宾馆，也一并改由阳明山管理局管理。

后山宾馆占地约230平方米，原本是平房，内部狭长，建筑周边绿树成荫，无法从外界眺望。平常人迹罕至，并有警卫守卫，一般人不能靠近，对外也仅标示为"后山招待所"。

后山宾馆内含四间主客房，包括一间附浴厕的主卧室，三间双人房，一间客厅，一间餐厅，一间小型简易厨房，两间供应青磺温泉的浴室。主建筑旁有一间较小的日式平房，由人员负责看管与提供服务，并有警卫守卫。由于房内硫黄味很重，潮湿多蛇，因此蒋介石多到此处泡汤休憩而非过夜。当时员工每次只要蒋介石前来散步，都会准备一张大椅子，放到屋外树下供蒋介石乘凉，有时蒋介石也会在行馆内休息或批公文。

这处行馆也是蒋介石招待要宾的住所，例如1955年，美国驻法大使布莱德返美述职，途中顺道来台湾地区访问，蒋介石当时招待他在山本公园停留了一个月，享受温泉风光，隔年布莱德甚至亲往日本拜会山本义信表达感谢。

1977年阳明山管理局改制，宾馆改由台北市政府管理。不过木造行馆已然年代久远，湿气、硫黄气重，房子逐渐老旧不堪使用，甚至地板榻榻米开始塌陷，房子漏水，屋顶还曾被台风吹垮。因此市政府于1984年在原地依原貌改建，改采钢筋混凝土建筑，外观包覆原木材，呈现蓝瓦、白柱相间的外貌，完工后并正式改为市长招待所。

只是新屋落成后，也不常有人光临，偶尔才有台北市长如黄大洲或陈水扁会上山住住。不过为了吴淑珍，建筑加装无障碍空间设施，同时追加大门和两个侧门入口的无障碍斜坡道，直通招待所。这地方甚至隐秘到连马英九当选台北市长后也一时不知有这栋隐秘别墅的存在，台北市政府已往开放民众参观方向开始规划。

草山温泉行馆：蒋经国与蒋纬国兄弟家族假日聚会之所

同样在阳明山后山公园内、离入口不远处的辛亥光复楼，是园内唯一的二层楼中国宫廷式建筑，亭楼台榭典雅精致，池塘喷泉顺应自然，因此颇受游客瞩目，特别光复楼当初也是为接待蒋介石游览阳明山后歇脚而兴建，并在二楼设有专为蒋介石保留的两间贵宾休息室[14]。

蒋介石去世后，辛亥光复楼二楼依旧门禁森严，未对外开放，仅提供不少国民党党政要员游山后在此休息或餐叙。甚至在蒋介石去世、宋美龄赴美后，此处一度成为蒋经国与蒋纬国兄弟家族假日聚会之处。顺着辛亥光复楼右侧小径拾阶而上，也能直接走到后山宾馆。

此外，蒋孝文别墅位于纱帽路往北投路上头第一间。又如湖山路1段6巷2号、中山楼附近的"阳明山训练中心"，过去也是蒋介石与蒋经国曾驻足的一处行馆。这片土地约6000余平方米，房舍并不大，主要是庭院，仰仗着地利之便，可欣赏到纱帽山与阳明山公园大部分景点，算是相当有特色的温泉行馆。

当初是因为"国民大会"等重要仪典都在中山楼密集举行，蒋介石也习惯在此接见重量级外宾，为了避免让他舟车劳顿，影响身体健康，所以由"国安"出面，约在1961年，向台北市政府借用了土地，并兴建三栋砖造房舍，作为蒋介石与蒋经国父子到中山

14. 蒋介石来台后，不时会约张群、陈诚等要员到阳明山踏青，或是在公园内的歇脚处聊天、进餐，光复楼即其中一处供蒋介石休憩的地点。不过直到1971年翻修后，光复楼才整建成今日的宫廷式外观，并保留二楼作为会议与贵宾休息使用，其中两间休息室都是一房一厅的格局，摆设简单，约70平方米大小，厅中放置有八人座的圆桌与长椅，墙上挂有一幅大师欧豪年的《飞鸟投林图》；客房里则摆有一张单人床，不过阳明山上湿气很重，并不适合在此居住。只是光复楼改建完成后，当时蒋介石的身体已不复当年，所以较少前往，反倒是蒋经国比较带去。近年来光复楼也已转型为游客中心与餐厅。

◆草山众乐园八角形浴池（翻拍自台大图书馆）

日据时期，1929 年，草山众乐园开始兴建，这是日本裕仁皇太子 1923 年造访台湾之后，"台湾总督府"于当年 5 月所进行的三大工作项目之一。这间规模宏大、设备精良豪华的温泉浴场，带领草山温泉达到一年六万人次泡汤的高峰，此后草山温泉事业发展便极为迅速。（上图）

◆日据时期，1923 年，裕仁前往草山游览，"总督府"专门整修草山道路，迎接皇太子。1949 年，草山道路更名为"仰德大道"。道路的改名是因为蒋介石要搬去草山居住。据说因为住在草山让人有"落草为寇"的联想，所以蒋介石将草山改名为"阳明山"。（下图）

楼参加大型集会前小憩的地点，平常不但隐秘，也鲜少有人涉足。

这三栋真正可供居住的砖造房舍，最大一间主屋约46.64平方米，是蒋家使用，另外两间较小房舍各约23平方米，平常由侍卫与用人暂居。行馆内部陈设简单，大厅依惯例有仿欧的壁炉，并设有温泉浴室，可供"两蒋"在公忙之余享受温泉。

蒋介石去世后，行馆即不再开放使用，因此逐渐荒废。同时由于蒋经国生前指示相关单位，在他去世后陆续将使用行馆逐一还给地方政府，因此台北市政府于1990年2月接获通知可领回行馆土地与地上物，随后市政府即规划当地作为员工训练中心。只是行馆当时已经出现庭院荒草蔓蔓、房舍老旧空荡等问题，政府花了很长一段时间整理，耗资2000多万，并增设建筑、教室、交谊厅与温泉池等设施，才于1996年1月13日蒋经国逝世纪念日当天重新启用，恢复如今可供使用的状况，并加设了寝室29间，可供58人同时过夜。

倒是附近的台湾银行草山招待所，虽在光复初期兴建，因为是二层楼欧风钢筋混凝土建筑，不但有阳台，并且均为拱窗，屋顶为斜屋顶覆黑瓦片，外墙为蓝色钢筋混凝土壁，造型独特优美，所以一度成为宋美龄的招待所。除了陈诚曾于1963年暂借此处养病，宋美龄曾将行馆转给返台的孔二小姐使用，是以这栋面积虽仅有120平方米的建筑，算是台湾诸多"两蒋"行馆中的一个特例。

宋美龄返美后，台湾"行政院长"俞国华也曾短暂入住过这栋别墅。

战地行馆

蒋氏父子亲历
金门炮战、一江山与
大陈岛三大战役

1949 年后，国民党败逃台湾之后，东南沿海诸多岛屿成了两岸对峙最前线。尤其金门、马祖更成为高度管制的战地行政区，相较台湾本岛的平静，这些岛屿爆发过多起激烈冲突。

朝鲜战争爆发后，蒋介石更听取了麦克阿瑟建议，放弃一度有撤回金门驻军的打算，持续派驻大批国民党军队驻守金马最前线与浙江沿海岛屿，更让这批外岛成为真正绷紧敏感神经的滩头堡，凸显蒋介石决不放弃中国法统的正当性[1]。

1954 年炮轰金门的战役[2]、1955 年一江山战役[3]与大陈岛战役，战争成为测试蒋介石与艾森豪威尔签订"共同防御条约"之后美国是否会介入台海之争的手段，因此也使这些岛屿的象征意义突然升级。

"八二三"炮战之后，金门炮火虽酣，但人在台湾本岛的蒋介石绝不轻松，他深知除了前方军事是生死存亡之战，大后方更要与打算让台湾地区切断与中国联系脐带的美国在外交上折冲。因此两岸有意无意之间，借金马内战压力，恰好力斥了美国的盘算。无论毛泽东或蒋介石，都在这场由边缘主义搭起的舞台上各出奇招，各取所需。

金、马如此关键，"两蒋"治台期间，不但高密度造访这两块跳板，关心战局与部队移防事宜，更留下不少战时行馆，蒋经国更借多次衔命前往探视、鼓舞军心，一次次冒着炮火上前线的冲劲，证明了自己的胆识而养望，终于获得部队认同与高度效忠。

与他处仅供人凭吊的行馆遗址不同，多处金马地区行馆至今仍有军事或接待贵宾用途，只有在部队开放期间，才有机会获准入内，窥其堂奥。只是相较过往戒备森严，这些战地行馆的角色无疑也越来越平民化。

1. 金门战役之后蒋介石把注意力放在舟山岛等保卫战上，并未在金马大幅驻军。朝鲜战争爆发后，大量解放军往闽厦集结，是否在金门固守成为难题。由于美方明确表示只会协防台澎，因此蒋介石与周至柔等高级将领一度在美军顾问建议下，认为金马孤悬海外，难以久守，应速撤离以保全实力。直到鹰派的麦克阿瑟访台，以"丝毫也不放弃"表态，才改变了蒋介石的决定。

2. 1954年，面对台湾地区和美国讨论签订"共同防御条约"，以及国民党长期以武装势力滋扰东南沿海等问题，中共中央军委决定集中福建前线炮兵部队，对金门实施惩罚性炮击。9月3日下午2点10分，集结在厦门前沿阵地的解放军150门重炮同时向大、小金门、大担、二担诸岛猛烈开火，两名在金门的美军顾问先后遭炮火直击身亡，下午4点炮击结束，历时1小时50分钟，国民党军队也在炮战发生后随即开火反击，即"九三"炮战。

3. 一江山岛位于浙江椒江口台州湾海面，分南江、北江两岛，总面积1.75平方千米，西北距大陆30多千米，西南距大陆17千米，20世纪50年代初期，国民党驻军约千余人。1955年1月18日，解放军发动陆、海、空三军7000余人协同作战，自上午7点58分至当日下午5点30分，经一天战斗，占领该岛。此后，"国民政府"在浙东沿海防御体系遭摧坏，连带促成蒋经国亲往执行"金刚计划"，从大陈岛撤军。

◆美方支援炮战的八寸榴弹炮

据当时金门防卫司令官胡琏回忆，在"金门炮战"开战的第一周，美国抱持"战争一起，必须国军先流血"的消极态度，但国民党方面海军的舰炮及金门陆军火炮，均无法压制解放军岸炮的数量优势，"金门炮战"中国民党陷入补给危机。派驻金门的美军前线顾问，目睹国民党陆海军官兵在解放军密集弹幕炮击海面、滩头的冲天水柱间艰难挣扎抢运的场景，产生苦难相惜的同情心理，遂主动向美军高层建议调拨有效的陆军兵器。这便是后来传闻中常说的国军美制八英寸自行榴弹炮，即 M55 自行火炮，当时军方电文中则以"特种武器"之名加以保密。这批 M55 火炮由国民党陆军第一军炮兵 607 营接用。官兵在台湾仅实施短期一周的熟悉训练后，该营便分为两梯次，自左营军港由"国府"海军"美"字号登陆舰，将 M55 火炮运抵澎湖，完成第一段运输。澎湖到金门，与美军合作运输 M55 火炮的第二段运输行动代号为"襄雷计划"。

　　若说蒋介石行馆都是为独揽风光、游山玩水而设，未免太过偏激。毕竟对蒋介石而言，行馆等住所的方便之处，在于它可以免去许多舟车劳顿，隐秘而迅速地达到他所需要视察的地点。特别相较于蒋经国高度关注各地重大民生建设，深谙掌控部队重要性的蒋介石，有更多比例放在战务巡视上，因此从20世纪40年代与50年代之交，国民党大举迁台时期，设置在各战地或重要营区的行馆就是蒋介石检阅部队前的驻地。

　　例如西子湾宾馆与澄清湖宾馆，就是蒋介石南下高雄主持"陆军官校"阅兵的重要住所，澎湖第一宾馆也具有战线前哨指挥部的性质。其他位于部队营区内的战时行馆也为数众多。作为最前线的金门、马祖，受到更大的战争压力；退无可退的蒋介石当然更抱以高度重视，多次亲自巡视，或指派蒋经国到第一线督军，自然留下诸多印记。

　　例如1949年10月17日，汤恩伯不顾蒋介石当面下达死守命令，弃守宣称固若金汤、可守三到五年的厦门，败走金门。解放军将领叶飞自华南席卷而下，决定集中船只以15000人进攻大金门。此时汤恩伯已无斗志，急电蒋介石，认为金门势必无法守，要求撤往澎湖，巩固台湾防务。但蒋介石大怒之下立即回电"厦门已丢，金门不能再失"，并指派胡琏第十二兵团与台湾新军第二〇一师前往驰援。

　　此后，古宁头战役中解放军失利，蒋介石赢得了短暂的喘息机会，甚至等到朝鲜战争爆发，重拾与美国的关系。1953年1月，蒋介石还亲自到金门巡视，并手书"毋忘在莒"四个大字，以高四丈、宽两丈的尺寸，勒石在金门太武山上。

　　至于蒋介石在金门的行馆，据说设在位于太武山金防部擎天石室，这处基地号称一刀一斧从坚硬花岗岩石中雕塑而生，不但位置相当隐秘，更能借以发挥捍卫戒护效果，内部陈设则十分简单。至于古宁湖旁的三层楼建筑古宁楼，则是蒋介石相当喜爱的休闲、沉思去处，也常在这里召见将领，目前古宁楼三楼仍保存蒋介石生前陈设模样。

蒋经国恩师吴稚晖去世后，骨灰依遗言撒在大、小金门海域，蒋介石每到金门，也会特别到金门水头码头山上的吴稚晖纪念亭缅怀故人。由于当时两岸情势紧张，蒋介石前往金门行程不但一切保密，还会先绕道澎湖，同时紧贴海平面飞抵金门，躲过雷达追踪，以策安全。

离岛成了国际博弈焦点，一个中国成为蒋氏必持之决心

至于金门一举跃上世界舞台，主要还是与中国、中国台湾地区、美国间错综复杂的博弈有着密不可分的关系。

艾森豪威尔主政后，对是否协防金马等岛屿一直态度犹疑，1954年，大陆方面面对台湾地区和美国洽谈签署"防御条约"，突然高唱"解放台湾"，更质疑美国"占领台湾"，把问题摊上台面，"九三"炮战的发生，更让美国国务院对是否要持续协防金马外岛的策略产生怀疑。

国民党的盘算是希望借着签署"中美共同防御条约"，提升"国府"的盟友地位，提供较稳固的防卫安全保障，并化解联合国内"两个中国"或台湾地区应由盟军托管的负面冲击。

但是美国虽同意签署条约，却强调条约须是防卫性质，并技巧性地没有把金马等外岛是否在协防范围写进去，明定共同防御范围，也就是特别保护区仅限台湾和澎湖，其言下之意更是暗示，"国民党政府"不再主张自己是全中国的合法政府，而中央人民政府才是中国的合法政府。

更因为催生"防御条约",美国终于获得蒋介石同意,非经美国许可不会采取重大军事行动、不能随意移防大量部队到外岛,换言之,美国就是在提防国共内战将美国拖下水。为此,艾森豪威尔更强调,外岛对国民党军队士气维持固然重要,但不构成美国介入重大全面战争的理由。他甚至正式照会蒋介石,把大批军队集中在离岛上是一项军事错误。

紧接着 1955 年大陆方面攻陷一江山,把矛头指向浙江外海的大陈岛,试探意图明显,除了国民党立即向美国要求援助,并把第七舰队驶近大陈岛之外,美军则研判金马可能是大陆方面接下来的直接目标,因此当美国发现核战构想完全无法获得国内舆论支持,同时为止战须出动第七舰队屏障台海后,反而把舰队巡逻范围调整至远离大陈岛,并建议蒋介石尽速自大陈岛撤军,不该固守没有战略重要性的岩石小岛。

在这波攻势中,美方内部正反意见拉锯,导致协防与否决策反复,也始终无法摆脱蒋介石牵制。为免风险,美国除了决定劝说蒋介石撤出大陈岛,也承诺暂时协防金马,但不对外公布,同时美方可片面改变。这立刻引发国民党高度质疑,一再希望艾森豪威尔公开宣示防卫金马承诺。

原来此时美国部分人士又把脑筋动到"两个中国"上,如意算盘是要求国民党清空金马,把军队撤回台湾本岛,希望借金马中立化并交联合国托管,防范战火因前线无军事价值的离岛直接摩擦而扩大。更有媒体报道美国可能承认中华人民共和国,把"国府"代表逐出联合国,让蒋介石勃然大怒。另外,英国企图与美国联手,促使中共接受台湾与大陆分离,蒋介石退出离岛的态度,更让蒋介石高度担忧,英美极可能在大陈岛风波中,再度牺牲国民党,如此发展"极度危险"。

蒋介石一方面收回原先默许自大陈岛撤军的承诺,并痛斥美国协防金马态度犹疑,他更在于 2 月 3 日主动召开国际记者会强调,大陆、台湾都是中国领土,不容许任何人割裂,"两个中国"的说法"荒谬绝伦"。蒋介石甚至说,"在四千余年的中国历史上,虽间有卖国贼勾结敌寇叛乱之事,但中华民族不久终归统一"。

次日,蒋介石再度宣示,"台湾和大陆本是一体,骨肉相连,休戚与共,世界上只有一个中国"。他的强硬态度终于让美国企图操作的"两个中国"暂时吃了闭门羹。但蒋介石仍在日记中痛批,"由于上月初美国压力与卑鄙之言行,令人寒心,更觉来日大难之无疆,使余益感背盟违约,尤为其国便饭中之便饭,不足为奇,而一切盟约诺言皆为牺牲弱小之工具,根本没有信守之意"。

愤愤不平的蒋介石还写道,"中美盟约其在签约之日已存心欺妄之心,已十足表示无遗,余昔以为美比俄为有诚可信,而今乃知其为一丘之貉,或反不如俄对共匪具有若干诚意耳,能不痛心乎哉"!

只是面对美国施压,开出二择一条件,不是放弃大陈岛、美国基于默契协防金门,否则就是坐视大陈岛到金门逐一失陷。蒋介石虽在日记中抱怨,"爱克完全陷于和平共存之妥协政策,且主张我放弃大陈,其怯懦与幼稚愚拙极矣",但人在屋檐下,也只能被迫会同第七舰队撤离大陈岛上万军民。美国也始终没有在愿意协防金马的态度上松口。

至此,国民党浙江沿海岛屿全数被解放,仅剩孤悬福建外海的金门、马祖,在毛泽东拍板下,大陆方面并未立即挥军金马,战火稍歇。但英国等美国盟邦仍不断施压,希望艾森豪威尔不要再坚持帮蒋介石防守金马等中国沿海岛屿,以免与中共直接冲突,爆发世界战争或核战。

在西方盟邦压力下,艾森豪威尔态度也转趋保守,认为虽然为了顾全蒋介石面子,无法勉强"国府"放弃金马,但推动蒋介石从金马撤军或裁减部队似乎对台海安全更有保障,这也成了美国希望突破的下个目标。

蒋介石"金门炮战"前迅速返台

大陈岛撤退后,英国等主张对台强硬国家的压力有增无减,甚至直指蒋介石派兵驻守这些外岛是"占领中国领土",甚至可能引发世界大战,让艾森豪

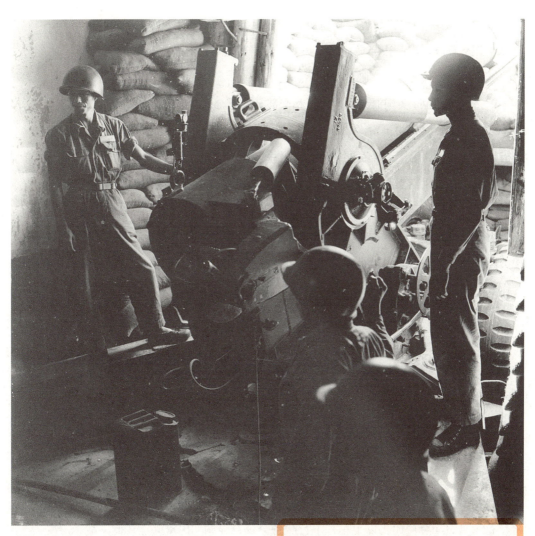

◆金门炮战中国民党所使用的美式巨炮
1958 年 8 月 23 日，解放军突然炮击金门，到 10 月 5 日，短短 64 天时间里，解放军共向金门及其周边岛屿发射炮弹 45 万发。国民党军金门防卫司令部司令陆军上将胡琏要求国军死守金门，并得到美国海军护航，维持金门补给线。其后国民党军获得美国援助的八英寸口径榴弹炮，反击位于厦门的解放军。后来解放军放弃封锁，宣布改采"单打双不打"的方针，逐渐减弱攻势。这种单打双不打的状态直到 1979 年才结束。

威尔颇为头痛。[4]因此在赫鲁晓夫抛出和平共存新路线，中共高层又在万隆会议提出和平解放诉求，让金马离岛一触即发氛围暂时缓和之际，美方决定利用时间尽速解决金马问题，摆脱烫手山芋。

1955年4月间，美国派出与蒋介石私交甚笃的雷福德与助理国务卿劳伯逊，希望以美军负责封锁中国沿海400英里区域、安放水雷，以及在台部署核武器等措施作为条件，说服蒋介石同意从金马撤军。

据说蒋介石以恼怒且"极为难看"的脸色，强调不战而放弃外岛将会失去中国人民的尊敬，坚拒美方"无意义"的要求。他甚至不客气地说，之所以对这个近乎可诱发中美开战的提议不感兴趣，主要是因为对美国没信心，更不觉得美国在战争关头还会持续此一措施。他在日记中更直斥美国人的做法"完全为诈欺之谈"，是想骗他放弃外岛。

蒋介石之所以这么在乎金马，系因维持台澎金马体系，形同向全世界宣示国民党虽迁居台湾，仍坚守"一中原则"，以全中国为疆域，国民党治台并非"台独"或"一中一台"。因此蒋介石无意坐视紧张缓和，反而持续增加金门驻军，1958年8月初，蒋介石更宣称掌握解放军向福建集中信息，研判将发起大规模攻击，金门兵力约增一倍，近台湾驻军的一半。事实上，毛泽东也的确从8月开始规划大规模炮轰金门攻势，不过美国最初还是抱怨蒋介石又在过度渲染、过度反应。

8月20日，蒋介石乘舰抵马祖、乌丘后，转往金门巡视防务。8月22日，蒋介石亲自召集金门团长以上军官举行战备会议，强调"国家兴亡在此一战，覆巢之下无完卵，人人为求生存而求胜，为保国卫乡而战"，他也直指防卫阵地缺点，要求驻军尽速迁移司令部。[5]当天蒋介石曾赴高登岛、烈屿巡视，甚至还步上古宁头远眺厦门很长时间。

不过晚间10点，蒋介石无预警地下令所属即刻搭机返台，匆忙到随扈许多随身设备还留在金门。最后在一路低空飞行后，蒋介石赶回日月潭涵碧楼暂歇，稍后返抵台北。

没想到第二天傍晚，解放军福州司令员叶飞于8月23日下午6点30分炮袭金门，第一波预估落弹4万余发，金门死伤440余人。硝烟和火海中，所有通信线路和电线全被打断，各指挥所失去联系；炮火直中金防部，国民党驻军损失惨重，也就是驰名的"金门炮战"。

当时金门司令部为迎接"国防部长"俞大维[6]访视而召开的高层会议已散会，但包括抗日名将、"陆军副司令"吉星文[7]、"海军副司令"赵家骧、"空军副司令"章杰，因在"司令部"旁水上餐厅用餐，均遭炮火直击身亡。俞大维与金防部司令胡琏、参谋长刘明奎等人均遭炮击波及而受伤。

大陆方面炮火锁定精确，金门招待所几乎全毁。密集炮火威胁下，一部宣称携带重要公文的 PC 舰抵达金门，驻军等到舰上人员冒险登陆后才发觉，竟然是蒋经国携命代表蒋介石督阵，宣示国民党一定会与金门共存亡，在最激烈的 44 天炮战期间，蒋经国先后 9 次造访金门，更曾赴金门与守军共度中秋，同时冒着炮火，登上满是弹坑的小金门视察，成为战地传奇之一。

当时为预防战事全面爆发，"国府"重要军政机关立刻从台北市区迁往三峡、新店、乌来及大溪等地。至于美国也是态度强硬，除警告中共如欲夺取金门，美国将视为威胁举动。艾森豪威尔更紧急调派海空军增强台海巡防，包括停泊地中海的第六舰队半数舰只调往台海增援后，使美国兵力达到 15000人之多，艾森豪威尔并指示，在对蒋介石保密的情况下，如金门遭到严重威胁，并把战争带往台湾与澎湖时，美军除可能轰炸解放军基地，也要有动用核武的准备。[8]

金门被解放军炮火封锁了十天，国民党只能靠空

4. 虽然艾森豪威尔曾致函丘吉尔等人，说明美方不愿意为金马而与中共开战，但美国也无法迫使蒋介石退出金马，以免打击国民党军队士气，并危及美国防卫台湾地区目标。但事实上，当时美国的确数度要求蒋介石解决外岛问题，放弃在金马部署重兵，以寻求台海停火，杜勒斯更曾为此访问台湾地区，也未能获得蒋介石同意。其实早在20 世纪 50 年代初，首任来台的美军顾问团团长蔡斯就强力主张把外岛部队编整进台湾军事单位，但蒋介石戒慎恐惧，认为是美国分化手段，想借此把军政大权交给孙立人，因此很早就被打了回票。

5. 其实为加强金门防务，岛上军事设施均已地下化；同时 1958 年8 月初，除解放军大量向福建集中的信息，加上来自福建的大陆电台广播再三宣称"攻取金门马祖、武力解放台湾"，因此台湾"国防部"宣布台澎金马进入紧急备战，非战斗人员停止进出外岛；实施夜间灯光管制、戒严。时任陆军第 9 师师长、戍守第一线小金门的郝柏村日后回忆时也说，蒋介石早料定炮战会发生，所以 20 日巡视大小金门，就是要确定做好必要准备。

6. 俞大维（1897 年－1993 年），浙江绍兴人，美国哈佛大学哲学博士，知名学者，弹道学专家，曾任"国府交通部长"，1954 年出任"国防部长"，任内发生"八二三"炮战，1965 年初，因病辞职，由蒋经国接任，转任"总统府资政"，1993 年病逝台北。子俞扬和，娶蒋经国女儿蒋孝章为妻。

7. 吉星文（1908 年－1958 年8 月 23 日），河南周口扶沟人。曾参与西北军长城抗战立下战功。1937 年七七事变，指挥军队在卢沟桥开出对日抗战第一枪。1949年随部队撤退至台湾。1958 年晋升中将，任金门防卫副司令。"八二三"炮战遭解放军炮火击中，失血过多致死。

8. 当时艾森豪威尔批准尚未面世的"屠牛士"地对地飞弹进驻台湾地区，由于能搭载核弹头，因此威胁相当高，不过"八二三"炮战强度降低后，加上肯尼迪上台，随即将这批飞弹撤离台湾。

投补给，直到 9 月 3 日解放军才暂停炮击。蒋介石在这段时间内紧急向美告急，要求美方部署兵力防卫金马，并同意台湾空军轰炸中共海空基地与炮兵阵地，同时将新型武器移防前线。杜勒斯除在 9 月 4 日宣示保障金马安全与防卫台湾已有关联性后，美国第七舰队也自 9 月 7 日起，护航台湾海军运补金门料罗湾，但解放军随即重启炮火，在美方无意回击情况下，国民党部队只能靠美舰护航到金门外海，再让登陆艇航往滩头抢滩因应。

坚守金马不撤军，蒋介石演出反分裂剧

"八二三"炮战绝非单纯的军事战役，美国是否会协助蒋介石守住金马这两座反攻跳板，态度一直很暧昧，美国底牌到底是什么，毛、蒋都有高度兴趣。是以周恩来虽在炮战后抨击美国长年干涉中国内政，影响解放台澎金马，不但是严重挑衅，更是侵略中国领土的霸权展现，毛泽东却指示"只打蒋舰，不打美舰"，侦察美国的决心。周恩来更主动抛出愿与美国恢复大使级会谈的信息，让国民党戒慎恐惧。

至于美方则相当清楚蒋介石是把金马大批驻军当成了人质，借此要求美国正式表态，更质疑蒋介石其实在故作弱势，吸引美国全力投入。因此美方在操作上始终小心地避免和中共正面冲突，护航舰也停在距金门三海里外的公海；同时表明，除非有证据显示大陆方面打算攻占金马，美方只提供物资与后勤支援，不会军事介入。

蒋介石则借中共施加军事压力，迫使美国接受国民党坚守金马的事实，重申捍卫"中华民国"立场，同时扬言不排除把战线延伸到大陆沿海，蒋介石甚至对美国"驻台大使"庄莱德抱怨美方为何限制他的自卫行动，让他像个"傀儡"。不过在开打半个月内，美方已准备将 12 门八寸炮装入登陆艇，

◆ 1958 年 10 月，蒋经国随侍蒋介石视察金门，眺望大陆沿海情势。蒋介石披着巨大的风衣，夸张得像是武侠片中的隐居高手。但当他来到鹊山阵地时，这里已是树倒山崩，残垣废墟，满目疮痍。"反攻大陆"的雄心一如他逐渐衰老的年华，大势渐去。遥想撤退之前，蒋介石亲率陈诚、经国乘飞机视察金门，他在空中注目金门良久，问："你们看，金门像什么？"经国答："金门像个红黄色的大哑铃，横卧在厦门湾的大嘴巴里。"陈诚说："金门岛的形状像一根丢在地上的人骨头，两头大，中间小。"蒋介石说："金门是根刺。"当时金门既未驻兵，也无工事。蒋介石下决心固守金门，问蒋经国："谁守金门？"蒋经国说："汤恩伯吧。金门为金，汤司令官姓汤，加起来是'金汤'，固若金汤嘛。"后来李良荣的第二十二兵团代号即为"金汤"。

再将 3 艘登陆艇装入大型船坞登陆舰，按照这一方式抢滩，才让金门出现较猛烈回击炮火。

只是此时美国反战声浪已起，不少人质疑艾森豪威尔鹰派作风，质疑护卫金马可能酿成第三次世界大战，主张划峡而治，金马改交联合国托管。最让蒋介石忧心的是，为化解战争危机，美国恢复与中共大使级会谈，中共驻波兰大使王炳南提出要求美军撤出台海在内的五点声明；只是美方评估后认为无法接受。甚至艾森豪威尔也说，"美国不会被武力赶出该区域，自由世界保持控制台湾是必要的"。

只是原先同意金马与保卫台湾存在关联性的艾森豪威尔，也不愿再为金马这两座小岛背书，甚而要求蒋介石应主动把金马部队撤出。杜勒斯在美谈话时甚至暗示，美国之前就强调金马驻防是不智之举，同时依"共同防御条约"，美方并没有防卫金马义务。

此说法被外界视为美国政策明显改变，甚至被解读为正式分裂台湾与大陆，制造"两个中国"，因此一时成为争议焦点。不但毛泽东公开反对，蒋介石也再度举办记者会坚决反对，他强调，"金门战争乃保卫战，战至最后一滴血，亦不放弃寸土尺地"，并称国民党"并无接受美国建议的义务"。他甚至在 10 月 1 日接受美联社访问时强调，即使"战到最后一人，流到最后一滴血，也决不放弃金门群岛的尺土寸地"。

事实上，根据陶涵《蒋经国传》的说法，"八二三"炮战前，毛泽东即通过曹聚仁释放金门即将炮战消息；在金门炮战最激烈时刻，蒋介石也由蒋经国通过香港渠道传话给周恩来，如果解放军再不停止炮击，他将不得不听美国人的——撤出金马，时间一拖久，中国就有分裂之虞。

是以此时中共高层决定更弦易张，主张两岸都反对"两个中国"，"金马留在蒋介石手中也有好处"，借此扩大美蒋矛盾，不让美国脱身，作为对付美国人的手段，所以决定将暂时停止炮击。停火前，周恩来在京密会曹聚仁，托他传递将停火七天讯息，曹聚仁因此分函蒋经国、黄少谷和俞大维，并重提和谈建议。

当年 10 月 5 日，中共宣布"基于人道立场，对金门停止炮击七天"，开放自由运补，随后又宣布停止炮轰两周。10月6日，中共并发布毛泽东以国防部长彭德怀名义撰写的《告台湾同胞书》，强调两岸都是中国人，反对两个中国，同时三十六计，和为上计。据说10月13日，毛泽东再见曹聚仁，更强调"只要蒋氏父子能抵制美国，我们可以和他合作。我们赞成蒋介石保住金门、马祖的方针。如蒋撤退金、马，大势已去，人心动摇，很可能垮。只要不同美国搞在一起，台湾、澎湖、金门、马祖都可由蒋管，不论多少年"。

虽然蒋介石坚持"不撤退、不姑息"，金马问题"寸土不让"。但美国舆论纷纷批判艾森豪威尔好战，加上美国一直担心被蒋介石拖下水，因此决心清理战场，不顾台湾当局反对，径行停止第七舰队护航，并力推金马撤军论，同时通过"驻美大使"叶公超[9]等人游说蒋介石，但仍不见成效。

蒋介石为了不让美国脱离战场，不断经过各种渠道提醒，大陆方面停火只是谈谈打打的策略，目的在分化台美，同时美方如有正面回应，将在台湾民间制造美中同意谈判印象，不利于台湾士气凝聚。但美国已决心下猛药，国务卿杜勒斯决定10月21日自罗马搭美国军机经北极访问台湾地区，就是希望通过保住联合国席次等压力，说服蒋介石放弃金马驻军。

杜勒斯主要论点就是大陆方面军事压力已非迫切问题，最大危险是中共政治攻势问题。当时美国军方跟国务院并达成共识，认为蒋介石起码要从金门撤走三分之二的部队。没想到毛泽东在杜勒斯来台途中，借口美舰护航，于10月20日宣布恢复对金门沙滩炮击，两小时内发射11000发炮弹，让杜勒斯抵台前尴尬地承认此行目的已完全改变，蒋介石与杜勒斯正是在这种诡异气氛下，于士林官邸展开会晤。

9. 叶公超（1904年10月20日-1981年11月20日），原名崇智，字公超，广东番禺人。1920年留美，后赴英，毕业于剑桥文学系。1926年秋，在北大、北师大教授西洋文学。1941年到重庆外交部任职。1950年任"外交部长"，参与1952年"中日和约"与1954年"中美共同防御条约"的签订。1958年任"驻美大使"，与蒋介石在蒙古入联问题上看法不同，加上在美批蒋言论遭告密，1961年返台"述职"时突遭留置，同年去职。1981年在台北逝世。

美方施压蒋介石放弃光凭武力反攻剧

　　双方第一次会面仅有叶公超在场翻译。为避免杜勒斯此行有碍蒋介石的面子，"国府"刻意把杜勒斯来访塑造成美方对台湾当局的支持，隐瞒美国迫使蒋介石配合的不光采；叶公超并多次代蒋介石传话，要求杜勒斯起码在来访后的两周内不要公开谈裁减部队数量等问题。

　　杜勒斯在会晤中先提醒，美方担心金门与对岸过于靠近，任一方蓄意挑衅，将酿成世界大战，以致艾森豪威尔的密友几乎都不赞成美国协防外岛。他开门见山地以台湾当局在联合国等国际地位为由，提醒保留外岛如造成有碍和平因素，对台湾当局并无助益，希望蒋介石就外岛问题作一和平意愿表示，厘清外界疑虑。

　　蒋介石则强调他并无意借此挑起世界大战或把美国拖下水，甚至就是因为担心轰炸机场或炮兵阵地会引发国际疑虑，所以严饬所属暂不得采取任何报复行动。反倒是美国对他"根本缺乏信任"，多方牵制。他也指出，如果坐视大陆方面谈谈打打而没有行动，可能将拖垮台湾士气。

　　隔天上午双方改在"总统府"进行第二轮会谈，"副总统"陈诚、"总统府秘书长"张群、"外交部长"黄少谷、"国防部长"俞大维均与会。但杜勒斯劈头丢出一份令人尴尬的书面声明，指责蒋介石黩武好战，同时无意停止内战的挑衅做法很容易引发世界大战，他并要求蒋介石为防止被消灭，就应该表明不主动用武力打回大陆，避免突袭等挑衅行动，同时推动金马裁军，并放弃外岛作为内战或反攻跳板等构想。他甚至提醒，如外界质疑蒋介石有意引发大战，极可能若干国家将撤销对"中华民国"的承认，转而承认中共政权。

　　蒋介石第一时间仅表示保留意见，同时表示，"不会在任何情况下牺牲革命之原则"，但黄少谷会后则立刻向美"驻台大使"庄莱德抗议，认为杜勒斯

◆金门炮战期间，蒋经国（右二背对者）来到金门巡视，展现身先士卒的政治姿态

作为蒋介石最放心的驻守，蒋经国在"金门炮战"前后奉命视察金门达 123 次之多。这里遍布他的足迹，蒋经国视察防务、鼓励士气，太武山内还建有他简单的起居室。在金门人的心中，蒋经国塑造了受敬重的形象，1989 年，蒋经国逝世次年，金门修建了他的纪念馆。遗憾的是，蒋经国去世前，虽解除了台湾本岛的"戒严"，但金门仍是军事管制区。（上图）

◆蒋经国乘小舟到马祖闽江口巡视防务

抵台之后的蒋介石，对"反攻大陆"念念不忘，从未停止过规划派遣部队协助作战。自 1955 年起，蒋介石展开更具体的反攻计划，初期锁定福建与广东登陆作战，研究以金马为阵地，于厦门与福州两地登陆进行自主反攻。蒋经国替父多次往返于台湾与马祖之间巡视。（下图）

◆蒋介石、蒋经国父子参观美国"勇往"号航空母舰。美国第七舰队在台湾海峡出现，搅动两岸对峙，也成为蒋氏父子内心重要的心理保证。故蒋氏父子对此极为重视。但他们没有料到，第七舰队的出现，使他们与祖国大陆越来越远。

此举形同要蒋介石接受"两个中国",让两岸分离现状永久化,势必动摇国本。认为美国要他向中共"投降"的蒋介石要叶公超转告杜勒斯,美国认为自己手上握有一张可以遗弃"中华民国"的王牌,但他宁可放弃联合国的席位,也要保留大陆同胞对他的信心。

晚间蒋、杜在官邸开始第三轮会谈,双方即撕破脸。杜勒斯听到蒋介石提及主动攻击大陆方面炮阵地的构想,直言正如大陆方面炮火并未对金门阵地造成毁性破坏,美国军方也无人相信蒋介石能用传统武力消灭大陆方面炮火,他反问,蒋介石是否要美国发动核子战争?

被杜勒斯抢白的蒋介石,转而提议美国可考虑提供小规模、威力较低的战术性核子武器,但杜勒斯立即强调,没有蒋介石期待威力低于广岛爆炸而又能在金门使用的核武器,任何战术性武器势必杀伤百万人。杜勒斯甚至说,此举除人员大量死亡、原子尘扩散,如同广岛长崎事件重演,也将导致苏联以原子弹报复,到时台湾地区也全毁了。[10]

蒋介石随即改口,正如他首度与杜勒斯会谈强调,"国府"无意引发世界大战,所以动用核武器如将掀起世界大战,他不希望使用,但希望美方拟订防御外岛的长期计划,或授权台湾空军轰炸大陆方面交通与补给线。

双方针锋相对延伸到最后一天上午 11 点"联合公报"内容商议上,地点还是在官邸一楼会客厅举行,蒋介石邀杜勒斯赴二楼书房做最后敲定,在场仅有宋美龄,并由叶公超翻译。会谈中,重申没有意愿对中国人民动用核武器的蒋介石,虽辩称金马不保,台湾地区也将失守,杜勒斯却说了重话,批评蒋介石是把台湾命运维系在金马这些蕞尔小岛上。

强大压力下,美国迫使蒋介石同意在缩减金马驻军上让步,同时承诺对大陆行动由军事性质转变为强调政治,美方则以供台武器性能改进作为交换。但由于蒋介石强调炮战关头讨论减军会造成不良影响,因此会后签订"中美联合公报"仅重申双方团结一致,美方也同意基于防卫密切关联,依条例保卫台澎金马,并未把金马裁军写入"公报"。

只是"公报"第六条内容却意外引发新争议。首

10. 其实早在 1954 年台海发生一江山、大陈岛攻防战时,美方内部即初步触及是否使用原子弹对付中国问题,但意见不一,蒋介石听到美国军方有意使用原子武器的想法,仍提醒此举大不利民心,非到万不得已,绝不能使用。杜勒斯来台,核武器成为会谈议题之一。

先，条文强调"美国政府承认'中华民国'是'自由中国'的真正代言人"，似暗示"中华民国"只是"自由中国"，也就是台湾地区代言人，而非全中国代言人。此其一。[11]

其次，更关键的问题在于原本杜勒斯带来的"联合公报"，第六条强调"'中华民国'本身将永不为重建中国大陆上之权力而发动战争"。但蒋介石审阅后觉得不妥，因此把第六条全数删去并要求改写，共识条文改为，"'中华民国政府'认为恢复大陆人民自由乃其神圣使命，并相信此一使命之基础，建立在中国人民之人心，而达成此一使命之主要途径，为实现孙中山先生之三民主义，而非凭借武力"。

由于此条似暗示蒋介石已同意放弃武力反攻，与国民党基本国策差异太大，沈剑虹等人见到"联合公报"后，通过黄少谷紧急递字条到二楼书房，要求叶公超反映，此句似暗示蒋介石同意放弃武力条款，"光复大陆"决心已变，影响甚大，宜审慎为之。

但蒋介石与宋美龄当场对"联合声明"未有任何改动。不过蒋介石事后紧急召见叶公超，解释"联合公报"强调"光复大陆的政治基础"别具重要性，但非承诺放弃武力，更未提及任何放弃武力"反攻大陆"的说法，希望他对外澄清。但事态发展明显，美方系通过公报同意协防台湾地区，但反对蒋介石以登陆、空袭等方式反攻，或武力封锁福、厦，美方甚至提醒叶公超，他的对外澄清不可被解释为否定"联合公报"。

自此两岸关系进入全新阶段。10月25日，中共发布毛泽东以国防部长彭德怀名义撰写的《再告台湾同胞书》，并宣布"双日停火"，以利国民党长期固守；也就是在两岸都有维护中国既有领土主权完整前提下，将原先逐步攻占沿海岛屿，继而解放台湾的战略，修改为台澎金马问题须一缆子解决的新方针。

至于"国府"金马驻军也在美方要求下逐步减少，蒋介石随后并在"光复大陆设计委员会"上承诺，"反攻大陆转由主义为主，武力为从"，暂时化解了美方的疑虑。相对地，中国的主动出击也让中苏间裂缝持

11. 英文版条文中，所谓"自由中国"的代言人，用的是"FreeChina"，似有专门指涉"中华民国"的意涵，国民党认为暗示"中华民国"已不代表全中国，凸显有"两个中国"，因此紧急和美国磋商，把条文改成小写的"freeChina"，凸显代表的是"自由的中国"，才降低了争议。

◆蒋经国与黄杰巡视金门（摄于 1960 年初）
黄杰自 1958 年起任"警备总司令"，蒋经国任"行政院政务委员"，主持"退委会"。照片中的蒋经国身着军装，黄杰则穿着西装，两人乘着当地特有的交通工具，把金门的各处都看了一遍。私交甚笃的二人在金门巡查期间做了很多功课，博得民众青睐。

续扩大，影响国际情势甚巨。此后台海危机便在打打停停情况下，逐渐冷却，两岸也私下陆续展开寻求和平解决争端的尝试。

蒋经国固定入住203号房，李光耀、邓丽君等都曾在此下榻

至于蒋经国在金门则住过不少地方，但都是为战务巡视而来，加上长年炮战，因此居住条件并不讲究，除停留短暂或靠停泊船只中转外，多选在隐蔽性高而安全的地方投宿。蒋介石常停留的石室，也是蒋经国在金门期间固定入住的房舍。因为长时间在战时前往金马与当地军民共患难，蒋经国在战地声望相当高，为他累积了深厚的群众支持基础。国民党甚至统计，蒋经国一生共去了金门123次。

位于金湖镇太湖游憩区旁的慰庐，为蒋经国曾住过的另一处闽式建筑行馆。当地原名"西洪"，相传为明朝洪氏望族故居，因名儒辈出，朱熹亦曾到此讲学，曾有"人丁不及百，京官三十六"之美誉。但因明末清初时树木被大量砍伐造船，无法抵挡风沙侵袭，导致房舍陆续毁损，仅存明代国子监洪受一栋故居，也已荒废在沙砾之间。

1967年，蒋经国造访金门，他指示，把这栋尚存的故居从风沙中挖掘出来重新整修，命名为"慰庐"，同时修建"思亲亭"，以备蒋介石视察时休憩使用。由于园区四周古榕盘天，蒋经国将当地命名为"榕园"。不过身体日衰的蒋介石未在慰庐驻留。倒是当地随着金门战地逐渐开放，目前已是知名的景区，"八二三"战史馆也在附近。

蒋经国在金门的又一处住所，则是一度废弃的金门迎宾馆，位于太武山东麓、金湖镇西北郊区树林内，兴建于1978年，占地面积19200平方米，建地600平方米，主要提供国外贵宾与高级将领金门视察住宿，素有"坑道旅馆"

之称。其中蒋经国固定入住 203 号房；包括新加坡前总理李光耀、著名艺人邓丽君、白嘉莉等都曾在此下榻。2000 年，迎宾馆由军人之友社移拨金门公园管理处保存维护。

检阅部队行馆凸显便利性

至于视察检阅军队几乎是蒋介石定期必定执行的重要行程，也因此随着检阅部队的不同，他也会选择适当的行馆休憩。例如同样在最前线的马祖，也在清水胜利水库旁山腰上的胜利山庄设有蒋介石专属房舍。

胜利山庄位于坚硬花岗岩的山壁坑道中，专门用来接待贵宾，"总统套房"位于军官寝室旁，但空间并不大，中间用木橱区隔成卧房及会客室，卧室有张大书桌及红木椅。由于湿气重，每间房间都会开风扇除湿。"两蒋"均时常造访此处，山庄墙壁上还有蒋经国的浮雕。

胜利山庄除客房外，还设有餐厅、展示厅，是贵宾与官兵聚餐的首选地点。包括陈水扁与马英九都曾在胜利山庄与官兵一同用餐，并发表重要谈话。目前胜利山庄坑道由军方看管，不对外开放，但每年连江县举办"战地体验"活动，均会商请军方定时开放游客进入参观。

另如新竹县湖口装甲部队内据说也设有蒋介石行馆，虽然只是简单平房，只有卧室、会议室与办公室三个房间，陈设单纯简陋，迄今仍未开放。其他如高雄凤山"陆军官校"也设有"总统行馆"，位于军校黄埔湖旁，便利检阅部队，所以"两蒋"都常入住，陈水扁担任"总统"期间也住过一次。反倒是李登辉因为不喜军校环境，所以从未使用过。

高雄林园乡一处基地中也有一座蒋介石行馆，已有近 50 年历史，行馆旁还有一处防空洞，可供战事指挥坐镇。蒋介石去世后，行馆已陆续修建餐厅等设施供贵宾使用。加上地方不断争取，因此部队已经将行馆及旁边的林泉池改建为文史馆，希望提供新的假日观光资源。

台中协园：与蒋介石仳离的姚冶诚来台驻地

诸多与部队关联较强的蒋介石行馆中，位于台中市的协园算是一个特例。1949 年后，与蒋介石仳离的姚冶诚来台时先与蒋纬国在桃园眷区同住，之后蒋纬国在台中宜宁中学旁另盖房舍，姚冶诚也搬到台中宜宁中学宿舍内，与力行小学正对面的协园颇为靠近，约 2000 米。

协园本是军队招待所，超过 50 年历史，面积约 4000 平方米，坐落在台中市进化路与力行路口，有房屋 13 栋，大型建筑 3 栋，由于属于军事基地，因此戒备森严。不少绿营人士质疑，蒋介石在此停留是为探望姚冶诚。不过蒋纬国则说，蒋介石与宋美龄结婚后，的确就断了与姚冶诚的联系，全靠他当中传话，姚冶诚也专心念佛，直到 1966 年，姚冶诚因中风跌倒，以致不治，下葬在台中大坑为止。

蒋介石去世后，协园交还军队作为联络站，并于 1975 年重新修建，以作军事演习、讲习与会议之用，但平常闲置。由于位于精华区，甚至一度传出军方想要卖地变现，引发民间反弹。之后军方才移拨台中市政府管理，并对外开放，供民众假日休憩与活动使用。

大溪行馆

蒋介石与张学良
重遇之谜

大溪行馆位于桃园县大溪镇东南方大溪公园（中正公园）内，坐落于中正公园南端、大溪老街西侧，背面是大汉溪河谷。原用途为大溪公会堂，今日则是大溪蒋介石纪念馆与艺文中心。

　　此处是当年蒋介石与宋美龄经常逗留之地。据闻从行馆后方凉亭志清亭远望大溪著名的崁津景观，与蒋介石故乡奉化溪口妙高台颇为类似，让饱受挫折流离之苦的蒋介石回忆起家乡温暖，因此蒋经国曾说，大溪行馆是蒋介石生前最喜爱的地方。

　　蒋介石不时借着大溪复制家乡感觉，大溪行馆也成了他离开台北时暂歇或料理政务的重要去处。1958年，蒋介石还在蒋经国安排下，于大溪行馆首度在台接见了遭他软禁已久的少帅张学良，两人多年后再度相见，已物换星移，不胜唏嘘。

◆大溪行馆正房
大溪行馆最早称为"公会堂",位于桃园县大溪镇东南方,坐落在大溪中正公园与大溪武德殿之间,是为独立的园区,面积约有4020平方米。公会堂原建于1921年,改建于1932年,建筑本体充满英国安妮女王样式的"辰野式"风格。所谓"辰野式"风格,来源于日本第一代建筑师辰野金吾。他所设计的建筑中,红砖与灰白色系饰带为独树一帜的标志,因他的学生来台发展者相当多,因此日据时期台湾的建筑中,"辰野式"是一大典型。

◆大溪景色

1949年，败走台湾的蒋介石结束西子湾
停留行程，在辗转北上的过程中停留于桃
园大溪，这里酷似家乡奉化溪口无限清幽
的景色，让蒋介石万分感慨，虽未作久留，
却念念不忘。碧空之下是潺潺溪水，气候
清爽宜人，倘若现在身处家乡而不是桃园，
享受的是天伦而不是此刻匆匆南下的仓
皇，那将是怎样一份惬意。

『台湾十二胜景』，景致宛如奉化

大溪，古名"大姑陷"，源自平埔族凯达格兰人霄里社等台湾少数民族对大汉溪、大水的称呼。境内群山耸立，东南有角板山、水流东山，北有鸟尖山、插天山，西临八德、龙潭台地，并有大汉溪南北贯流，多年侵蚀让河的东岸形成了一列悬崖，高约 50 米，蒋介石行馆正是位于崖边南北狭长、向西突出的台地上，居高临下，视野辽阔。

清代雍正年间，大溪开始有汉族移民入垦，建立街肆；道光年间，林本源家族为避漳泉械斗之祸，移居至大溪，招募垦民。刘铭传任台湾巡抚后，于光绪十三年（1887），在大溪设置全台抚垦总局，以"大料崁"名之，直到日据时期废厅设州，才正式改名"大溪郡"。

大溪今日的老街景色，源自大料崁在英法战争后被英国列入淡水港范围，成为淡水河系内河航运最上游河港，也是台湾地区最早期通商口岸之一，许多洋行均设点从事茶叶、樟脑买卖。当年各商船均停泊在大溪崖边供货物集散，俗称"崁津"，伫立崖缘即可俯瞰大溪古吊翁桥四周风帆云集，而以"崁津归帆"列入"台湾十二名胜"。

日据时期，殖民政府于 1912 年开辟大溪公园，成为全台最早的公园之一，日本人除了于 1932 年在公园南端兴建"公会堂"，由三座单栋建筑组成，提供地方集会典礼使用外 [1]，并在园内新建了大溪神社。1945 年日本战败，大批日本象征性建筑，如全台各地日本神社等陆续被破坏捣毁，大溪神社也不例外，不但被铲除，正殿础石旧址还盖上一座三层楼高的超然亭；公会堂则被保留下来，但改名为"大溪中山堂"，也因缘际会地被陈诚列在蒋介石行馆名单之上。

1. 大溪地区最早兴建的公会堂，于 1921 年设于邻近公园旁的普济路街区，1923 年 4 月 25 日，日本裕仁皇太子"御使差遣"（侍从官）前往角板山巡视时，也是以大溪公会堂作为中午进餐与休憩场所，不过之后则被新建成的大溪行馆所取代。

1949 年 6 月 21 日，蒋介石结束西子湾行馆停留行程，转赴冈山搭机北上，再乘车赶往桃园大溪行馆留宿。当他看到溪口酷似家乡的清幽景色，百感交集，虽只停留几天，却念念不忘。他召见当溪中学校长傅纬武时就曾说，"这是我的第二故乡，大溪中学就等于武岭学校"。就连蒋经国也说，大溪山水很像溪口，气候特别凉爽。

不过在大溪行馆停留没多久，蒋介石就因为要稳住菲律宾，同时推销"反共民主阵线"构想而准备出访并会见菲律宾总统季里诺，为不失礼仪，极少穿西服的蒋介石甚至从台北请来一位老师傅，在大溪行馆连夜缝制了一套出访时穿着的全新西装，这是蒋介石晚年少见着西服的正式场合，更是蒋介石来台后的第一套西装，目前保留在大溪行馆。

紧接着，为召开东南整军会议，蒋介石结束大溪行馆的短暂停留，于 6 月 24 日上午 9 点抵达台北，入驻草山宾馆，并宣布成立"东南军政长官公署"，之后蒋介石即搭机出访，展开另一段挽救败局而奔波的仓皇岁月。

蒋介石思乡之处

幽静的大溪公园与行馆只有一墙之隔，经过花木扶疏的绿荫小径，就是一个长方形的公会堂，采砖造一楼洋房样式，室内 9 米宽、18 米长，近 230 平方米空间，大门以红砖和白石相间砌成，外观简单扼要，前方留有走廊。建筑本体大致源自英国安妮女王样式的"辰野式"风格。

1949 年之后，蒋介石每到大溪公园突出崖边远眺，都要停留个半个多小时，当地人因此取名为"小妙高"，除加设栏杆，崖边更种了四株高约十米的劲柏。站在"小妙高"上，眺望角板山烟云缥缈，石门有如巨斧劈山，大汉溪溪水潺潺，的确很有几分溪口、剡溪的味道。另外为维护"驻跸"安全，除大溪公会堂列入管制，四周高墙围绕外，更有一支宪兵队在附近数十米外长年驻扎，以策安全²。

喜好散步的蒋介石与附近民众仍偶有互动，甚至和正在公园里玩耍的小朋友问问话。据说蒋介石多半从行馆旁小路走入公园，并在公园西半部漫步，或于"小妙高"憩息后，沿园内约100米小径，自正门出，走过兼具巴洛克与闽南风味的中山老街，散步回行馆，有时也会沿着大溪公园走进沿途椰林夹道的和平老街。地方也盛传，蒋介石对大溪乌豆干颇为欣赏，还会请侍卫长前去购买。

蒋经国则是在大溪结交了许多民间友人，他也曾在文章中点名"黄日香"豆干，因此使其声誉远播。

由于蒋介石对此地景色情有独钟，国民党于1950年，在公会堂西南侧原本公会堂寝室与厨房等设施用地，另建起一栋砖造平房样式的新屋，外观为白墙蓝窗，可作为起居宿泊之用，也就是目前园区内所能看到蒋宋生活起居的空间。

这栋主要作为蒋宋住所的平房，面积约236平方米。行馆内摆设则维持蒋氏官邸一贯的朴实风格，馆中家具、布置，力求简单朴素，包括桌椅、书桌和床铺等，都是市面可买到的廉价合板制品。共设有会客室、餐厅、厨房、卧室及书房等房间，不过每个房间都设有大理石壁炉。

自蒋介石入住后，长达20多年，行馆老旧房舍并未做任何更张。行馆经厅房穿过L形走廊，依次是蒋介石和宋美龄各自的卧房、盥洗间和书房，卧室中有两张小桌子，其中一张是扇形的桌面；书房里有一桌一椅，桌上固定摆有蒲扇与电话。

行馆西南方临大汉溪高崖上，早在日据时期即辟建一座以钢筋混凝土为原料、以洗石子工法施作的六角凉亭，过去是大溪文人雅士聚会所在。蒋介石在行馆驻留时，时常步行到此，在躺椅上眺望北横山峦起伏、大汉溪蜿蜒曲折，怀念家乡景色。尤其当年石门水库尚未完工，流经大溪的大汉溪水势汹汹，崖边可听见涛声隆隆。此亭至今仍维持日据时期风貌，不过以蒋介石幼时学名命名为"志清亭"。

2. 武德殿是日式古迹建筑，日据时代为表彰日本武士道精神而兴建。战后原址被完整保存下来，并提供宪兵驻扎使用。整个大溪神社遗址也于1953年正式更名为"中正公园"。

伏首一年，蒋介石全力创作《苏俄在中国》

20 世纪 50 年代两岸冲突不断，为避免台北因空降突击而遭解放军斩首，大溪行馆即为蒋介石临时指挥中心之一。"八二三"炮战后隔日，蒋介石就是在大溪行馆紧急召见负伤从金门辗转返台的俞大维与陈诚、"美国大使"庄莱德等人，宣示保卫金、马的决心。他也曾在此举行军事紧急会议。

不过已年逾花甲的蒋介石之所以落脚大溪、角板山等地，另一层意义是因为这儿地点清幽，适合阅读写作。蒋介石为宣传"反共"必要性的大篇幅著作《苏俄在中国》，就是于 1950 年中期在大溪、角板山、涵碧楼等他钟情的几个行馆陆续写成。

当时朝鲜战争已过，但美国表态无意捍卫金、马，甚至打出"两个中国"方案，让蒋介石戒慎恐惧。加上赫鲁晓夫积极向国际推销"和平共存"口号，也让依赖"冷战"对决情势维系命脉的蒋介石深感须有所动作，避免美国再度牺牲台湾地区利益。因此他带着文胆陶希圣[3]对文稿反复推敲，希望借 30 年来与苏俄相处、交手经验，希望美国认清与共产主义阵营妥协的错误，并加强对台军援，协助他的"反攻大业"。

这本原名为《和平共存》的文稿，正是蒋介石争取"反共阵线"的总论述，蒋介石的秘书楚崧秋也说，蒋介石此举也有纪念自己 70 寿辰与宋美龄结婚 30 周年的用意，因此英文版名称即为《七十自述》。

1955 年 11 月，蒋介石开始撰文，陶希圣准备的初稿原本只有 4 万字，但蒋介石陆续征询张群[4]、黄

3. 陶希圣（1899 年－1988 年 6 月 27 日），湖北黄冈人。抗战前曾任北大教授，1938 年 12 月随汪精卫出走河内。1939 年 8 月，赴上海参加汪日谈判，1940 年 1 月与高宗武脱离汪组织，在香港联名揭发"汪日密约"。1942 年初逃离香港，回归重庆，任蒋介石侍从室第二处第五组组长。1949 年，随蒋赴台，继陈布雷之后，长期担任蒋介石文胆。1988 年在台北逝世，享年 90 岁。

4. 张群（1889 年 5 月－1990 年 12 月 14 日），字岳军，四川华阳人，1908 年赴日本就读于振武学堂，曾参与辛亥革命、二次革命。1935 年任国民政府外交部长；历任中央政治会议秘书长，行政院副院长、四川省政府主席等职。抗战胜利后作为国民党代表参与国共谈判。1947 年 4 月到 1948 年 5 月任行政院长；来台后长期担任"总统府秘书长"至 1972 年，1990 年病逝于台北。

◆据称,《苏俄在中国》作者为蒋中正,实为其心腹陶希圣等人,初稿仅 4 万余字,蒋介石读之而欲罢不能,一再促其增长篇幅,最终形成此大部头。但另有蒋介石的秘书楚崧秋表示:"蒋介石曾以一年半的时间完成此书,他所花的精力和时间,几乎到了废寝忘食的地步。一篇原约五六万字的文章,经过蒋介石不断地增补、修改,到定稿出书,竟成为多达20 万字的巨著,一字一句,无不是蒋介石心血的结晶。(上图)

◆ 1957 年 6 月 22 日,蒋介石新著《苏俄在中国》成书。这本原名为《和平共存》的文稿,正是蒋介石争取"反共阵线"的总论述。蒋介石的秘书楚崧秋也说,蒋介石此举也有纪念自己 70 岁寿辰与宋美龄结婚 30 周年的用意,因此英文版名称即为《七十自述》。(下图)

歲月如矢 革命未成 今年已是我七十初度 今日又是我夫婦結婚三十年紀念 我夫婦於此共同檢討已往之工作其間最感惶恐而不能安於心者就是對我二任先慈報國救民之遺訓未能實現其一二 迄今大陸況淪 收復

◆大溪行馆书房

行馆内书房陈列简单，而无处不表现出蒋介石对故乡与大陆的缱绻情深。开放的行馆陈列基本保持蒋介石生前居住时的模样，四方桌两侧上摆放着国民党旗、蒋介石铜像和他喜爱的花卉，墙壁上则悬挂着蒋介石游览山川时留下的佳影。这张照片在蒋介石晚年生涯中频繁出现，是他思乡情深，有志"反攻"的代表性照片。

少谷、张其昀、罗家伦等故旧意见，加上叶公超、前"驻苏与联合国大使"蒋廷黼的资料，又陆续将长约数万字史料融入文稿中，约1956年底才正式定稿，竟扩充到20万字。

蒋介石在两年时间内废寝忘食，几乎无一日不自己用毛笔修正校阅。由于涉及许多失去江山的曲折与内情，困在孤岛的蒋介石仔细思量起来，甚至忍不住自陈，"不禁愧悔交集，刺激之烈为近年批阅文件所未有者也，几乎夜不成眠"。因为求好心切，很多段落都由他自己操刀并一改再改，勾来勾去，到幕僚所誊十行纸草稿更改到无地可改，让蒋介石抱怨不已。

楚崧秋还曾指出，当时蒋介石几乎离不开书桌，不但作息受影响，让宋美龄相当忧心，连去行馆休假都对书稿念念不忘，更曾晕倒在书桌前，完全失却知觉而倒地，静眠约五分钟才渐苏醒。蒋介石除提醒自己在早课时多运动，少用脑、用眼，也曾在日记中提到，到最后审稿时，"右眼角视线又散摇（而非散光）不息，几乎迷雾不清，不能看书"。

为使外国人更清楚英译本内涵，1957年1月间，蒋介石突有灵感，要把原拟书名"和平共存""中俄三十年经历纪要"或"中苏和平共存经历"，直接改为"苏俄与中国"，与陶希圣讨论后，才确定为《苏俄在中国》，并由宋美龄指导蒋介石英文秘书沈剑虹逐章翻译成英文。

《苏俄在中国》出版后，靠着1957年在美国《前锋论坛报》等媒体连载而引发瞩目，甚至被蒋经国称为"反共十字军的经典"，并在台湾掀起一股学习与盗版热，当时台湾空军机群还飞往广东、广西、云南及海南岛，空投了数千册这本书。只是蒋介石已不复当年的蒋委员长，这本书的实质回响并不大，美国政坛更冷漠以对。倒是叶公超看过如此巨幅著作后，曾劝说蒋介石预拟一篇较短文稿，以符合国内外媒体需要，却被蒋介石狠批一顿，"只知迎合他人心理，而不敢主动发表其本身主张，此乃投机之记者一般心理"，"殊为可笑"。

《苏俄在中国》出版后没有引起美国的兴趣，加上美国又对蒋介石的反攻大计抱持冷漠拖延态度，让蒋介石颇为不悦，甚至一度赌气地在日记上说，既然他的"反共"总论述已经问世，"如半年内美国对我'反攻大陆'战略再不表示其意见，则我当对其表示消极失望，将于明春辞去现职，交'副总统'依法继任，引咎辞职，以既不愿违反'中美协定'自动反攻，又不愿违反民意永久孤守台湾，有愧职责，无以慰人民拯救之望，故反攻无期，实无法靦颜居住，否则将徒为个人权位计也。"

不过隔了几天，蒋介石又在日记上反省，"近日心神为急谋反攻，援助大陆'反共'形势，故对美国政策企求其从速改变与积极推动之心理亦益迫切，其实此为代天主张，无济于事，今后惟有尽我心力，策动一切可能可行之事，但不能强求速效，徒劳无功，致失所望，须知谋事在人、成事在天耳。"

求战不成，又遭人冷眼以对，或许这是蒋介石在热衷著述《苏俄在中国》时所无法想象的窘境。更足以彰显蒋介石在 20 世纪 50 年代中期，外表看似与美国艾森豪威尔政权相知相惜，却被美国牵制在孤岛上的无奈与尴尬。倒是这本书促成了一次意外善举，当年蒋介石邀请胡适来台出任"中研院院长"，胡适所住"官舍"不是用公款兴建，而是由蒋介石拨出《苏俄在中国》版税为胡适建屋。胡适去世后，他的故居产权因此未被"中央研究院"或其他单位收回，反而促成了胡适纪念馆的设立。

海角再聚，蒋介石与少帅张学良不胜唏嘘

《苏俄在中国》的写作，也意外让大溪行馆再次跃上政治舞台，原来蒋介石自觉对西安事变不够了解，为尽善尽美，更具权威性，通过渠道嘱咐被软禁日久的张学良把西安事变的内情写出来。这番心思也意外促成了少帅与蒋介石在大溪行馆的会面。

自 1946 年 11 月 2 日被国民党押运来台后，张学良随即被幽禁在新竹五峰乡清泉村山区的井上温泉，前后一住 11 年，山间寂寥，特务严密监控，及"二二八"事件冲击，都让张学良颇为无奈[5]。监控张学良的刘乙光甚至曾传递

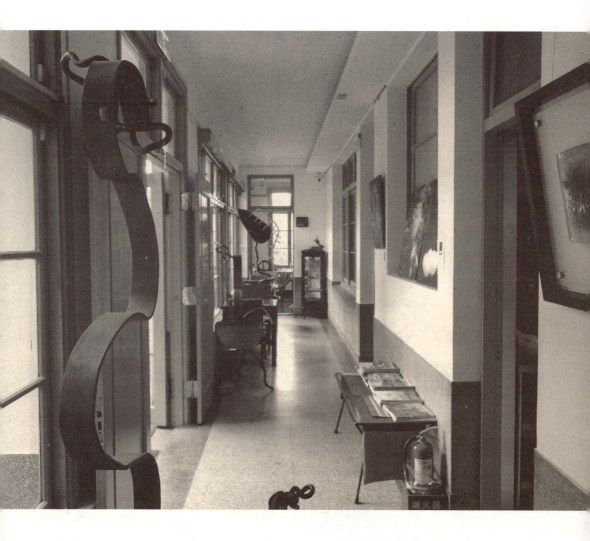

◆ 内观
大溪蒋介石行馆在日据时代是公会堂的厨房与寝室，20 世纪 50 年代改建成砖造平房，无论从外观还是内观上看，都相当朴素，蓝窗白墙，与公会堂风格迥异。1975 年蒋介石去世，在蒋经国的推动下改造成为蒋介石纪念馆，开放民众参观。馆内四处摆放着绘画作品，有浓浓的艺术气息。

◆宋美龄和蒋介石一起打开收到的生日礼物。这个像卡通鸭子造型的摆设，其憨态可掬的样子，也逗乐了寿星宋美龄。生日之际收到众多礼物自然不在话下。宋美龄喜爱收藏古董字画，大多是源自国民党内高官及眷属相送。在宋美龄迁美之后，亦有数次往返于台美之间，主要是运送自己的私人物品。这些珍宝玉玩、古董字画、珍贵首饰等，也构成了宋美龄神秘传奇的一部分。

蒋介石指示，严令张学良不得收听大陆广播；蒋介石更曾对刘乙光说："他还不悔过？'国家'到今天这样都是他害的，他早该死了，多少人要杀他知道不？"

直到 1956 年 12 月，蒋介石要求张学良提供自述作为参考，张学良连上三次函件说明西安事变过程，1957 年中，蒋经国更将张学良函件并成一篇文章，且略作修改后发回，希望他重新誊写，提供蒋介石与国民党高级干部参考，即日后引发争议的张学良《西安事变反省录》。[6]

由于蒋介石满意张学良的反省，除将手稿留下参考，并采信张学良所说非由中共发动西安事变，而是个人受共产党势力影响因而"妄作"的说法。张学良并分别致函蒋介石与宋美龄自我检讨，希望能在外活动，并愿因此"受训"；蒋介石初未否决，之后则说担心外界物议、误解而须缓议，但他也称拟将张学良迁至较近处。

此时双方关系似有解冻迹象，甚至一度传出张学良可能获释消息，虽然最后只是空穴来风，但宋美龄也趁 1958 年 5 月 17 日南下高雄机会，突然造访已迁居到西子湾的张学良，两人晤谈约半小时，张学良向她力陈重返社会的期待，表示仍愿为"国家"有所贡献，也提出盼一见蒋介石，希望宋美龄转达。

由于得知蒋介石将于 8 月南下西子湾，张学良再写了篇反省文字，希望通过蒋经国转呈；虽然蒋介石此时已离开高雄并返回台北，但蒋经国仍协助转交文稿，并安排张学良到台北诊治眼疾。此时张学良遭软禁处与"官邸咫尺"，自然让他更感无奈。蒋经国也在当年 10 月 17 日会见张学良。这是两人首度碰面，张学良除了再提想见蒋介石以慰心中想念，也说自己"富贵于我如浮云，唯一想再践故土耳"。[7]

1958 年 11 月 23 日，在蒋经国安排与陪同下，蒋介石终究还是在大溪行馆召见了张学良。这是蒋张二

5. 之所以选在人烟罕至的五峰温泉，是由当时台湾省主席陈仪决定的，以免徒增困扰。1947 年台湾"二二八"事件，传言有人企图结合台湾少数民族，攻占新竹山区，管束张学良的特务已接到指示，如果暴民攻进五峰山区，将径行"解决"张学良并嫁祸给外力。所幸张学良平安度过劫数。1957 年 10 月，井上温泉住处因台风洪水而冲毁，因此迁到高雄西子湾，但仍遭软禁。

6. 一说张学良最先应蒋介石之命而回复的长信，让蒋介石读之后大发雷霆，蒋介石甚至痛骂张学良始终不悔过，稿子因此被退回改写。张学良则在日记中自我调侃，如按蒋介石要求的写法，他也变成了"反共义士"。不过在函件往返后，张学良所写的部分内容还是被蒋介石纳入书中，因此蒋经国除了把《苏俄在中国》一书捎给张学良参阅外，并要他写篇读后感《恭读〈苏俄在中国〉书后记》，并公开发表。

7. 从 20 世纪 50 年代中期开始，与张学良联系的工作慢慢移到蒋经国身上，什么人要看少帅都需经过蒋经国过滤，两人互动日趋密切，因此在张学良的日记里，除宋美龄过年过节必送礼物之外，不时可以看见蒋经国前来探望、送礼的记载。像 1958 年圣诞节，蒋经国送卡片、酒、香水给张学良，张学良回赠翻刻明版《三国志》和一套女睡衣给蒋方良。1959 年春节，张学良送四盆洋兰给蒋经国，蒋经国回送年糕、火腿。甚至 1959 年 6 月 15 日，蒋经国还送了部轿车给张学良。

人来台后首度碰面，张学良从西子湾奉令飞往台北后，到大溪拜见，双方不由得感触万分，分别以"'总统'你老了""汉卿你也头秃了"的对话揭开序幕，谈来不胜唏嘘。

蒋介石亲自接待张学良到行馆书斋，会面并以茶点款待。茶叙中，蒋介石除问张学良的身体状况，读些什么书，和哪些人往来，要他多读《大学》与《传习录》外，还是抱怨西安事变影响太大。人在屋檐下的张学良则在日记中说，"闻之，甚为难过，低头不能仰视"。

之后，蒋介石亲送张学良到行馆长廊，再由蒋经国招呼张学良出大门，并护送他回到西子湾，对他倍加礼遇。但张学良总还是第一号"政治犯"，依旧摆脱不了软禁隔离的命运。宋美龄在 1959 年中再度与张学良长谈，除引介他接受基督教，并安排曾约农、董显光、周联华等牧师引领张学良接受教义，对开释问题，宋美龄只说，"你的问题，时间还要很久哪，我需要有忍耐，我人一切都是上帝的安排"。[8]

不过在蒋经国居间安排下，张学良先从西子湾迁居台北阳明山禅园招待所，继而于 1961 年 8 月落脚北投复兴三路 70 号，张学良与于凤至所生长女张闾瑛获准来台见面，管制开始变得松弛。少帅逐渐可外出旅行、购物、上馆子和会客，除了张群、张大千、王新衡等人来访外，皆须事先请示且受到监视。

1964 年 7 月 4 日，张学良与赵四小姐在美籍友人吉米·爱尔窦位于台北市杭州南路的寓所举行家庭婚礼，包括宋美龄、"总统府"秘书长张群、前联勤总司令黄仁霖、张大千、王新衡等人也都出席了婚礼。

8. 张学良之后似乎已不再被严格管制，但并没有获释，连期待通过受训、著书换取自由的提议都被打消。张学良在"两蒋"故去后接受媒体专访，才真正吐露心声，认为蒋介石真的恨透他，更不愿放他自由，否则抗日的功劳就会被他占去。另外，之前张学良私下著述的《反省录》却余波荡漾。原来蒋介石阅信后即转交蒋经国，蒋经国则批交军中高级干部当政治教材，并未外流。未料事隔多年后，1964 年 7 月，国民党军创办一本《希望》月刊，把这封长信以张学良名义对外发表，名为《西安事变忏悔录摘要》，并于《民族晚报》披露相关信息。张学良闻讯后上书蒋介石抗议，指此信被写成"忏悔录"，署名"张学良"发表，与原意不合，蒋介石接信后追究责任，导致《希望》只发行一期，刊出次日就被停刊。

◆行馆铜像
手拄文明棍，面容慈祥的此尊塑像是蒋介石晚年的形象。文明棍、礼帽、中山装
或长衫，是蒋介石儒雅形象的典型装扮。

『去蒋化』，行馆受牵累

20世纪60年代慈湖宾馆落成后，蒋介石较常在慈湖等地停留，与家人团聚，或是前往角板山一带休憩。较靠近人群、周边往来民众较多的大溪行馆，便逐渐移给大溪镇公所使用，同时恢复公众集会、参观用途。1975年蒋介石逝世，蒋经国未再入住大溪行馆，不过还是经常到大溪老街与民众寒暄、握手，品尝美食，并与民间友人留下不少照片。同时大溪周边的慈湖陵寝，每年约150万人次游客到此谒陵，也间接带动大溪豆干产业、神桌等行业大发利市。

1978年，在蒋经国推动下，大溪行馆正式改为蒋介石纪念馆，大厅陈列蒋介石一生勋业照片；蒋宋起居卧室保持原状，并开放供民众瞻仰，除行馆入口处请名家塑制了蒋介石的丰功伟绩浮雕，左厢房前方圆形小花圃，则塑立一座6米高的蒋介石铜像。行馆园区由桃园县政府风景管理所管辖。蒋经国并对大溪民众捐献雕塑铜像表示感谢。

正因为"两蒋"对大溪有特殊情感，大溪地方人士从1975年蒋介石逝世后，固定在行馆蒋介石纪念堂举办追思仪式，10月的蒋介石诞辰纪念日则到慈湖谒陵。不过随李登辉权力稳固，在他执政后期，"两蒋"已成为高喊本土人士欲去之而后快的对象，铜像毁弃拆除消息频传，甚至在大溪行馆民营化过程中，还传出有意设置户外咖啡厅并移除铜像的构想。

但就在这股"去蒋"压力下，桃园县大溪镇反其道而行，镇长曾荣鉴很有义气地宣布，感念蒋家父子对大溪人的关爱，凡是台湾各地不要的"两蒋"铜、塑像，大溪镇公所愿意一律免费接收，以免"两蒋"铜、塑像流落街头或遭销毁。大溪行馆则在2004年经桃园县政府公告为历史建筑，着手规划修缮重整，同时于2005年10月31日重新开放。

新落成的大溪行馆除更改花园景观、移除稀有树种外，其中原本一度可能

◆雕塑公园

台湾自解严开放以来，曾经竖立在各个公家机关、学校讲堂内的蒋介石铜像随着蒋氏时代的离去，面临被移除的命运。大溪镇，不仅是"两蒋"陵寝的所在地，也为他们的铜像提供了栖身之所。大溪镇公所积极推动蒋介石铜像艺术园区的建设和扩张，凡是台湾各县市闲置的蒋介石、蒋经国、孙中山铜像，都可以送至此处收藏。大大小小形态景各异的蒋介石铜像，在此地安静展示。铜像表现的蒋介石或坐或立，表情严肃、英武或慈祥，也许他自己从未想过，这么多自己的复刻品会同时放在一个地方，好似面面相觑，心中颇多无奈。（上图）

◆被肢解成碎片的蒋介石铜像

在2007年3月间的"去蒋化"风潮中，高雄市政府连夜拆解了安置于文化中心的蒋介石铜像，支离破碎的铜像碎片运往大溪镇公所安放，而支离破碎的残存雕像让复原工作几乎成为不可能。铜像被拆解成200多块铜片，既无编号，也无任何记录。桃园县文化局力邀郭少宗、林昭庆两位公共艺术专家组合铜像，以解构主义形式修复铜像，保持了基本形态的不变。历时一年修复的铜像于2008年移置大溪"两蒋"文化园区，成为入主其中的第120尊铜像。（下图）

被拆除的蒋介石铜像，经地方奔走，还是保留并移到园区内一侧摆设。园区空间经重新改造，分成公会堂、艺文馆、艺术工坊、庭园区四大区，有艺文特展、导览服务、蒋介石纪念室、艺品展售、艺术家示范等动静态，展示行馆也由时任县长朱立伦命名为"大溪艺文之家"。

桃园县政府后来通过向台军方争取，大溪镇同年也终于取得慈湖停车场旁的 3.9 公顷军方地权，正式设立"两蒋"纪念雕塑公园，并陆续陈列 140 余座"两蒋"雕像。高雄市中正文化中心那尊全台排名第二的蒋介石坐姿铜像，被民进党籍市长陈菊肢解成 200 多块碎片，也被收入园区内，并经艺术家重组，针对基柱八个兽纹眼睛及牙齿、脚部及书本，全部重新抛光，还保留一大块留空空间，命名为"伤痕与再生"。园区与这尊铜像已于 2008 年台湾大选后正式开放。

台南风水形胜地涵碧楼

（之一）

日月潭谋改革党务，
流放陈立夫

青翠山峦、蜿蜒湖岸及湛蓝湖水，交织成美丽图画，号称"全台第一胜景"的日月潭有如世外桃源，吸引蒋介石长期在湖畔涵碧楼会馆驻足，也成了蒋介石最心爱的宾馆。

但也在这个"人间乐土"，蒋介石借着推动国民党改造的名目，把陈立夫彻底洗出政局，流亡美国，"蒋家天下陈家党"就此消失，取而代之的是陈诚与蒋经国的新人接班。

涵碧楼曾辉煌而盛极一时，但曾几何时，渐失颜色，乃至"九二一"大地震彻底摧毁了行馆。走过历史沧桑，浮沉兴衰，如今涵碧楼又重拾政商巨贾私人俱乐部的角色，楼起楼塌之间，不过熙熙攘攘，浮云过眼。

◆涵碧楼

早在蒋介石迁台之前，涵碧楼已存在 30 余年，而后它又见证了台湾光复，并成为蒋宋来台后的行馆之一，可谓是台湾风云历史的见证之一。然而，不幸的是，1999 年台湾遭遇"九二一"大地震，曾经的涵碧楼未能躲过此劫。

台南风水最佳之地，日据建筑经年

日月潭位于南投县鱼池乡水沙连轴心地带，原为邵族居住地，在台湾中央脊梁山脉西麓，等同于台湾心脏，潭西为平地，潭东高山重叠，海拔 750 米，面积 5.4 平方千米，为台湾第一大天然湖泊，也称"水社大湖""水里社潭"或"水社海仔"。

早在康熙五十六年（1717），《诸罗县志》及首任诸罗知县季麒光所著《台湾杂记》都提到潭区及邵族生活。雍正二年（1724）的诸罗六景，日月潭更以"水沙浮屿"列名其中，之后也屡列名台湾名胜景点。文人并以潭中浮屿、万点渔火、潭口九曲、独木番舟、山水拱秀、番家杵声、荷叶叠钱及水社朝雾，合称"水社八景"。

邵语称日月潭为"zintun"，道光元年（1821），清廷北路理番同知邓传安《游水里社记》文中提道，"其水不知何来，潴而为潭，长几十里，阔三之一，水分丹碧二色，故名为日月潭"，是当地名称的由来。不过 19 世纪初由于汉人大举迁入，邵族根据地才逐渐退缩至如今的卜吉社一带。

日本学者伊能嘉矩《台湾文化志》中提到西洋传教士称日月潭为"龙湖"。当时日本殖民政府为发展糖业，于大正年间开设轻便道搬运砂糖和材料，也带动日月潭观光。1916 年，日本人伊藤在潭边兴建豪宅，即以山形似碧，取名"涵碧楼"。

这幢楼不但独享日月潭湖光山色，其后几度遇到大地震却丝毫未损，佳评不绝，更受瞩目，亦是达官显贵度假之地。据说日本人当时勘察台湾胜景，发现日月潭气势非凡，因而兴建日本神社，以接续地气，也有一说，"台湾总督府"原有以日月潭作为日本皇

1. 作为日潭与月潭分界点的拉鲁岛，原本是邵族旧聚落，被视为邵族祖灵的居处。不过清末时期由于当地瘟疫肆虐，邵族早已全族撤离，使得拉鲁岛反而成为汉人的聚落地。由于拉鲁岛的风水公认颇佳，日据时期不但改称"玉岛""珠屿"，日本政府并于岛上增建祀玉女水神市杵岛姬命的玉岛祠。日本人还刻意在岛上种植大批相思树与樱花。

家土地计划，但未实现。

1919 年，日本人计划利用日月潭水力资源，台湾电力株式会社开始兴建日月潭水力发电厂。由于计划兴建高 30.3 米的水社坝及 10.08 米的头社坝，势必造成水面上升，原先潭边的涵碧楼也被迫迁移到当地称"手网地"的涵碧半岛。日月潭至此以潭中拉鲁岛为界，北似不规则菱形日轮，南如细长弧形月弧，与被称为"水社化蕃"的邵族文化，被日本政府列为"台湾八景"之一[1]。

易地重建过程中，由台中州厅接手，以桧木为建材，将涵碧楼改建为二层楼木造招待所，有东西厢房、餐厅、会议室等设施。完工初期，曾作为日本兵道馆使用，后改为政要招待所。1923 年，为准备迎接日本皇太子裕仁来台，日本人更特地在涵碧楼边扩建八间贵宾馆作为太子行馆。1934 年 7 月，裕仁兄长梨本宫守正王来台视察日月潭水力发电厂竣工通水典礼，日本"总督府"又在贵宾馆右增建两间房舍。

同时由于日月潭第一发电所（大观发电厂）运转发电容量当时名列东洋第一，加上日本人从武界地区浊水溪凿通长达 15 千米长引水隧道，日月潭水位上升 18.18 米，面积增加 1.75 倍，增为 7.73 平方千米，号称"东亚第一大湖"，成为日本学生毕业旅行必游之地，东瀛游客蜂拥而至，连朝鲜李王垠来台游览都居住此地。搭船到德化社观赏邵族歌舞也成了颇受欢迎的行程。

台湾光复后，定其为『总统行馆』

由于大部分汉人垦户早在兴建水库时就被日本人迁走，因此日月潭大部分产业如发电所、涵碧楼、制茶厂都是日本人经营。同时由于日据时期卜吉社属于汉人不得进入的管制区，所以随商机而来的汉人多群居于水社一带，开设餐饮、饭店、照相、特产店等小型商家。直到"二战"后期，美军为切断日本经

◆ "两蒋"泛舟日月潭

这是蒋介石迁台之后常见的一幅画面，蒋氏父子时常泛舟日月潭，既是工作，也是家常。据台湾《联合报》报道时任舵手的陈义山时说，"当时一定要五代清白，才能获得信赖"。蒋介石爱日月潭，因为它与大陆西湖神似，以及宁静不堪打扰，所以不喜欢游艇的引擎声，因此才选择搭乘最传统的舢板船，享受日月潭的悠闲。蒋介石辞世后，蒋经国亦沿袭父亲的作风，游湖仍惯常采用舢板船。（上图）

◆ 国民党的惨败与蒋自己的处境，都一直成为蒋介石的心头之痛。蒋介石在自行"复职"后，即开始了大规模的整党与反思运动，试图通过改造案，"图国民党新生"。1949年7月，蒋介石即提出"国民党改造方案"。1950年1月，又约一部分国民党要员重订新案，提交"中常会"。这是蒋介石在主持国民党中央改革会议时的情景，似乎大有图新革旧之意。（下图）

济命脉，密集轰炸台湾各地发电厂，日月潭两次遭轰炸，变电所严重受损，发电完全停顿，观光业也销声匿迹。

台湾光复后，涵碧楼地上物由台中县政府接收，隶属于台中县新高郡鱼池乡，日月潭又重新成为台湾首屈一指的观光重地，游客络绎不绝。尤其日月潭美景天成，外围山峦环绕，延伸入湖，加上日湖、月湖相映，湖水又来自号称"台湾龙脉"的中央山脉，使当地形如"九龙戏珠"，长期以来被人视为风水宝地，更增添了日月潭的吸引力。

抗战胜利后，国民政府要员钱昌照与刘文岛来台视察，游览日月潭，认为拉鲁岛更名为"玉岛"，是日本帝国主义象征，遂改称为"光华岛"，寓意"日月光华""光耀中华"。隔年更将岛上的玉岛神社拆去，铺以平台两级，复建白栏石凳，供游人休息。此时邵人的卜吉社也改称"德化社"。

当时因日月潭旁大观与巨工两座电厂发电量将近占全台六成，攸关台湾经济与军事建设至重，因此蒋介石特地于1946年10月来此视察时，没想到就此钟情于日月潭的旖旎风光。因日月潭景致颇似西湖，蒋介石把西湖曲院观荷涵碧楼之称给移植过来，为"涵碧楼"正式命名，并于1949年将涵碧楼擢升成为"总统行馆"。

日月潭静思党务，改造「CC派」成标靶

1949年底，国共内战即将落幕，蒋介石于12月24日来到涵碧楼静思，他认为，国民党之所以在大陆惨败，是因为革命以党为基础，但他多年来致力军事与政治，"将党事委之他人"，以致败亡既速且惨，所以"今后不能不以党事为第一优先"。为了让党内有党问题一次铲平，蒋介石决定大动干戈，"彻底解散、重新组党"，目标锁定在非黄埔系的政军大佬及党内势力最雄厚的陈果夫、

陈立夫兄弟与"CC派"。

相较于外界关注他何时复行视事的问题，蒋介石抱持着"缓图"的立场，而把注意焦点放在催促李宗仁来台以及国民党改造问题上。1949年12月30日，他在涵碧楼召集陈立夫、蒋经国、黄少谷、谷正纲、陶希圣、王世杰与国民党秘书长郑彦棻等人，连续两天讨论改造问题，他更在1950年元旦开年第一篇日记"提要"中写着"雪耻"，更写下"从前种种譬如昨日死，自后种种譬如今日生"两句警语。

蒋介石此时对外并不动声色，外人只看到他上午邀集党政幕僚到文武庙野餐，下午到涵碧楼开会，隔日上午则是在涵碧楼开会，下午泛舟湖上，似乎一派轻松，但事实上，情势可说外弛内张，通过改造案曝光，隐然释放党内将权力重组等信息。张群、吴忠信、张其昀等人也陆续抵达日潭，表面上是跟蒋介石一同过年，事实上是为改造案做更密集沟通。蒋介石甚至在日记中直言，国民党如不改造，无异"自葬火坑，徒劳无功"。因此他要"湔雪全党过去之错误，彻底改正作风与领导方式"，"重整旗鼓，自力更生，以达成'反共复国'之使命"。

因此1月2日、3日，大多数受邀前来的幕僚继续在涵碧楼研商改造具体方案，并由陈立夫担任主席。但当时陈果夫已重病不能视事，隐居台中，"CC派"唯陈立夫马首是瞻，与会者也心知肚明，如要纠正全党之弊病，自然就不可能绕过陈立夫与"CC派"这道门槛。

其实早在蒋介石下野避居溪口时期，他就曾当面对陈立夫等"CC派"人士发过脾气，直斥"共产党没有打败我，打败我的是自家的国民党"，更扬言从此不进中央党部，几乎让陈立夫下不了台。

尤其除了党内纠纷与派系争议，陈立夫曾于1948年受命赴美为共和党候选人杜威助选，在一片看好声中，杜威意外落选，国民党因而开罪杜鲁门与民主党，不但美国驻华大使司徒雷登曾直接要求蒋介石命陈立夫出国留学或解散"CC派"，1949年底，美方更直接转告赴美求援的国民党人士，陈立夫如不离台，别指望美援到位。不少国民党人士因此迁怒陈立夫，认为他要为一连串杜鲁门政府蓄意"去蒋"的动作负责。

◆蒋介石与妻子宋美龄在慈恩塔下留影。一对老夫妻，此时就像两个观光客。这一座新建造的塔，是否可慰其相思之情？

据陈立夫回忆，他当时在日月潭陪侍蒋介石"检讨国是与党事"时陈词，大陆失败是国民党历史上的大失败，"党、政、军三方面都要有人负责"，所以"党未办好及一切缺失，最好把责任推给我两兄弟"；他也建议，国民党改造应把他与陈果夫兄弟二人除去，由蒋经国主持。

对照陈立夫以退为进，并轻巧地想把责任分摊给"CC派"主持的党务、陈诚负责的军事与宋子文主管的财政头上，企图拉陈诚下水，"默然不语"的蒋介石已心有定见。他甚至语带威胁地对陈立夫说，国民党400多名"中央委员"见解分歧，无法集中力量对付共产党，因此"改造要旨，在涤雪全党过去之错误，彻底改正作风与领导方式，以改造革命风气；凡不能在行动生活与思想精神方面，彻底与共产党斗争者，皆应自动退党，而让有为之志士革命建国"。

陈立夫更没想到的是，蒋介石这次改造除了地方党部彻底换掉，连"中央"执行委员、"中央"监察委员都可以全数停权，甚至为一清耳目、澄清误解，蒋介石连党名都可以不要，在日月潭改造碰头会中，共提出6个更名方案，包括中国民主革命党、中国民党、中国国民革命党、新中国国民党、中国国民新党等。蒋介石随即指示总裁办公室成立改造研议小组，针对会议结论提出具体推动方案。[2]

蒋介石这次铁了心，他除了进行自我检讨与规划[3]，并在2月间意有所指地对国民党中常会表示，之所以在胜利在望的情况下，落到今日这般田地，主要是因为把党务"交付给别人"，并且是宋子文"管理经济不当，使国家陷入混乱"所致。紧接着，党务改造研议小组方案曝光，形同清党，特别"CC派"能发挥相当大影响力的"中央委员"成了箭靶，项庄舞剑意味浓厚，立刻引发国民党内炮声隆隆。

当时多名"CC派"要角不但反对停止第六届"中央"执行委员会、"中央"监察委员会职权，在党内的谈话会中，也不赞成由总裁一人重新遴选"中央"改造委员会。部分人士甚至当着蒋介石的面，主张改革应由下而上，真正改变国民党体质，最好先由干部作成建议，再由蒋介石决定执行。

加上此时"CC派"在党内人事与政策上，若有似无地和蒋介石唱起反调，似乎重演国共内战时期党内秩序荡然的旧戏码，更使冲突越发严重。首先，蒋介石提名陈诚出任"行政院长"的决定原本已遭人讥笑斧凿痕迹过深，两人不堪其扰，但"CC 派"除了对陈诚提出质疑，甚至由谷正纲出面，建议蒋介石用党内假投票方式摆平不同声浪。

"CC 派"的做法让国际情势烦得焦头烂额的蒋介石勃然大怒，痛斥"无法无天"，是想重演行宪后首任阁揆提名，借假投票封杀张群的旧戏码，他甚至搬出不惜再度下野的筹划，反制"CC 派"掣肘。紧接着，"CC 派"不但没有稍加克制，而是通过"立法院"的势力，再度消极抵抗蒋介石指示，先是暂搁了与陈诚关系颇佳的刘健群接任"立法院长同意案"，更因为"行政命令授权案"，直接杠上原本想采取低姿态暂掩其锋的陈诚，陈诚多次愤怒地向蒋介石痛斥陈立夫其心可议，并不断要求请辞[4]。一波波党内冲击让蒋介石怒不可抑，痛批陈立夫等人"不可救药""不识大体"，甚至说，"从此了结，不再与问党事"。

1950 年 6 月起，蒋介石为表不满，"中央"党部呈送公文一概不阅，原封退还，"中常会"也拒不出席，甚至停留在澎湖、高雄等地，国民党中枢乱成一团。表面看起来蒋介石似乎极其愤怒，与蒋经国讨论改造政党与整肃反动的决心，更在日记中自陈，"立夫'CC 派'对时局危亡的严重性，至今不仅毫无觉悟，且仍以过去大陆捣乱、助共、自杀之作风，专以争夺个人权利是务"，因此唯一救亡、死中求生之道，"不顾一切，先肃清内部、澄清政治、稳定基础"。

不过蒋介石也很清楚，改造等于要把整个党打破，牵涉到党工与党籍干部身家问题，必须做好彻底撕破脸的准备，但当时"军事未定"，解放军隔海炮击的威胁仍在，美国弃守台湾与蒋政权的局势已成，党务改造自无条件贸然实施。

2. 不过相关消息陆续传开后，立刻引发"解散国民党"的联想，就连研议小组内，反对更改党名的人士更所在多有，不少人都担心可能让他人趁机沿用国民党法统，兹事体大。经过两个月密集讨论后，研议小组决定，国民党如需改名以建立新形象，建议改采"中国民主劳动党"，以扩大争取对象。倒是"中央委员"停权一事，研议小组内已几成共识。

3. 1950 年 2 月 13 日，正在筹划复行视事的蒋介石在日记中即写道："此次复出主政，对于军政经济制度政策、人事组织以及本党改造方案皆未确定，恐蹈过去功亏一篑之覆辙，或不如过去之尚有所成也。故三十日之内必须积极准备，对于下列各项必须切实研究，有所决定也。"在下文中，蒋介石更用红笔勾出 6 个圆圈，每个圆圈后面是一项有待落实的要务，包括政府组织形式、干部会议纲领与人选、总体战实施程序与经济政策、监察制度与组织之实施、党的改造方针与组织之实施、台湾党政方针与人选。足见此时他对国民党改造工作的重视。

4. "CC 派"除了对蒋介石提名陈诚接任"行政院长"不表赞同，曾多次出言反对，遭陈诚痛斥"努力反对，殊为可恶"之外；陈诚接任阁揆后，又因为"行政命令授权案"杠上"CC 派"。原来 1949 年之际，为杯葛李宗仁出任总统一职，让出任行政院长能有较大权限，不受李宗仁干预，国民党操控的立法院通过一项提案，赋予行政院长超乎宪法的完全紧急权力，可用行政命令取代法律，但李宗仁赴美后已被"立法院"收回。陈诚就任后原希望获得相同的空白授权，"CC 派"硬是否决"行政院"提案，让陈诚勃然大怒，公开批评"CC 派"把持"立法院"，"行政院长"除陈立夫没人干得了，因此一再要求蒋介石同意他辞职，还指示"行政院"会中途散会。陈诚除了向蒋介石告状，甚至说出应该把陈立夫等人送到火烧岛拘禁的气话，情势格外紧张。

◆ 1954 年"国民大会"召开第一届二次会议,通过国民党总裁蒋介石为第二任"总统";关于蒋介石的连任,实则缺乏法律的依据。1948 年,蒋介石的总统之位是国民大会选出来的,而国大代表则由全国普选产生。蒋介石退守台湾后,再也无法在全国范围内举行"国代"选举,为延续其政权代表中国的"合法性",只得以第二届"国大代表"无法产生为由,将第一届"国大代表"任期无限延长,成为"终身代表"。国民党当局在东拼西凑后,终于凑出了 1624 名代表(第一届国大应有代表 2961 人),同时将"国民大会组织法"中有半数代表才能开会的门槛降低到了 1/3,保证了 1954 年蒋介石"合法"地蝉联"总统"。蒋介石终不是华盛顿,来台之后的"总统"头衔,一戴便是 26 年。

蒋经国分量提升，陈立夫流亡海外

只是面对蒋介石的压力，以及党内文宣系统定性派系主义就等同阶级斗争的大帽子与疲劳轰炸，"CC派"已经没有空间与筹码再斗下去。

因此"CC派"大将萧铮被迫提案，要求蒋介石继续领导党务及革命事业，同时主导全党改造；"中央"党部并委由于右任、居正、邹鲁[5]三人面见蒋介石，请他出席"中常会"，并指示改造国民党方针。被蒋介石列为头号战犯的陈立夫看大势不对，起了不如归去的念头，并迅速避走台中。

加上朝鲜战争爆发，蒋介石声望从谷底攀升，终于有足够空间放手改造。原本于右任还认为，改造委员由总裁遴选似乎惹人物议，建议改以推荐方式送"中常会"通过；但蒋介石托吴忠信说明，未来"中常会"势将停止，无法处理改造委员更替问题，事实上，蒋介石的理由很简单，就是无意再横生枝节，坚持他个人意志的贯彻。

他更在一次谈话会中严斥"CC派"："你们如果不要我来改造党，即只有下面几种办法，第一，就让本党无声无息地这样下去，第二，你们要给我权，大家要相信我，用民主方式改造是不对的，如果你们不相信我来改造，我就不管了，由你们去办好了！"蒋介石甚至直批，"如果你们不相信我来改造，你们跟陈立夫去好了"！

在蒋介石的压力下，1950年7月22日，由吴稚晖领衔联名上书，240名国民党在台"中央"执行委员、"中央"监察委员提出《呈请总裁断然决策改造本党案》，支持并要求蒋介石尽速实施国民党彻底改造，使蒋介石获得绝对支持，因此在阳明山主持国民党中央常委会临时会，通过由张其昀、蒋经国所提

5. 邹鲁（1885年－1954年），字海滨，广东大埔人，1908年与朱执信策划广州新军起义。1911年与朱执信、陈炯明、胡汉民于广州起义。1914年，随孙中山筹组中华革命党，1923年，孙中山电胡汉民、邹鲁等五人暂行总统府职权，出任财政厅长，1927年，蒋介石清党，邹鲁退出政坛，1946年任监察委员，1949年，参加广州召开非常会议，经香港到达台北任国民党中央评议委员，1954年病逝于台北。

《本党改造案》；将国民党重新定位为革命民主政党，坚持"反共抗俄"，组织采民主集中制；并决定国民党第六届"中央"执委、监委会停止行使职权，授权蒋介石遴选 15 ~ 25 人组成"中央"改造委员会，代行大陆时期 400 多名"中央"委员职权。

7 月 26 日，蒋介石在台北宾馆举行"中央"执行委员谈话会，宣布 16 名改造委员会名单，这次权力大洗牌，之前党内未居要津的蒋经国跻身其中，又出任干部训练委员会主委，政治分量急速增加。[6]另外，不同于大陆时期军政人士仅出任毫无实权的"中央"评议委员，在改造委员会中领衔的陈诚于人事重整中扶摇直上，成了国民党第二号人物。

至于重登记中未归队的 200 多名"中央"委员则一律被撤销党籍，党内除了"党团""黄埔系"与蒋介石"文宣系"仍有一定影响力，"CC 派"势力顺势被彻底瓦解，唯独在蒋介石下野时坚决拥蒋的张道藩与谷正纲留了下来。事后来看，这次改造的确大举排除了蒋经国在党内爬升的障碍，吴国桢在回忆录中也指出，接下来举行的国民党七全大会，200 多名代表"十分之九是蒋经国的人"，甚至会议也全由蒋经国的人马掌控。

蒋介石大获全胜，开始在台高度集权意识形态灌输和党纪整顿，他也对陈立夫开始出手，陈立夫所有党职均被拔除，连党员重登记都没有去办理，彻底排除他参加党务或幕后指挥的空间。已避往台中的陈立夫先通过张道藩了解蒋介石要求他离开台湾的决定，加上估计可能被情治人员逮捕，因此自行写信给蒋介石要求出洋。

最后蒋介石通过养病的陈果夫转告，批准陈立夫以参加世界道德重振会年会的名义离台，并送给路费五万美元。但据来台后成为"CC 派"大将的前"立法院长"梁肃戎说，蒋介石原本限令陈立夫 24 小时内离境。对照陈立夫年轻时任蒋介石机要，写给宋美龄的信都不封口交他寄出，蒋经国年轻时在上海求学

6. "中央"改造委员会成员包括陈诚、张其昀、张道藩、谷正纲、郑彦棻、陈雪屏、胡健中、袁守谦、崔书琴、古凤翔、曾虚白、蒋经国、萧自诚、沈昌焕、郭澄、连震东 16 人，平均 47 岁，全拥大学学历，9 人曾海外留学，由不满 50 岁的张其昀出任秘书长，于 8 月 5 日正式运作，国民党中央组织部、宣传部也改为第一组和第四组。1950 年到 1952 年间，改造委员会共开过 420 次会议，一周开 4 次会。蒋介石并设立无实权的中央评议委员会，把过去各拥山头的党内元老供了起来，实际予以架空。尤其蒋经国原本于 1935 年重庆选出第六届中央执行委员会和中央监察委员会正选和候补共 460 名委员中都未列名，但从"改造案"后，不但掌握许多党内新拔擢干部，扩大党内人脉，位阶也明显提升。因此两年后，1952 年 10 月，国民党改选第七届中央委员，蒋经国已列名第二，紧跟陈诚之后，排名甚至较"五院院长"及党秘书长都高。

◆ 1957 年日本首相岸信介访问台湾地区。（上图）

◆泰国国王普密蓬·阿杜德 1950 年访问台湾地区。他的中文名叫郑固，于 1950 年 5 月 5 日加冕，加冕后不久即访问台湾地区，留下这张珍贵的影像。他是却克里（曼谷王朝）的第九位国王，2016 年 10 月去世。（下图）

还与陈立夫同室而眠，兄弟相称。实在情何以堪[7]。

　　1950 年 8 月 4 日，陈立夫举家离开台湾，辗转迁居美国隐居。据说陈立夫行前向蒋介石辞行，求见一面不可得，仅由宋美龄出面致赠陈立夫一本《圣经》，但陈立夫指着墙上蒋介石肖像说，"夫人，活的上帝都不信任我，另一个上帝也没有用"；他还意有所指地说，"孔宋蒋陈四大家族，陈家是没有钱的"[8]。

7. 当时除了陈立夫遭整顿，陈果夫则于 1948 年底即因肺结核迁居台中休养。不过他虽在养病，蒋介石仍下令免去陈果夫"中央财务委员会"主任职务，同时裁撤由陈果夫任董事长的"中央合作金库"；由陈果夫任董事长的"中国农民银行"只保留名义，设立保管处，并下令改组由陈果夫任董事长的"农业教育电影公司"，由蒋经国接办。由于喉部疾病，发言不便的陈果夫，不但备受冷落，还曾自创过一首《哑巴歌》，歌词里写道，"哑巴哥，说不出话真痛苦……听得人家好说话，肚里更加不开心；若闻笑骂声，面孔涨得红又青；摩拳擦掌，胆小不敢争。有时像煞吃过黄连嘴里苦，有时像煞受了冤屈没处申，哑巴哥，不能说话苦得很"。实在很有反讽的意味。
8. 陈立夫就在这种"回国时间没有确定"的状况下离开了台湾，蒋经国还是到松山机场去送他一程。不过 1951 年 8 月，陈果夫病逝，陈立夫在蒋介石暗示下，未回台奔丧，隔年蒋介石授予陈立夫"国策顾问"和"总统府资政"两个虚衔与薪俸。陈立夫迁居美国后，隐居在新泽西州湖林城外莱克坞镇，养来亨鸡过活，最后通过孔祥熙帮忙，才与友人合开一家食品公司，制造贩卖辣椒酱、粽子、皮蛋、咸蛋等产品，陈立夫也亲自开车送货。之后陈立夫仅为父亲重病一度短暂回台，拜访者门庭若市；不过陈立夫在父丧后也被限定一日内迅速离台。直到 1966 年，蒋介石为推动"文化复兴运动"，才通过蒋经国极力动员陈立夫回台且多所礼遇。1969 年，陈立夫全家迁回台湾，到处演讲《四书道贯》，全力提倡中医，从此很长一段时间绝口不谈政事。

两岸交流第一线涵碧楼

（之二）

密使曹聚仁密访
蒋氏父子，
带周恩来亲笔信会晤

或许涵碧楼兼有天、地、人、富、贵的完美格局，让笃信风水的蒋介石更钟情此处，因此蒋介石和宋美龄来台后几乎每年都要来这里一两次度假，徜徉在山水之间，不看公文，只约见党政要员，除了休养生息，也在思考政务。

此后，蒋介石侍卫室人员在台成立的"励志社"总社出面，向台湾省林务局承租涵碧楼所在南投鱼池乡水社段土地，取得使用权，当地除行馆功能外，也成了蒋介石招待重要外宾或处理政务的招待所。数十年间，日月潭与涵碧楼风华达于极致。

难以想象，幽静的涵碧楼竟风云际会地一度成为两岸破冰的桥梁。1965年7月20日，在两岸穿梭多年的左派文人曹聚仁[1]，秘密造访台湾，直达涵碧楼与蒋氏父子会晤，带来周恩来代表中共中央所写的亲笔信，以及毛泽东写给蒋介石的一首《临江仙》词。信中重申和平统一祖国构想，毛泽东强调，只要台湾回归祖国，其他一切问题均按蒋介石意见处理，并提出四项具体建议，即所谓的"一纲四目"。曹聚仁稍后也传达了时称"六项协议"的谈判条款草案。

只是"文化大革命"爆发，打断国共两党联系，让两岸在内战后正式互动成了泡影。直到2005年国民党主席连战访问大陆，国共谈判成为事实，步上历史的轨道，蓦然回首，已是40年前往事。

1. 曹聚仁（1900年6月26日–1972年7月23日），浙江兰溪墩头镇蒋畈村人。中国"左派"作家，与鲁迅关系密切。1921年毕业于浙江省立第一师范，曾任教于上海多所大学，曾任中央通讯社记者。20世纪30年代后期，蒋经国出任江西赣南地区专员，曹聚仁则在赣南办报，蒋对曹执礼颇恭，曹聚仁还写过一本《蒋经国传》。1950年后任香港《星岛日报》编辑，兼任新加坡《南洋商报》驻香港特约记者，热衷政治，甚至前往台湾游说"两蒋"易帜。1972年7月23日病逝于澳门镜湖医院。

◆涵碧楼现址
新建涵碧楼的同时，建起了一座涵碧楼纪念馆，其中展示相关历史、文案。虽为建筑，它古朴的风格，褐红的外观，尖顶的造型还是让我们不难看出刻意恢复原貌的用意。园中粗壮遒劲或倾倒的大树，诉说着这片区域绵延流长的历史。

蒋宋夫妇全台行馆首选

在涵碧楼停留时，蒋介石当时多住在最左边一栋平房中，有内花园、凉亭，可远眺日月潭；招待所其余房舍则由随扈侍从分住。除固定有一排荷枪实弹的宪兵驻守，日月潭周遭茂密的保安林也多不准开发。

此外，为保护蒋介石伉俪安全，涵碧楼所在涵碧半岛出入口，即位于今日梅荷园码头制高点，均有宪警持枪把守，就连管区分局长都固定由侍卫室推荐指派。据说蒋介石外出时如有群众围观，还规定民众双手不得插进衣裤口袋，以策安全。

至于涵碧楼除了作为蒋介石行馆，也有部分邻近空间固定租给台湾旅行社经营当时难得一见的观光旅游业务，由于日月潭已是"台湾第一名胜"，游客如织，因此这间名为 EvergreenHostel 的特级旅馆，限定贵宾、外宾才能入住，价格昂贵，但驻外人士捧场，时常人满为患。无论东南亚美军将领或贵宾造访台湾地区，都会指定入住，更时兴到日月潭度蜜月，拍婚纱照。例如旅日华裔棒球全垒打王王贞治夫妇新婚时就受邀到日月潭一游，还获得蒋介石与宋美龄在涵碧楼宴请。

当时涵碧楼招待所可说华洋杂处，连客房须知都一律中英对照，还规定台湾游客不得穿着背心、短裤及睡衣进入餐厅。不过随着设备逐渐陈旧，馆方也于1955年正式翻修涵碧楼，希望吸纳更多旅客。

由于蒋介石喜欢在安静环境下深思，即使在日月潭，手上公文也少有离手，有时候也会背诵或修改演讲稿。不过蒋介石对公文、讲稿稍不满意即痛斥，屡见不鲜。宋美龄则从20世纪50年代开始从名家黄君璧、郑曼青习画，前后约十年，日月潭、角板山、梨山、慈湖等地是她最常习画写生的地方，因此涵碧楼等行馆中都备有画具，随时可用。

蒋介石与宋美龄的生活习惯也大不相同，有次蒋介石在台风后要去涵碧楼，正好碰上有段路发生山崩，蒋介石先去慰问在场抢修的工兵，然后下车涉污泥，经塌方路段，自己改搭一部出租车到涵碧楼。至于宋美龄则等到路修好，才和侍卫坐吉普车去和蒋介石会合。不过涵碧楼也是全台蒋介石行馆中，唯一一处与宋美龄床铺合并的地方。

偏好游湖，蒋介石爱吃的曲腰鱼变身『总统鱼』

20 世纪 50 年代，日月潭发展分为东西两面，东边即日月村、德化社，日据时期原是邵族聚落；西边属于水社村，涵碧楼即坐落于此。民间大型旅馆、饭店、银行、邮局、电信局、学校等也都设立在水社村。不过眼看日月潭观光大有发展，外地的汉人因为有利可图，纷纷到潭区周边营商，使当地茶馆、旅馆、餐饮业相当兴旺。

当年日月潭环潭公路尚未兴建，蒋介石泛舟到德化社视察，日据时期当过警丁的毛信孝率族人在码头表演歌舞欢迎，让蒋介石相当欣赏，不但称毛信孝为"毛王爷"，还安排一行人到第一线的舟山群岛劳军，从此蒋介石每到日月潭就会到德化社探"毛王爷"。"毛王爷"因此闻达于高官间，成了邵族新领袖，还借着这层关系，争取到电灯照明、造林、水田放殖等设施，加上观光收入，德化社成了日月潭最富庶的聚落。[2]

甚至因为当时到德化社都必须搭船，潭中常起大雾，行船危险，导致德化社对外交通因此断绝而受困，因此蒋介石也特别指示兴辟日月潭环湖公路。为了让蒋介石满意，日月潭沿湖也植栽起梅花树苗。尤其蒋介石时常带家人来这里过春节。除了待在行馆，坡度

2. 潭东的德化社本以台湾少数民族歌舞闻名。尤其"毛王爷"与长女毛阿金除善歌舞外，更洞悉市场经营，因此开创台湾少数民族歌舞团，兴辟毛家花园，其歌舞表演荣极一时，至今尚存，更是当时每个人到日月潭非看不可的文化表演。

◆蒋介石和儿孙在一起

不仅蒋介石经常入住位于日月潭畔的行馆，随侍左右的蒋经国在此也有一座砖造的中式别墅，用于静养使用。蒋氏一家常在此游览，孙子们陪侍在爷爷左右，他们的活泼可爱给蒋介石带来年轻的气息。年幼的他们不懂得"反攻大陆"为何意，只要投身大自然中，和兄弟对弈作乐，就能开怀一笑，他们生机勃勃的样子，也让蒋介石和蒋经国为之开心不已。

平缓的涵碧楼森林步道也是蒋介石经常散心之处，阶梯处均以红砖砌筑，绿意中更显古朴典雅。步道下方码头还可搭船泛舟，是蒋宋伉俪最爱的消遣。

蒋介石游湖偏好人力操桨的小船，通常从涵碧楼步行出发，搭舟经光华岛、转往月潭沙巴兰一带，然后折返，有时候也会转往德化社。不过因船只过小，蒋介石又习惯在傍晚或深夜陪宋美龄出游，维安压力相当大，只能安排警戒船只在适当距离保护，包括搭载通信兵员的汽艇两艘及侍卫队长和警政首长手划船各一艘。

从1949年开始，官邸雇用潭边船夫赖瑞庆为蒋介石划船长达25年。因蒋介石乡音重，不易听懂，赖瑞庆略通日语，较能和蒋介石沟通，因此蒋介石必指名由他操桨。据说当时民众一天工资约新台币10元，为蒋介石操桨日薪新台币40元，不但优渥，且不管出不出船，只要蒋介石没离开日月潭就按日计薪，待遇相当不错。高雄港务局还特别打造高210、高211两艘具防弹功能的铁壳船，一艘蒋介石专用，另一艘搭载侍从护卫。不过蒋介石游潭仍以舢舨为主，铁船多备而不用。

尤其某次舢舨行至德化社，因时间过晚回程不及，侍卫改派铁壳船将舢舨拖回，没想到坐在舢舨上的宋美龄因无法忍受柴油味，沿途作呕，此后，除规定铁壳船不得超过舢舨，以免油味熏人，宋美龄也较少再行搭船，改由蒋介石的孙子辈蒋孝武、孝勇相陪。

此外，原本蒋介石到日月潭最爱吃鲤鱼，但有一回厨师找不到鲤鱼，只好硬着头皮拿日月潭一年四季都吃得到的曲腰鱼权充，没想到他一吃就上瘾，还骂厨师怎么这么好吃的鱼从来不做给他吃。从此，曲腰鱼在台湾便有了"总统鱼"的称号，也成了当地名产。

1962年4月，蒋介石因前列腺问题，在士林官邸感到不适，由于没有医师敢开刀，最后在一切保密的情况下，请琉球美军医院医师动了次手术，未料蒋介石6月份参加胡宗南遗体告别仪式后，病情转趋严重且出现血尿，只好紧急再动手术，之后蒋介石正式到涵碧楼整整休养了两个星期，但这个血尿的病根却从此种下，时好时坏。

蒋氏父子前后
密使曹聚仁秘会

退居台湾的蒋介石，最挂念的恐怕还是老家与祖坟安危，20 世纪 50 年代中期，不少传言说蒋家故居和祖坟已遭铲平，蒋介石寝食难安。不过 1956 年春，蒋介石收到一封中共中央通过在港的章士钊代转的信，信中提出进行第三次国共合作及完成统一大业的设想，并强调，"奉化之墓庐依然，溪口之花草无恙"，无疑打动了蒋介石的心。

"左倾"文人曹聚仁意外成了蒋介石与北京间的密使，与蒋经国在赣南时期即有交情的曹聚仁，早于 1955 年间三度写信给蒋经国，但"两蒋"当时并无回应。[3] 由于考虑到曹聚仁与周恩来、邵力子的交情，因此蒋经国辗转转达蒋介石的想法，并盼曹聚仁亲赴北京了解其中虚实。曹聚仁事后通过媒体放话，第三次国共合作不是招降，而是彼此商谈，"只要政权统一，其他都是可以坐下来共同商量安排的"。[4]

10 月，曹聚仁再衔命造访北京，毛泽东对曹聚仁提出，如果台湾回归祖国，"一切照旧"，可以实行三民主义等说法，周恩来并指示对蒋介石、陈诚等人祖坟加以保护，对他们尚在大陆的亲属注意照顾。

1957 年 3 月曹聚仁再度写信给蒋经国。不久，台湾方面要求曹聚仁再赴大陆，到奉化看蒋氏祖坟是否完好。1957 年 5 月，曹聚仁专程到溪口，住进蒋介石常住的妙高台，走访蒋介石的丰镐房和蒋经国住过的文昌阁，还到慈庵扫墓，所到处一一拍照，随即寄赴台湾。曹聚仁称，"尊府院落庭园，整洁如旧，足证当局维护促使之至意"。[5]

3，据说早在 1953 年间，美国总统艾森豪威尔为求早日让朝鲜战争落幕，即通过蒋介石的渠道，向中共高层传递美方可能动用核武器的信息。学者陶涵的《蒋经国传》中，推测蒋介石可能通过蒋经国在香港的组织，经由曹聚仁传递了这个消息。

4，据中共中央文献研究室所编的《周恩来年谱》，曹聚仁 1956 年到北京采访间，分别于 7 月 13 日、16 日和 19 日，三度由周恩来接见，先后由邵力子、张治中、屈武、陈毅等陪同。第二次接见时，周恩来也说："国民党和共产党合作过两次，第一次合作有国民革命军北伐的成功，第二次合作有抗日战争的胜利，这都是事实。为什么不可以第三次合作呢？"

据说 1958 年"八二三"炮战前后，毛泽东即通过曹聚仁释放金门炮战相关消息。只是曹聚仁穿梭两岸之事，迅速遭美国中央情报局掌握。据说，曹聚仁向新闻界透露他写信给蒋介石，蒋经国不得不向美方"报告"，称曹聚仁为机会主义者，是否真正代表中共，还是一厢情愿，都不无问题。蒋经国并把曹聚仁一封关于重开国共谈判的信拿给美国官员看，强调蒋介石"宁为玉碎，不为瓦全"，不会与中共谈判。

在美国干预下，曹聚仁渠道一度中断。之后包括 1961 年曹聚仁致函蒋经国，告知中共有意以金厦为国共缓冲地带，并辟为自由港，1962 年 3 月又写信给蒋经国，重提此提议，但蒋经国都未作理会。这段时间内，蒋介石原有意发动反攻，但遭美方严禁，同时通过"华沙会谈"向中共表白不会支持蒋介石军事反攻，让蒋介石勃然大怒，因此 CIA 推测，国民党重启两岸秘密互动的低层次渠道，希望掌握美中互动情形。[6]

也因此 1965 年，曹聚仁再度秘密访台，携来一封周恩来信函，内容则是毛泽东指示的"一纲四目"[7]，重申和平统一构想，强调只要台湾回归祖国，其他一切问题均按蒋介石意见处理[8]。曹聚仁并于 7 月间在涵碧楼向"两蒋"简报，除出示密函，说明密访北京情形，并提出和平统一中国的谈判条款草案，即所谓"六项协议"。

然而"文革"爆发，打断了国共两党联系。1968 年，红卫兵炸毁慈庵，让蒋介石十分气愤，两岸商谈成为泡影。蒋经国因担心美方对国共秘密接触的猜忌影响美援，因此主动告知美方两岸接触情形，且出示他和其他高层收到的信件[9]，美方因此掌握 20 世纪 50 年代到 60 年代中期两岸长达十年的接触。不过美方也怀疑蒋经国未告知所有实情，甚至蒋经国掌权后也

5. 当时除曹聚仁之外，中共也发动一波和平攻势，例如 1956 年间，当时"行政院副院长"黄少谷在大陆的弟弟写信给黄，要求其兄派人去大陆与中共进行和谈，黄少谷把信交给蒋经国，并在当局同意下，复信并嘱其弟今后写信只谈"私事"，勿谈"国事"，他本人则只会在"中华民国"的旗帜下才会回大陆。又如程思远也曾通过渠道，希望给蒋经国传递类似信息。1957 年 2 月间，前国民党将领张治中则致函陈诚，表示希望国共和解之意，但无具体建议。

6. CIA 对国共接触分析报告写于 1971 年 12 月，共 63 页，时间起于 1955 年，终于 1971 年 7 月，作者鲁宾。报告提及，美方获悉，20 世纪 60 年代初，中共发起"大跃进"，蒋介石想借机"反攻大陆"，但美国通过"华沙会谈"告知中共，美国反对蒋介石的军事冒险，使蒋介石大怒。1962 年下半年，蒋经国即授意台方人员和中共在香港低层代理人进行接触，了解"华沙会谈"内容，与美方告诉台湾的内容作比对，却未对美坦白。

7. "一纲四目"的四目包括，一、台湾回归祖国后，除外交必须统一于中央外，台湾所有军政大事安排等均由蒋介石全权处理。二、所有台湾军政及建设费用，不足之数，中央政府拨付。三、台湾社会改革从缓，待条件成熟，亦尊重蒋介石意见，和台湾各界人民代表进行协商。四、国共双方要保证不做破坏对方之事，以利两党重新合作。

8. 根据目前外传说法，曹聚仁系于 1965 年 7 月 18 日，在时任台湾"国防部长"的蒋经国，亲自乘轮船到香港附近水域接待下，赴台沟通此事，两人在台湾左营停泊，上岸登机飞往涵碧楼，曹聚仁并于 7 月 20 日与蒋介石会晤，现场仅蒋经国在场。但这说法曾遭国民党否认。

再未提及有无第三人士传话信息。[10]

1971年「驻跸」55天，因应被驱出联合国问题

蒋介石当政时，由于与美国关系密切，加上联合国常务理事国身份，因此外宾访问台湾地区频繁。如泰皇普密蓬、美国副总统、韩国总统、日本首相岸信介、美国太平洋舰队前后任司令雷德福、史敦普等人均曾在涵碧楼下榻。1961年，面临联合国席次与外蒙入联难题，蒋介石也在涵碧楼住了30多天，召见陈诚、沈昌焕等人密集讨论该如何因应。

又如当年伊朗国王巴列维来访问台湾地区时，也曾驻跸于涵碧楼行馆，陈诚负责接待，荣誉侍卫长由蒋纬国担任，宾主畅游湖山胜景、观赏京剧演出不说，由于日月潭入夜后潭景点点灯火，如诗如画，美不胜收，陈诚晚间还特地陪同巴列维在涵碧楼凉台上观赏夜景。蒋经国也曾在涵碧楼款宴南越总统阮文绍，并进行晤谈。

1963年间，台湾地区和日本关系因日本池田内阁有意发展与中国关系而生变，引发蒋介石高度不满，召回"驻日大使"张厉生并勒令辞职，同时将"驻日大使馆"高级职员全部撤回台湾。这番风波，也是靠日本政府派出密使、前首相吉田茂与蒋介石在涵碧楼两度磋商，才顺利解决危机。

1969年，美国国务卿罗杰斯也在"驻台大使"马康卫陪同下，单独与蒋介石、宋美龄在日月潭做了三

9. 例如1958年10月章士钊即致函国民党元老吴忠信，要吴忠信转告蒋介石美国不可靠，因为他看到"华沙会谈"密件，美方向中共建议以金马交换中共放弃对台湾的主权。据说蒋介石对此颇为重视。1960年初，国民党前将领傅作义写信给陈诚夫人谭祥的妹妹，要求转告陈诚反对美国"两个中国"阴谋。1961年7月傅作义再度致函，重申前信内容。
10. 事实上，根据既存资料，蒋介石在尼克松访问中国之前，就已经获悉相关消息，甚至在1969年11月日记中还写到尼克松"卖友谊共政策已定"，因此此时国共之间似有联系、互通信息，旨在防范美国借此推动"两个中国"。美国中情局官员也认为，两岸此时似有情报交换迹象。
11. 罗杰斯此行其实是为尼克松决定放宽赴中国贸易及旅行限制的立场，前来向蒋介石说明，他并在会中提及邀请蒋经国访美事宜。隔年4月，蒋经国以"行政院副院长"身份访美，受到尼克松超乎规格的待遇，此举被尼克松政府视为是实现中美关系正常化，因此对向来友好的台湾地区以及蒋介石政府，给予最后阶段礼貌性补偿与暗示。

◆蒋介石远望日月潭
望潭水碧波荡漾，思乡真意浓，日月潭的秀美玲珑引得蒋介石常常驻足眺望。他的内心依旧计划着"反攻大陆"的日子，岁月却在一点点侵蚀他的健康和生命。也许他曾在日月潭边发出遗憾的感叹，只是永远在人前保持着高昂与斗志，把这丝悲伤刻在背影之上。

次会谈。据说气氛相当差，当然是因为中苏关系恶化，美方觉得可借机改善美中关系。美国虽保证将继续支持"中华民国"在联合国合法地位，但也提醒美国将向世界展示以合作取代对抗的方向。[11]

1970年8月，美国副总统阿格纽访问台湾地区，这次台湾当局安排他在日月潭涵碧楼分别会见蒋介石与蒋经国。蒋介石再度借机重申"围堵中共"的必要。但阿格纽除保证美国忠诚履行条约义务"保卫"台湾、澎湖外，并没有多做表示，反而带来了美国将持续削减对台军售的坏消息，隔天上午他并搭机转赴越南。

当时蒋介石身体状况相当差，还曾发生过晕倒等问题，每年停留涵碧楼的

◆耶稣堂

在涵碧楼步道的起点处坐落着耶稣堂，隐身在绿林之中。这座耶稣堂是蒋介石为宋美龄兴建。这座典型巴洛克风格的教堂，漆有高贵的黄色墙面，四根白色立柱支撑，可承受榴炮的攻击。这是日月潭唯一一座教堂，曾经专供笃信基督的蒋氏夫妇做礼拜之用，至今仍旧保留着当年两人做礼拜的场景及专座。

时间越来越短，但中共入联压力已迫在眉睫，为处理台湾当局被逐出联合国安理会的争议，同时与幕僚沙盘推演，蒋介石于 1971 年间停留涵碧楼长达 55 天，也是他停留在涵碧楼时间最长的一次经历。

蒋介石在湖边为宋美龄修建耶稣堂，兴建慈恩塔供玄奘灵骨

日月潭波光潋滟，苍林翠绿，吸引民间团体大兴土木，尤其 20 世纪 50 年代中期，包括北边山腰处文武庙与临时安置玄奘灵骨的玄光寺等潭畔各类观光设施均开始兴建。[12] 特别是在蒋介石协助下，台湾佛教界更在涵碧楼对岸临湖处，盖起一栋占地三公顷、仿唐式建筑的玄奘寺，作为玄奘灵骨的永久保存场所，蒋介石除了亲题"国之瑰宝"匾额，还特地要求将原定印度式建筑改为中国古代宫殿式，以增景仰[13]。

又如涵碧楼旁的学校迁校后，台湾省教育厅于 1961 年将当地改建为教师会馆，作为教师研习与度假园区。其他设施如台湾山地文化中心、"救国团"日月潭活动中心、孔雀园以及文武庙，也大都是在这个时期开始动工启用。

1962 年，涵碧楼改由省观光事业委员会承租，再交由"励志社"经营管理。1965 年，"励志社"再度出面，向林务局承租涵碧楼行馆附近潭边"国有"林地，并向台湾银行贷款，斥资 1000 万元扩建成四层楼、合乎国际标准的宫殿式建筑，取名为"涵碧楼旅馆"，并对外营业。这份租约承租使用期限为 20 年，且期满后涵碧楼也有优先承租权。

为配合改建，蒋介石行馆也同步更新为地势最

12. 抗战期间，日本军官高森隆介在南京挖出一只石匣，上刻"玄奘大师灵骨"，内储有五铢钱数枚，及大如拇指、小如豌豆的珠粒一批，经鉴定为玄奘骨珠，日本人随后掠走灵骨，供奉在崎玉县慈恩寺。直到 1955 年，国民党政府经佛教界交涉，将日本窃据的玄奘灵骨迎接来台，并决定从台北善导寺移到日月潭畔玄光寺安置，游客到玄光寺求签也成一大盛事。
13. 玄奘寺前临拉鲁岛，后依青龙山，地处日潭与月潭的陆地交界，海拔 900 多米，据说为"青龙戏珠"宝地，正殿分两层，分别供奉玄奘舍利子与释迦牟尼佛金身。由于工程耗大，约 1964 年才正式落成。

高、景观最佳的三层楼洋房。行馆内依旧是格局简单，陈设朴实。据说格局完全仿照士林官邸。其余行馆下方五栋二层楼日式木造房舍则遭拆除，改为水泥楼房，仍用以招待外宾与特殊宾客。

据说行馆改建时，蒋介石原本觉得颇为浪费而反对，但为顾及新馆与行馆外观协调才勉强答应。之后，他一年到此停留近三四个月，甚至1966年还光临5次，为历年之最。

经常随侍蒋介石身旁的蒋经国，则在湖滨有座砖造二层楼中式别墅，供他静养时使用，朱红大门，风格古朴，较涵碧楼更贴近湖面，且尽观日、月两湖风光。别墅一楼中央是客厅，摆有浅绿色沙发，右侧是起居室，左边是餐厅，后侧是盥洗室，楼上有书房、起居室各一间。[14]

与行馆连栋兴建的涵碧馆新馆，则成为当时潭畔设备最新颖的旅馆，逐渐对外开放，但门禁依旧森严，来访政要也常在此举行较正式会晤。新馆大堂一楼右边是中式餐厅，供应明湖佳肴曲腰鱼，对面客厅悬挂蒋介石与宋美龄游湖黑白照，落地窗外遍植玫瑰，环境清幽。

1971年1月，为信奉基督教的宋美龄在日月潭休憩时能维持做礼拜，蒋介石兴建了一栋具有一巴洛克风格的专属教堂，有四层楼高，黄色墙面对比蓝天，希腊石柱、桧木大门、木纹斜板屋顶、英式古灯，由大陆工程董事长殷之浩带队兴建，号称可抵御105榴弹炮攻击。

耶稣堂启用后，由基督教妇女祈祷会牧师何忆东执掌，没有其他教友，平日大门深锁，也成为日月潭仅有的教堂。蒋介石晚年来日月潭必至耶稣堂做礼拜，还曾带领蒋经国、蒋孝文、蒋孝武、蒋孝勇等人祷告。虽然晚年身体不佳，出入都需搀扶，但蒋介石唯独步上耶稣堂台阶，坚持要靠自己双腿步行。

14. 蒋经国行馆虽是蒋介石指示为蒋经国治愈失眠等宿疾而建，但在蒋介石去世后，蒋经国即指示改为"总统行馆"，同时提供贵宾招待所功能。蒋经国去世后，李登辉在20世纪90年代中期，再度指示将相关建筑转赠"救国团"，供青年假期旅游之用，并开放一般人住宿。

至于文武庙也在20世纪70年代初重建，蒋介石改推"文化复兴运动"与发扬儒家精神，特别重视主祀关帝、岳飞、至圣先师孔子的文武庙重建工作，先后7次巡视，并指示庙宇以"北朝式"形式兴建，装点得金碧辉煌，在蒋介石要求下，文武庙在1971年竣工。

此外，蒋介石为感念母亲王太夫人恩德，纪念溪口慈庵而建的慈恩塔，也于 1971 年完工，位于潭畔海拔 954 米沙巴兰山上，塔高 46 米，塔顶正好为海拔 1000 米，共分 9 层，从塔顶瞭望，拉鲁岛、玄奘寺与慈恩塔约在同一条中轴线上，地形宛若龙头伸入潭中取水，成为日月潭地标，也说是日月潭龙脉之地。

慈恩塔系由省交通处、公路局等单位自涵碧楼经营所得中匀支经费设计监造，不过用地属于寺庙区。由于建料运送不易，因此过程相当辛苦，蒋介石多次前来探勘，匾额也为蒋介石亲题，塔内有一口巨大的镇塔铜钟，王太夫人灵位则奉于塔前宫殿式建筑。

「九二一」强震将蒋宋旧迹荡摧殆尽，空余历史桨声

日月潭与涵碧楼的风光，前后延续数十年，南投县政府还在日月潭成立了"南投县风景区管理所"。但随着蒋介石去世，以及美军度假、日本人旅游潮一退，台湾人民去外地旅游限制也渐放松，日月潭观光自 20 世纪 80 年代初慢慢难以为继。尤其地方急功近利，投入大笔经费，却只能建设出品位不佳、老态龙钟的观光景点，文化表演日趋商业化、庸俗化，更使游客大为扫兴。

例如台湾少数民族文化原本是当地重要的观光资产，地方政府却在拉鲁岛上兴建仿中国西湖风味的"月下老人亭"供游客膜拜祈愿，自然大不搭配。德化社也遭市地重划成为棋盘式街道，不但挤进大批汉人，邵族原有农庄建筑几乎被全部拆除，成了杂乱无章的店铺，摊贩扰人，镖客横行。1990 年 8 月 25 日晚间，日月潭还发生游艇翻船事件，共 57 人罹难，仅 25 人获救，震惊各界，日月潭观光几乎一蹶不振。

至于耶稣堂在蒋介石去世后，过去为他祝祷的牧师及传道、信徒仍利用耶稣堂的空间集会，不对一般民众开放，连带引发不少争议。直到日月潭风景区

管理处成立，宣布拥有耶稣堂产权，才慢慢说服牧师夫人，开放运用耶稣堂空间，供游客做礼拜。

涵碧楼命运同样多舛，随着省观光事业委员会与"励志社"在20世纪70年代初遭裁撤，为加强维护，台湾省政府交通处名下成立了涵碧楼暨慈恩塔管理委员会，作为官方管理机构，同时交由以"励志社"为班底的涵碧楼招待所经营使用。蒋介石去世后，行馆内仍保留原风貌，行馆旁涵碧楼大饭店则于1985年重新整修后，完全对外开放营业。

只是随着台湾逐渐开放，涵碧楼半官半民的组织成为外界质疑焦点，因此引发产权所有人南投县政府与饭店经营者之间缠讼。当时经行政区域重划，涵碧楼主建筑产权已登录为南投县政府所有，以一年租金60万元租给涵碧楼，且20年租约即将到期。虽然县政府提高租金，租约也改为两年一签，但在议会要求下，与涵碧楼对簿公堂，宣称要拆屋还地。

通过诉讼手段，南投县政府收回涵碧楼产权，并封楼整修，因此行馆与涵碧楼间原有通路遭封闭，所幸行馆正门向潭面未受影响，才不致无法出入。至于涵碧楼经营单位也不是省油的灯，先是改组为私人出资的涵碧楼大饭店股份有限公司，趁着兴讼期间，另辟蹊径，在原址右侧新建一座大楼，并在潭边盖了批别墅式独栋旅馆，继续营业。

当时因各方争议，慈恩塔不但产权起纷争，管理维护费用也求助无门，因此长期欠缺维护，没有政府单位愿意接手。至于两艘为蒋介石而设计的铁壳船也因年久失修，废弃在潭边无人闻问，显得相当凄凉。

1998年，乡林集团宣布并购旧涵碧楼大饭店，取得饭店扩建的旅馆、餐厅大楼等地上物产权，准备大展身手。但没想到突如其来的"九二一"大地震，震垮了涵碧楼大饭店、蒋介石行馆与蒋经国行馆，日月潭满目疮痍，码头全毁、玄奘寺灵骨奉安塔遭完全震倒，慈恩塔上的顶珠也被震掉，唯独耶稣堂丝毫无损，完好如初。

由于灾情惨重，县政府放弃修复可能，因此拆除蒋介石行馆，只保留原有车库，乡林集团则再斥资18亿元，打出宋美龄名言"我将再起"的口号，在涵碧楼饭店原址上新建以大量缅甸柚木做建材的七楼层现代化旅馆，委由澳大

◆涵碧楼入口处
如今的涵碧楼已非昔日之建筑，已由私人出资改组为豪华的五星级酒店涵碧楼大饭店，其高昂的消费并非普通平民能够轻松承受。令如今的涵碧楼颇为自豪的是其"极简""禅风"的设计理念，由木头、石头、玻璃和铁四大建材构成，低调中隐含着奢华。（上图）

◆涵碧楼展示厅
涵碧楼展示厅的规模并不大，但其中展出的照片与文案颇具历史研究价值。引起两岸学术界高度关注的便是《风云聚会涵碧楼：两岸关系滥觞地》。展示中明确指陈蒋氏父子于1965年在涵碧楼会见曹聚仁，对晤谈内容也有具体描述，但毛泽东与蒋介石通过曹聚仁的三次晤谈并未经得官方证实。（下图）

利亚希尔建筑师规划并与阿玛集团合作，只是仍沿用涵碧楼招牌。经营者同时尽可能使用遗迹堪用屋瓦、梁柱等建材，在饭店右侧重建自1920年就屹立在此的涵碧楼招待所，作为展览厅舍。

在陈水扁主持开幕下，终于让涵碧楼重见天日。2002年间，还打着"两岸和解"招牌的陈水扁，甚至一度安排长期游走两岸三地的新加坡前总理李光耀到涵碧楼一叙，研商有否可能透民间渠道促成三通开放事宜，不过消息曝光后因故取消。此时，通过民进党推动正名运动，陈水扁也将光华岛重新回复旧称为"拉鲁岛"，"德化社"改称为"卜吉社"，同时在拉鲁岛上种植两棵邵族神树筊苳树，作为去除"大中国主义"象征。

数十年过去了，从涵碧楼外望，湖光山色视野延伸依旧，只是涵碧楼的外观内装已不复往日。历史的波涛能够记住的也许只有蒋宋漂在湖面的桨声。

全台首遭拆毁的卦山馆

度过来台初期的风风雨雨，蒋介石从 20 世纪 50 年代中期开始，在台统治基础日益稳固，虽然政坛上的斗争随蒋经国崭露头角而日益激烈，国民党内军警特势力抬头，但蒋介石已是一派轻松，四处巡视与检阅军队，或借机散心，则已是他日理万机之余的一大消遣。

因此从 20 世纪 50 年代中期，蒋介石全台各地行馆渐渐多了起来，且不全是具有商议政事之功能，纯粹只是蒋介石休息落脚的地方，或巡视地方建设的前哨站，真要停留较长时间，还是要数涵碧楼、角板山等行馆。

只是许多匆匆路过的行止或休息处，蒋介石甚至根本没去过，却被地方官员揣摩上意，大张旗鼓地以"总统行馆"名义保留下来，不准闲人靠近，更谈不上开放他人使用。等于蒋介石怀璧其罪，背了不少黑锅，彰化八卦山正是颇好的例证。

由于风景秀丽，交通位置适中，从日据时代开始，就有许多温泉游憩设施在八卦山一带陆续设立，包括卦山馆在内。但就蒋介石而言，他来台后仅数度到此处休息，最多仅停留过一晚，反倒是蒋介石副手陈诚较常利用这个招待所。但因蒋介石与陈诚曾"驻跸"于此，卦山馆因此身价不凡，除极少数贵宾、政要使用外，一般人几乎难觅其门而入，也成为所谓国民党"特权"形象的象征。

时光无情，蒋介石去世后，一如许多利用率较少的行馆，卦山馆也遭闲置荒废。甚至在 20 世纪 90 年代，卦山馆也率先被民进党执政的彰化县政府夷平，成为景区停车场，寸木无存。就此角度观察，八卦山行馆不能不说是"去蒋化"浪潮下，台湾首先蒙难的行馆。

◆日据时期八卦山温泉外观

彰化旧称"磺溪",彰化温泉便是八卦山麓矿物质含量较高的冷泉,利用水泵抽上山后,再加热以作温泉使用。1918 年即有地方人士将泉水样本送交至"台湾总督府"研究所进行分析试验,以查验是否适合作温泉使用。卦山馆的落成则在数年之后,1931 年开始着手规划,两年之后落成。不过之后卦山馆多灾多难,于 1941 年遭受祝融之灾,之后又毁于"二战"空袭,如今已不复存在。

彰化

嘉落成式

彰化温泉旅馆，建筑一件。自前六月中兴工以来，路水顺调，按来二十日，就能告竣。而其落成式，豫定来二十七日，与街孔子祭同时举行。州当方落成当日。月前已支准备中。但据尚局，于温泉旅馆、滝山神社建物。再通过御道迹地之目眺平远路润三间。而更在刚月便奥神社谷间，须发越长约三十间。二间之桥式梁桥。就园此近一潜盆游园地，而落成当日，又欲招待多数来宾，盛况载望，开设宴会。

于是落成式将届，开设落命。决定此名之招石。

◆ 1933 年 9 月 20 日的台湾《日日新报》上报道彰化温泉落成仪式（上图）
◆温泉券（中图）
想必当年彰化温泉的火热也会一票难求，日据时期诗人卢三多甚至给彰化温泉赋诗一首。"温泉这如何，治病兼养疴。源流在何处，彰化卦山阿。君不见十二胜中仍入选，此中修稷无不善，最是泉胜他亦灵。乐仁乐智兴不浅，玉泻汤槽日盈盈。抚今大地疮痍甚，心身漆净妙莫名。我亦愿把俗虑洗，免为区区感不平。热不因人宜澡德，无冬无夏自天成。茫茫佳气自氤氲，效同别府广闻。浴罢振衣山上望，眼前诗料许平分。"
◆彰化温泉公共浴场州费补助案（下图）
1937 年《台中州费补助认可》文件（"台湾总督府"档案第 10799 册第 14 件）中，"彰化温泉公共浴场设施费补助"即为诸多申请补助案的其中一项。为申请改建补助，附有多张规划蓝图、构造图等，为彰化温泉难得的影像资料。此申请补助案系用于增设彰化温泉公共浴场的客室、食堂与炊事场，以及蒸汽罐与附属设备等。提出之理由是基于彰化温泉公共浴场自 1933 年开设后利用者众多，且逐年增加，必须扩充客室等相关设备；另外，浴场所使用之蒸汽罐在接合处常有故障，虽经加以修护已不堪用，亦须扩增其他附属设备。彰化市役所乃报请台中州补助经费，"台湾总督府"亦予以核准。

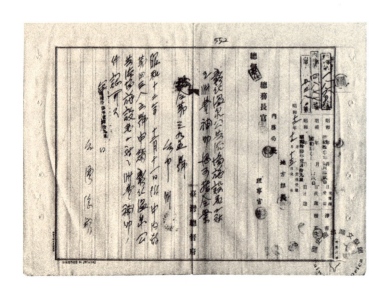

抗日古战场，陈诚着手整建蒋行馆

八卦山位于彰化市东郊约 1000 米处，范围北起大肚溪南岸，南至浊水溪北岸，东接台中盆地，西临彰化平原，环境优雅，视野辽阔，林木苍翠，景色秀丽，是彰化境内唯一的台地，海拔 96 米。

当地本称"寮望山"，据说清朝时，天地会分支"八卦会"在这里活动，因而得名。[1] 不过也有一说，清代嘉庆时期知县胡应魁，以八卦山山势横亘无主峰，乱邑不靖，民性好乱，因此建太极亭于山上，故称附近之山为"八卦山"。

居高临下的八卦山也是 1895 年《马关条约》割让台湾后，抗日民众抵挡日军入侵的重要古战场。当年吴汤兴、徐骧和中部义民据守八卦山，抵挡日军进袭，自 8 月 9 日起血战三昼夜。虽然因战力悬殊而落败，壮烈成仁四五千人，但日军统帅北白川宫能久亲王[2] 重伤，而后不治死亡，山根少将亦遭击毙，是台湾抗日史上最大的一场战争。日本人占据台湾后，除在八卦山兴建神社，也在山顶竖立"北白川宫纪念碑"，成为著名官方指定旅游路线，行人到此须脱帽敬礼瞻仰。

日据时期，为发展台湾观光，以博览会名义推动八景十二胜，八卦山"卦山春晓"成为"台湾八大名胜"之一，逐渐打下知名度。由于拥有台湾稀有的碳酸铁矿泉，山麓间荷兰人统治台湾时期所凿的红毛井也是矿泉，富含钙、钠等物质，因此日本斥资 27000 日元在八卦山钻探冷矿泉，再利用机械压缩抽取泉水加热、添加硫黄成温泉，为一人造温泉，并兴建彰化温泉馆供民众泡汤。

可惜这座日本战败前开发的最后一座温泉，毁于

1. 另说 1731 年，当地大甲社平埔番族联合吞霄、沙辘等十余社与汉人发生武力冲突，遭镇压后清廷在山上建"镇番亭"，改山名为"定军山"。

2. 北白川宫能久亲王（1847 年 4 月 1 日 – 1895 年 11 月 5 日），日本皇族，曾赴普鲁士留学，明治天皇之叔。甲午战后，任侵台司令官，率近卫师团进攻台湾，展开为期数月的乙未战争。日本官方指，北白川宫能久下台南后因感疟疾，返抵东京隔日病死自宅；民间相传系死于抗日义军炮火。日据时期被神格化，20 世纪 30 年代，全台只要北白川宫能久经过的地方都出现纪念碑。

第二次世界大战战火。光复后，彰化县政府两度希望整建八卦山温泉，但都因经费没有着落而作罢，最后才找到了当时担任台湾省主席的陈诚，希望获得省府支持。

1949 年，陈诚前往巡视景区，下令支持八卦山温泉整建计划，因此自同年 9 月动工，并于 1950 年元旦完工启用。陈诚将此温泉馆命名为"卦山馆"，所有权人为彰化县政府。其后几任省主席如吴国桢、周志柔，都曾在巡视时落脚在卦山馆内。

1953 年，蒋介石发表《民生主义育乐两篇补述》，虽指示观光游憩活动政策意义在于"反共"教化，但也要求发展观光事业，因此开启台湾各地观光休憩景点的再开发工作。他同时于 1954 年指示，整顿台湾各重要县市及各风景区，并发展旅行观光事业，其中八卦山、关子岭、垦丁等地区则是蒋介石指名优先发展的重点项目。

八卦山居高临下，可眺望彰化市区，夜间天气晴朗时，鹿港海边渔火清楚可见，风景优美，受蒋介石青睐其来有自。1956 年秋，蒋介石特地到卦山馆小憩，更称许当地山景优美，环境清幽，气候宜人。

1957 年 2 月，八卦山温泉馆在蒋介石指示下，改由"励志社"经营，并对原先馆内旅社、餐厅、浴室等设施加以整顿更新，成为"励志社"所属八卦山招待所，并转型为贵宾招待所。不过针对县政府及议会员工，"励志社"还是予以五折优待，并协助县政府贷款在他处另建招待所。

陈诚与现代版"商山四皓"胡适、蒋梦麟[3]、梅贻琦、王世杰事件

卦山馆改制为贵宾招待所后，1959 年 1 月 15 日，时年六秩晋二、身兼"副总统"与"行政院长"之职的陈诚为了避寿，特地与夫人谭祥[4]，邀"中央研

◆ 20 世纪 50 年代，蒋介石、陈诚就任第二届"正、副总统"职务之后的情景，这是 1949 年国民党政权撤至台北以后两人难得一见的笑容。首先，蒋介石在台湾已初步站稳了脚跟，再次，尽管过去众叛亲离，但逃到台湾的都是凝聚力强大的忠贞分子，因此蒋介石、陈诚这对工作搭档彻底避免了过去蒋、李（宗仁）搭档时的矛盾和分裂了。

3. 蒋梦麟（1886 年 1 月 20 日 - 1964 年 6 月 19 日），原名梦熊，字兆贤，别号孟邻。浙江余姚人。年轻时赴美进修，在美国哥伦比亚大学取得教育学博士，回国后曾任北京大学总务长兼代理校长、北京大学校长（1930 年 12 月 - 1945 年 10 月）、教育部部长、行政院秘书长等职，来台后曾任"中国农村复兴联合委员会主任委员"，并筹建石门水库，1964 年病逝于台北。

4. 谭祥（1906 年 - 1989 年 6 月 6 日），字曼意，湖南茶陵人。国民党军政元老谭延闿三女。上海圣玛利亚女子学校毕业，是宋美龄干女儿。1931 年春，在去上海专车车厢中认识陈诚。1932 年元旦与陈诚结婚。来台后协助宋美龄管理"妇联会"。1989 年因突发性脑出血病逝于台北。

◆ 1936年底，西安事变前夕，陈诚等国民党要员随蒋介石赴西安，准备进行第五次"围剿"的最后攻击。西安事变爆发后，全员遭东北军扣留，幽禁于西安全家巷仁寿里五号。事件落幕后，被扣大员等合影留念。前排右为陈诚。

究院长"胡适、"农复会主委"蒋梦麟、"教育部长"梅贻琦[5]，以及王世杰等名重一时的人士前往中南部游览。

当时一行人在陈诚家集合后，先到桃园埔心游览，晚间即入住八卦山"励志社"招待所。第二天上午参观临时保藏在台中雾峰"故宫"的文物，下午到省府所在地中兴新村，16 日晚间再度下榻八卦山招待所。

隔日，陈诚一行人继续南下云林、斗六、嘉义等地，视察农圳与地下水设施，下午在台南新营视察台糖农产加工厂与畜牧所等设施，晚间入住高雄大贝湖（今澄清湖）招待所。18 日一行人再南下屏东视察凤梨罐头工厂与堆肥实验场，下午抵达高雄港，并搭游艇出海视察港区扩建工程，晚间回到大贝湖招待所入住，并在当地与媒体公开座谈，畅谈这几天巡查台湾工业与农业建设的感想。

19 日，陈诚一行人开始北上，回到台南视察阿公店水库、糖业试验所、农林改良场，晚间再度入住八卦山招待所。20 日上午，驱车前往施工中的石门水库视察后，约下午 4 点返抵台北。

陈诚此行邀请到四大学者视察他在台湾农村与轻工业的各项建设，并对外发表谈话，不但风光且为外界瞩目。事实上，陈诚一向对知识界颇为礼遇，早在大陆时期，即使是与蒋介石作对的人，陈诚仍敢重用，因此他不但与傅斯年等人颇有交情，与王世杰、陈雪屏的私交都不错。

1958 年 4 月 8 日，胡适从美国返回台湾地区，也是由陈诚代表蒋介石，亲率党政和学术界人士去松山机场迎接；胡适邀请蒋介石改变作风，或是为"自由中国"缓颊的请托，都是拜托陈诚经手，平日与蒋介石唱反调的知识分子更被外界视为多与陈诚交好。

但一次避寿之旅，能约妥胡适等多位重量级大佬作陪，还是可以看得出陈诚的分量，一时更被舆论称为现代版"商山四皓"。加上外界解读蒋介石似有意不再连任"总统"职务，蒋经国又仍在历练，陈诚的大动作似有问鼎，或与蒋介石叫板的味道，自然意义非凡。尤其撤台初期重要将领，如"海军总司令"桂

5. 梅贻琦（1889 年 12 月 29 日－1962 年 5 月 19 日），字月涵，天津人。1916 年即担任清华大学物理教授。1931 年至 1948 年任清华大学校长。抗战期间，以校务委员会常委身份主持西南联大校务。1955 年在新竹主持"清大"复校，并筹办"原子科学研究所"。1958 年 7 月任"教育部长"。1962 年病逝于台大医院。

树木树人

兴学农场及青年示范作业场

辨理五载近渡模逵义民新村书

以留念 辛一年六月 陈诚

◆ 1962 年，陈诚为"兴学农场"及"青年示范作业场"手书纪念，陈诚虽为行伍出身，与农业专业毫无关系，但因特殊的历史渊源，却成为复兴台湾农业的舵手。（左页图）

◆ 1965 年，陈诚丧礼，前往台北市主殡仪馆吊祭的民众络绎不绝。1949 年 1 月，蒋介石在"三大战役"结束后宣布下野，并派陈诚就任台湾省政府主席兼任台湾警备总司令，为国民党撤退台湾做具体准备。该年 4 月起，陈诚开始在台湾实施一系列的土地改革政策，包括"三七五减租""耕者有其田"等，1953 年继续贯彻该项政策，使得佃农普遍获得土地，也使国民党奠立了在台湾的统治基础。即使半世纪后，台湾农民对陈诚仍有一份很深的感情。（右页图）

永清、"空军总司令"王叔铭，以及"参谋总长"周至柔，都曾是陈诚人马，让陈诚在 20 世纪 50 年代初期卸下军职后，在军方仍握有高度影响力，更是他再上层楼的重要资本。

其实陈诚长年为蒋介石赏识并提携，不但绰号"小委员长"，关系更是非比寻常，陈诚夫人谭祥与宋美龄间更是私交甚笃，不但谭祥与陈诚间的婚姻是由蒋宋做媒玉成，谭祥为陪伴夜猫子习性的宋美龄，更是每天最晚离开官邸的客人之一。

影响所及，例如 1949 年之际，陈诚以参谋总长兼任东北行辕主任身份，因东北失守、拒纳伪满洲国部队等问题备受党内批判，甚至云南省立委罗衡在立法院提出"杀陈诚以谢国人"的提案，但蒋介石仍指派他率先来台为转进布局，蒋介石一到台湾，陈诚就把台岛军政特警大权交给了蒋介石，足见两人关系密切。

脾气火暴的陈诚在 1949 年之交，不但多次公开批蒋，抱怨蒋介石凡事插手，甚至与蒋介石起口角，让蒋介石在日记中抱怨陈诚"心理状况出问题"，"自

以为多智"，但对外，蒋介石仍多所肯定与维护。尤其自国民党七中全会开始，蒋介石一方面让陈诚渐离军职，但在党务与政务上却一路拉拔，且以"让年轻的来干"为理由，劝退党内大佬，让陈诚从"行政院长"做到"副总统"，在台湾地位已可说仅在蒋介石一人之下。

"忠党爱国、尽责尽职、任劳任怨"，是蒋介石选择陈诚担任副手的重要考量。同时由于陈诚长年主持经济民政，在台湾土地改革问题上多所着墨，因此民间声望颇佳，也获得许多自由派人士肯定。相较之下，虽然蒋经国也获得大批人士拥护，甚至与陈诚慢慢有互别苗头的摩擦，但蒋经国此时还是威望不足，羽翼未丰。

蒋经国在20世纪50年代末期，连"内阁部长"都未做过，更被质疑是蒋介石指挥军情体系的黑手，1957年爆发大规模反美示威，又让蒋经国被美国认定幕后必有牵连，连带让许多国民党大佬对蒋经国不满，卸下"国安会副秘书长"职务。因此陈诚与"太子"接班之争，似乎出现领先趋势。

紧接着举行的国民党八中全会，蒋介石更突然为陈诚新设"副总裁"职务[6]，外界纷纷解读，蒋介石似已决意"传贤不传子"。外界更有希望陈诚先接棒，再提携蒋经国登大位的说法。特别在1958年中，时任"行政院长"的俞鸿钧因遭弹劾而自行请辞，台湾舆论兴起需要强势"阁揆"以稳定局面的呼声，蒋介石更顺势提名陈诚兼"行政院长"职务，更让陈诚的后势看好。

蒋介石三连任，胡适笔伐，陈诚黯然

20世纪50年代末期，台湾政坛关切焦点因此集中在1960年蒋介石是否交班议题上。因为根据"宪法"规定，1950年复行视事的蒋介石经一次连任，已然做到法定最后一任"总统"任期，即他的任期最晚只能做到1960年5月20日为止，除非"修宪"或硬干，蒋介石都没有继续任期的可能。陈诚既然身兼"副总统""副总裁"，深受蒋介石信赖，蒋经国又历练不足，只要蒋介石决定交棒，当然陈诚就大有可为。

不过陈诚虽然再度受蒋介石指派，以"副总统"身份兼任"行政院长"，却意外地一接任就与蒋介石意见相左，原本蒋介石希望张其昀留任"教育部长"，甚至亲自带着张其昀拜访陈诚，但陈诚不肯买账，坚持用清誉较佳的"清大"校长梅贻琦，最后终于"梅上张下"，陈诚坚持人事案的结果获得舆论与学者肯定，但也使蒋陈两人出现一定矛盾。

据陈诚儿子陈履安转述，当时胡适相当看重陈诚接任"总统"，甚至允诺陈诚，如果他当上"总统"，愿意从美国搬回台湾。但这些话说多了，蒋介石听了就很不痛快。此外，以胡适为靠山的"自由中国"，早在1956年就打着庆祝蒋介石70岁大寿的名号，点名质疑蒋介石三连任争议，让各方瞩目，"两蒋"极为不悦。至于胡适在这期"自由中国"中，则说了美国总统艾森豪威尔的两个小故事，讽谕蒋介石不该管太细，应该放权，无为而治，信任自己的手下，

◆ 1952年，胡适（前排左一）由美国来到台湾，与老友重聚合影。图中为（前排中、右）陈诚、王世杰。（第二排右起）张历生、叶公超、吴国桢、陶希圣。（后排右起）张南如、黄少谷、张其昀、沈昌焕。胡适，祖籍安徽，1891年生于上海东门外，入上海中国公学，后赴美入康奈尔大学，先习农，后转哥伦比亚大学，师从实证主义大师杜威，获哲学博士。1917年回国后任北京大学教授，讲授实证哲学，次年任《新青年》编辑，鼓吹文学革命，提倡白话文，其名言有"多研究些问题，少谈些主义""大胆假设、小心求证"，成为"五四运动"主要人物，对中国思想界有深远的影响。1949年，胡适赴美，1952年首次应邀去台湾演讲，照片的人士堪为去台文化界的一时之选。

6. 1957年10月，国民党召开第八次代表大会。蒋介石于10月18日向大会提议："中正提案本党应设副总裁一人，并在党章第五章中增设条文如下：'本党设副总裁一人，辅助总裁处理党务，其人选由总裁提名经全国代表大会通过之'。"因此让陈诚成为"副总裁"取得依据。

◆ 1958 年，"中央研究院"在台湾重建，由胡适任院长，继续在台湾散播思想与文化的种子。中央研究院最早于 1928 年成立，作为中国最高的学术研究机构，但因内外局势动荡，战祸连年，以致当时的研究院是由全国各学术团体选出的评议员的组合，并非一实体的研究单位。直到 1948 年 3 月，原来中研院评议会投票，选出 81 名院士，才在南京正式成立了中央研究院。胡适是人文组院士，首届代院长为当时的教育部长朱家骅。(上图)

◆ 蒋介石与胡适之关系，曲曲折折，从直言力谏到惺惺相惜，伴随着民国命运起伏波折的大潮。1935 年，蒋介石组建"人才内阁"，胡适榜上有名，身份转而成为蒋介石内阁的建言者。抗战的爆发，亦体现了胡适亲英美外交之腕力，于旧金山，胡适发表题为《中国能战胜吗？》之演讲，以"算盘要打最不如意的算盘，努力要作最大的努力"之破釜沉舟之壮怀，勉励侨胞。(下图)

似乎也略有帮陈诚游说之意，也使问题更加复杂。尤其当时"中央日报"为了帮蒋介石祝寿，还四处约稿，结果胡适把这篇文章也给了"中央日报"，让编辑万分头痛，只能循渠道请示蒋介石，结果蒋介石裁示照登，"让他去讲好了"，文章才顺利过关。

为了劝阻蒋介石，晚年很少从事政治性发言的胡适，虽然接受蒋介石邀请，返台接任"中央研究院院长"职务，但他却破例与王世杰等人公开建议，希望蒋介石遵守"宪法"规定，宣布不再连任，树立和平交接权力典范；乐天派的胡适甚至还找上陈诚，盼他劝说蒋介石依"宪法"行事，更让接班关头的陈诚非常尴尬，只能应付了事。

在争议中，"自由中国"选择在论战里持续扮演反对要角，点名国民党拥护蒋介石"三连任"，或主张"修宪"以便蒋介石连任的做法违"宪"，是不当的，与国民党阵营势成水火，党内外言论激烈交锋，引发相当大的风波。没想到蒋介石于1958年12月23日在"光复大陆设计委员会"会议中公开表示，"反对修改'宪法'"，因此被外界解读为，蒋介石是真的有意卸下正式职务，到时"国民党政府"势必要推选新领导人。是以陈诚在1959年1月间前往八卦山、大贝湖等地高调避寿的做法，颇让外界以为这是陈诚在后蒋介石时代的培养名望的手段之一。

只是誉之所致，谤亦随之，陈诚出游后立刻有人放话，指陈诚仿效汉惠帝集"商山四皓"之力以定大位的做法，明显有野心取代蒋介石。更有人质疑陈诚是否与"自由派"私下串联。特别是雷震除了经营"自由中国"，与国民党"文宣系"势成水火，更不顾胡适劝阻，从20世纪50年代末开始计划另立政党，没想到陈诚一度公开表示，"只要不是流氓，军阀组的反对党都可以存在"，被解读为默许组党，更让外界瞩目。

相传陈诚更犯了蒋介石大忌，与一些现任将领私下讨论蒋介石之后接班问题，据说连现场录音都遭情治单位掌控后直呈蒋介石，蒋介石勃然大怒，立刻拔除多名与陈诚关系密切的现任将领，包括"参谋总长"王叔铭在内，彻底清除陈诚接班的可能。

加上谜题终于揭晓，蒋介石无意以"修宪"解决连任问题。只是他也不反

◆蒋介石所谓的"总统"连任后,与"副总统"陈诚合影。无论在史书上,还是在人们的印象中,陈诚始终被人们视为蒋介石的股肱和心腹。但从出版的《与蒋中正先生往来函电》和陈诚的《家书》以及美国斯坦福大学胡佛研究所档案馆藏的《蒋介石日记》等史料来看,陈蒋关系并不是人们想象的那般亲密,而是有时也冲突得厉害。

对国民党人士以增设临时条款方式，冻结原有"宪法"规定，回避"修宪"的大动作而让他三连任，问题只是如何化解法令与舆论疑虑；陈诚终与大位擦身而过。

陈诚在蒋介石生前接班的想法虽成泡影，但胡适等人的反对却没有停止，雷震与"自由中国"的批判更是露骨，以曹丕与袁世凯被劝进比拟此时的处境。很少介入政治的胡适，也罕见地于1959年11月15日借着到张群家会面的机会，希望蒋介石公开宣布放弃三连任；胡适要求，希望蒋介石树立和平交接权力的范例，甚至公开他所属意的继任人选，但绝不能以劝进电报的方式，侮辱老百姓，侮辱蒋介石。

面对胡适的不悦，张群当场虽答应传话，也解释说蒋介石的意愿来自"革命事业没有完成……对全国军队有责任"。胡适为求慎重，之后又面见了黄少谷，以确保他的反对意见能被带到。过了一个星期，胡适去看王云五，再提他托张群传话一事。王云五则说，话虽然已经婉转带到，但蒋介石只说，"他该说的都已经说了"。胡适事后在日记中记载，蒋介石此举应该又是1949年与1954年"他对党说话，党的中委一致反对，一致劝进，于是他的责任已尽了"。

通过临时条款，蒋介石连任不再受届期限制，等于可无限期连任，雷震等人也接到关于政治暗杀的威胁。此时陈诚反倒尴尬地从国民党手中接下与胡适等人疏通的工作，实在情何以堪！约在2月中旬，陈诚拜托胡适承认现实，胡适还反问陈诚何谓现实？陈诚也只能强调，台湾内外形势不好，一步不能乱，这就是现实，希望胡适还是能好好合作，不要让外人看笑话，结果双方几乎不欢而散。胡适对外还是讲，"我仅有一句话，就是坚决反对总统连任"。

1960年3月，"国民大会"选举，增列临时条款提案轻易通过，当场只有王世杰表达反对。至于陈诚仅能继续屈就"副总统"，由于蒋介石的大动作，等于预告未来将传子不传贤，也因此引爆陈诚与蒋经国间的矛盾心结，持续多年而无法化解。[7]两人不和，台湾政坛人尽皆知，连张学良也说，当时蒋经国被陈

7. 例如蒋经国亲信衣复恩因执掌对美情报合作业务，特别是U2"黑猫"中队对大陆航拍工作而红透半天，却意外在20世纪60年代遭蒋经国下令关押，据衣复恩回忆，其中一个原因可能正是与U2高空侦察机有关。因时任"副总统"的陈诚曾要求要看U2机空拍照片，陈诚既是"副总统"又是老长官，衣复恩只能照办，并亲自把照片送到陈诚家中，没想到蒋经国在陈诚家中恰巧看到而大怒，认为衣复恩违反U2机密资料仅能通过蒋介石与蒋经国单线指挥的保密规定，于是下令查办。

诚"压得灰心",想自逐到美国去,"正好此时,陈诚病重死了,大局有了转机,真是上帝的安排"。

事实上,虽然陈诚晚年不断向人抱怨,"中国官场就是忌才",但在陈诚有生之年,蒋经国在内阁的位置也的确始终遭到压抑,直到陈诚因胃癌静养并辞去各兼职,蒋经国才一飞冲天,从"国防部副部长""国防部长",走上蒋介石为他铺好的强人之路。

蒋介石视察『八七』水灾,树建曾被誉为『亚洲第一大佛』的如来佛尊

至于蒋介石光临卦山馆,还要回溯到 1959 年 8 月 7 日"八七"水灾。当年一个从台湾地区擦身北上、朝日本扑去的台风"艾伦",吸引热带性低气压,形成强大西南气流,导致台湾西部连续三天降下大规模雷阵雨,暴雨洪水肆虐,平均每千米都有灾情传出,是全台有史以来最大的水灾,更是台湾人的共同梦魇。

结果洪灾共造成 667 人死亡、408 人失踪,房屋全倒 27466 间,从苗栗、台中、彰化、南投、云林、嘉南平原到高雄,各县市都受灾惨重,18 万名灾民在收容所接受救济。虽然蒋介石立即电令三军协助救灾,但由于受灾面积太广,一发不可收拾,根本无济于事。

当时台湾铁路、公路严重瘫痪,铁路受灾 297 处,公路高达 476 处,尤其连接台中和彰化包括大肚溪桥梁在内的多处桥梁中断,铁路、公路交通受重创,南北交通中断。因此台湾当局紧急抢修大肚溪公路桥通车,以铁路、公路联营方式暂渡难关。特别在经济层面,经统计各项损失总计超过新台币 35 亿元,约占当时台湾年国民所得金额的 11%。

8 月 12 日,台湾省政府经蒋介石指示,紧急拨款新台币 800 万元救济灾民。由于灾情实在太严重,蒋介石也于 8 月 30 日偕蒋经国南下巡视灾后复建,"励

志社"即安排蒋介石在卦山馆休息，但他们并未过夜，视察灾情后即驱车离去。

　　蒋介石隔日也在台首度颁布"紧急处分令"，宣布紧缩预算、消费及大幅加税、课征水灾捐等措施。

　　蒋介石视察后，卦山馆旁的彰化公园改名为"中正公园"，并在公园内、原北白川宫能久亲王雕像花瓣形基座上竖立起一尊蒋介石铜像。此外，八卦山行馆门口也增设一个蒋介石步行视察大肚溪桥灾情的浮雕。1962 年，蒋介石也曾因视察中部部队夜宿在八卦山招待所。

　　当时为纪念抗日烈士，地方政府还特地将历经刘铭传时期与抵抗日军侵占所用的两门古炮运至卦山馆前安置，直到 1972 年，才改放到一旁的卦山园餐厅前作为装饰。

　　八卦山招待所除了行馆功能，也是具 18 间房舍，可招待外宾的国际旅馆，同时对外经营。例如时任"行政院副院长"的王云五、玻利维亚副总统、各国"使节武官"及眷属访问团、英国访问台湾地区的下院保守党议员等，都曾在招待所歇脚。国民党元老吴忠信之子吴申叔与影视红星王莫愁闪电结婚，共偕连理，也选在八卦山招待所共度蜜月，住在 101 号房。[8]

8. 1962 年，"副总统"兼"行政院长"职务的陈诚一度传出身体欠佳的情形，因此曾南下小住几天，盼借静养恢复健康。自南部返回台北前，陈诚也曾在卦山馆休息并进午餐，然后北返。

1961 年，八卦山景区中最为著名的如来大佛落成，当地人士当年系历经多年的募资，以钢筋水泥塑造出了这尊坐佛。雕塑线条简单古朴，法相庄严，据说造型是模仿日本镰仓大佛。八卦山大佛自莲花座起总高度约 24 米，佛体高达 23 米，超过了日本的奈良大佛和印度卧佛，曾被誉为"亚洲第一大佛"。

八卦山大佛内共有五层，第一层为供奉释迦牟尼佛祖的佛堂，二楼起塑有释迦牟尼佛成佛故事，分为佛陀诞生、削发出家、猕猴献果、魔女诱惑、佛陀说法、佛陀涅槃六幕，描绘相当精细。

由于大佛建造手工细腻，让八卦山不但成为彰化地区佛教圣地，也成为台湾观光胜地，尤其在物资匮乏时代，雄伟大佛雕像自然吸引亚洲各地观光客到此一游，并于 1980 年被列为"台湾十大胜景"之一。

相较之下，紧邻大佛莲座山巅的卦山馆，虽然位置绝佳，但因年久失修，逐渐荒废。行馆附近的两门抗日古炮，也于 20 世纪 80 年代中期再搬迁至附近新辟建的抗日烈士纪念碑公园中。

1999 年，民进党取得彰化执政权后不久，即审查通过，以建筑物达使用年限为由，拆除卦山馆与紧邻的末老牌餐厅卦山园，当地改辟八卦山第二停车场。紧接着，彰化地方政府宣布，将在基地上规划兴建大型的度假中心，因此把基地一带用围篱围起，立在公园内的蒋介石塑像犹如遭关禁闭，甚至当地政府还打算将铜像移送大溪"安养"。

在民意压力下，开发案一拖就是两年，围篱内成为荒草地。不过国民党人士执政后，仍计划在八卦山大佛旁以 BOT 方式兴建五星级饭店，因此蒋介石铜像仍处在关禁闭的尴尬期。

樱花温泉山色行馆

『雾社事件』旧地的
蒋氏梅花

江西庐山雄、奇、险、秀，自古有"匡庐奇秀甲天下"的美誉，20 世纪初，兴建欧美风格避暑别墅近千幢，形成中国最具规模的避暑胜地，深获蒋介石喜爱，从 20 世纪 30 代开始，成为南京国民政府的"夏都"。1937 年，蒋介石也在此发表抗日讲话，开始全面抗战。

在台湾，高山风光同样吸引蒋介石，尤以日据时期渐次开发的南投雾社一带，奇莱山与合欢山群峰山腰围绕，不但风景优美，且有丰富温泉资源，早以"富士温泉""樱花温泉"闻名，光复后，志得意满、顾盼自雄的蒋介石首度来台，就因当地景致、环境和交通与庐山颇为类似，而把富士温泉改名为"'庐山'温泉"。

1949 年后，蒋介石仍不时光临"庐山""雾社"一带，只是因路程遥远，道路不佳，仅偶一来之。直到连接东西的中部横贯公路开发，山区交通改以搭乘汽车为主，日渐繁华喧闹的"庐山"渐成为旅游热区，倒扫了蒋介石的游兴，不过"庐山"行馆依旧管制严格，非等闲能靠近。

蒋介石去世后，"庐山"行馆一如其他较不闻名的"驻跸"地点，无从开放又不继续开发，只是将驻守人员撤除，落入渐渐荒废、形同废墟的地步，直到 20 世纪末，才慢慢开始修复，成为地方开发的观光景点之一。

◆万大行馆

蒋介石亲赐万大水库以"碧湖"之美称，万大行馆因此别称为"碧湖行馆"。若于此地眺望碧湖，四季鲜花相伴——春樱夏绿秋枫冬梅，处处成景，亦是不可多得的拍摄绝景之一。外观明黄的万大行馆虽然规模不大，但却闪耀着贵族的气息，秋阳之下，略有些金碧辉煌的意味。

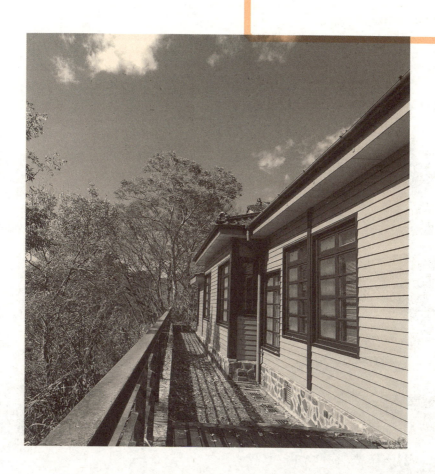

◆万大水库

曾有人戏说，如果蒋介石不做"总统"，那他该做旅游观光局长。随着台湾的解禁和旅游事业的蒸蒸日上，人们发现，凡是体现台湾之美的地方，都有蒋介石行馆的踪影，万大水库就是其中一例。该地风光柔媚，一年四季各有多变风貌，美不胜收。蒋介石爱梅众人皆知，万大行馆及水库区域广植梅树、樱树及圣诞红，冬来一片白色的花海，如雪片纷飞，诗情画意，春来则一片嫩绿，鲜嫩欲滴，夏来梅叶成荫，浓绿如墨，是四季赏梅的好去处。万大水库碧波潆潆，得到碧湖的别称，作为台湾电力公司万大电厂管理的一个水库，曾经也发挥过重要的生产作用。只不过于 2011 年初雾社水库淤沙量已超过 8000 万立方米，水库一半左右已经干涸。而 2009 年 8 月 8 日莫拉克风灾带给中南部地区水库与河川的淤积达 6000 万立方米。风灾带来的大量淤泥，虽经过这两年的清淤，效果仍不佳。此外，加上历年来的淤积，造成水库功能降低，甚至农地休耕。

蒋氏亲改名"「庐山」温泉"，纪念夏都庐山

　　"庐山"昔称"巴奥隆"，位于浊水溪左岸与其支流马赫坡溪汇合处东北方高地，即雾社东北方约 9000 米处，海拔 1250 米，早被擅长狩猎闻名的泰雅族、赛德克族视为圣地。日据时期，"庐山"被划入台中能高郡雾社，成为著名台湾少数民族抗日行动"雾社事件"[1]的舞台。1931 年，日本人将参与雾社事件的马赫坡社人强迫移至清流，"庐山"一度荒废，不久后，另有太鲁阁群迁至"庐山"耕种，但定居者不多。

　　"庐山"温泉在台湾少数民族心目中，是带有灵气，而且可以医治百病的神泉，耕种、打猎之余，便以溪边温泉泡澡。日据时期，因驻守当地的日本警察发现温泉泉源丰沛、泉质优良，因此于 1941 年正式开发，并建造温泉疗养所，供驻守人员使用。

　　因"庐山"气势雄伟，远观酷似富士山，因此日本人改称当地为"富士温泉"，又因附近天然樱花林繁盛，也称"樱花温泉"，与附近雾社、春阳合有"樱都"雅号。每逢二月，樱花盛开，热闹非凡，甚至当时还有携歌伎在樱花树下席地饮酒赏樱的习俗。

　　"庐山"温泉温度均达 87℃，属强碱性碳酸氢钠泉，神奇的是，温泉水温会依季节而改变，在寒冷的冬天会升高到 98℃，夏天又降温到 75℃；清澈无味、可饮可浴，对风湿、神经痛、慢性胃炎、高血压、动脉硬化等疾病有一定疗效，相当受日本人重视。

　　光复后，"庐山"温泉始对外开放。1946 年，蒋介石光复后首度来台，将当地改名为"'庐山'温泉"。

　　1. 日据时期，因不满日本"总督府"与地方政府压迫，赛德克族马赫坡社屡起争端，1930 年 10 月 27 日，马赫坡社趁日本人举办联合运动会警备疏忽之际，首先发难，由莫那鲁道率部落分队袭击附近警察分驻所 13 处，砍杀日本人 136 名，震惊全台，日本殖民政府调派警察与军队、飞机进攻雾社。赛德克族反抗主力渐退到马赫坡社，再转进高山峡谷周旋，日本军队则进行毒气弹攻击，并发动其他族居民围攻，赛德克族弹尽援绝后，选择战死或在巨木下自缢。莫那鲁道亦持枪自杀，该族几遭灭族，幸存生还者也遭集体迁村。"雾社事件"是日本统治台湾期间最后一次激烈的反抗行动。但因日军采取屠杀、攻击不设防村落等手段进行镇压，严重违反《海牙公约》与相关国际法，因此被严厉谴责。莫那鲁道尸体于 1934 年才被寻获，送到台北"帝国大学"当作人类学标本，后来才被送回雾社安葬。

当时日本警察疗养所已被国民党接收，改称"警光山庄"，有大小日式房子两栋，蒋介石下榻在山庄辖下一间日式平房，浴池分室内和露天，设备简洁。之后这座平房也被改为蒋介石行馆，作为他避暑休憩之地。"庐山"温泉也因此号称"天下第一泉"。

蒋介石光临"庐山"温泉时，当地并未大幅开发，仅靠羊肠小道对外联络，不过当地温泉出名后，引来许多外来人向当地人收购土地，"庐山"人口大量增加；同时随业者投入，当地逐渐形成温泉产业聚落，隶属台湾南投县仁爱乡精英村管辖。

尤其20世纪60年代初中横公路开通后，交通与观光资源大幅改善，"庐山"逐渐成为台湾民众旅游热区，原本宁静的山野村落突然沦陷在喧闹繁华中，恬静气氛渐被商业化环境取代。蒋介石原本偶尔还会搭汽车前来休憩，之后也转向中横沿线其他风景更独特、安维更严密的新景点。至于蒋介石行馆则长期维持严密管制，由警光山庄负责维护，少有平常人出入。同时，为了满足蒋介石的喜好，山庄周边广植梅花，一到冬天，满园雪白暗暗飘香，充满诗意。

蒋介石去世后，这间木造温泉行馆因警光山庄经费不足，年久失修，湮没在荒芜杂草中，屋内木头腐朽，有如废墟，相较附近新旧温泉旅馆杂陈的景象，落差非常大。直到2000年，为发展地方观光，南投县政府才争取到补助经费，完成翻修与周边环境绿化美化，让行馆焕然一新，供游客到"庐山"温泉泡澡之余，也能来此拍照参观。

万大行馆为蒋介石赏樱处

离"庐山"温泉不远的雾社，海拔高度1150米，位于清境农场和"庐山"的途中，终年气候凉爽宜人，是蒋介石游览中横时，最喜欢驻足的景点之一。

除了莫那鲁道抗日成仁的英灵冢外，由于当地广植樱花，每年 1 月到 2 月，雾社四周樱花盛开，美丽异常。

尤其抵达雾社前，必经有两座百余米高山相峙的"人止关"，悬崖峭壁，下临万丈深涧，形成天然险要关卡，往雾社的汽车即沿此峭壁拦腰环绕而上，正是日本据台初期，泰雅族与日军殊死战之地，当年日军甚至立"人止关"禁碑于隘口，直到"雾社事件"后，始将禁令废止，但"人止关"三字留存迄今。

邻近不远、位于雾社南方 9000 米处的南投万大村的万大水库，则是日据时期台湾电力株式会社为聚集中央山脉河水，以便枯水时期将水流放到日月潭，调节水量以助发电等目的而建，由雾社农校旁的小路步行 20 分钟可到达。

万大水库湖面广阔，万顷碧波，终年云雾缭绕，与四周层叠峰峦的青山相映成趣；电厂樱花林区犹如世外桃源，每年春节前夕绽放；湖畔野花灿烂，对应碧澄静水，更是一绝，更别提搭乘舢舨游湖的潇洒。当年蒋介石到此游憩，见潭水澄碧，命名为"碧湖"或称为"卧龙潭"。

万大溪经此川流而过，将水库旁村落分为两部分，中有铁桥与隧道相连，一侧是台电万大发电厂员工宿舍区，一侧是少数民族聚落。在水库池畔也有一间木造的蒋介石行馆，称"万大行馆"，原为台湾电力株式会社高级职员宿舍，位于投 71 线约 8000 米的 U 形弯道上，系纵观水库全景风采最好的地点。每逢冬来，一片雪白梅花海，如诗画情境。

这栋万大行馆落成时被漆成黄色，由于仅供贵宾住宿，加上蒋介石曾亲自住过，因此轻易不外借，内部也维持得相当整洁。客厅中除大型沙发，还有特别为蒋介石及宋美龄准备的座椅，都加上土黄色套子，客厅外有玻璃落地窗，可以看到庭园花卉及木栏外的梅树。

雾社往万大水库沿途还有个特别据点，即 1958 年所建，位于雾社北方 1000 米的山巅上，为祝贺蒋介石寿诞所建的介寿亭。由于位居制高点，站在介寿亭眺望，雾社街区、碧湖水色尽入眼帘，尤其碧湖纤尘不染地静躺脚下，更如同山谷中一颗翡翠。

蒋介石视察中横雾社至大禹岭路段通车时，常到此静坐远眺。之后蒋经国也常到此凭吊，正门"介寿亭"三字为于右任所题，左右分别是百寿图与建亭碑记，于右任并亲笔写了一副对联："圣人心日月；仁者寿山河。"亭内则有蒋介石与宋美龄合影，但目前未对外开放。

不过因台湾山林欠缺保护，长时期滥垦滥伐，上游地区山坡地超限利用，导致多处发生台风暴雨、泥石流灾情，造成水库泥沙淤积。20 世纪 90 年代中期，万大水库蓄水量大减，湖水节节下降，湖底灰泥大片暴露，不见以往的湖光山色。甚至还发生过山地部落一堆坟墓里的棺材被冲入水库的争议，湖水面积几乎被囤掉了三分之二，有时泥沙还会直接冲刷到日月潭，已不复当年宛如碧海的风光。

蒋经国与溪头竹庐

同样位于南投山区的溪头，位于鹿谷凤凰山麓，海拔 1170 米，四周针叶树林环绕，也是中台湾相当知名的景点。

清末时期，溪头原是一座山林小村，日据时期被日本东京大学农学部选为附属演习林，并在暑假派遣学生来实习研究。因此光复后由台湾大学接收，并开辟台湾大学实验林场。

由于早受保护，溪头到处古木参天，并以浓密的竹林风光为特色，林相保存良好，是台湾少见原始风味浓厚的自然景点，并于 1973 年转型为森林游乐园区，同时开放民众参观游览，游客络绎不绝。

溪头终年山岚袅袅，包括孟宗竹林、大学池、神木都是台湾知名的景点。孟宗竹林内有座简易的小屋"竹庐"，以钢筋为基础，内外建材、设施均采用孟宗竹制品，相当有特色，据说当年蒋介石在溪头漫行，感叹如能结庐而居绝对是件美事，因此催生了这栋别有风情的小屋。

这所行馆系由台大实验林管理处于 1975 年兴建，除行馆之外，也打算充

◆溪頭竹廬

隱在竹林間的"竹廬"，曾為蔣介石行館。落成於1976年，立體竹字造型的竹廬，位於神木步道旁幽靜的孟宗竹林中，融合了傳統中國式風貌與現代，圓形大門呼應竹子的圓柱外觀，內部透過落地窗及圓窗，處處呈現出一幅天然美景。當年蔣介石漫步孟宗竹林，為此地之清幽寧謐深深動心，希冀有生之年可以感受"結廬在人境，而無車馬喧"的悠然。只是為其建造的竹廬卻沒能趕在蔣介石離世之前為之滿足心願，倒是蔣經國常常來此逗留，但因安全原因卻未曾留宿。如今的竹廬亦開放為普通遊客申請入住，每晚約兩萬新台幣的高昂價格和苛刻的遴選條件讓多數人止步於觀望。（上圖）

◆"廬山"吊橋

去到南投，不能不去"廬山"泡澡。說到"廬山"溫泉，不能不想到作為地標性建築的"廬山"吊橋。橫跨雁羅灣溪上的"廬山"吊橋建於1977年，據說遇天災不倒。信步於搖曳的橋面，可觀四方之美妙山水；夜晚霓虹變幻，營造浪漫氛圍。為了滿足越來越多的遊客前來尋景的需求，"廬山"吊橋經過了重新修整，一次可同時承載30人過橋。現在還可以看見當年吊橋落成時南投縣長劉裕猷的題字，作為永久的紀念。（下圖）

当贵宾招待所，因此特地延请东海大学建筑系名师免费设计，竹庐旁一条野溪，终年流水潺潺，充满诗意；同时为安全起见，甚至设计到从外观看也看不出主卧室所在。

竹庐内部是三房一厅格局，只是台大原先想要整栋建筑都采孟宗竹材兴建，因考虑溪头湿度大，竹材容易发霉腐烂，所以才采基础钢筋，内外包覆孟宗竹材的方法，加上定期更换建材，以营造竹庐的气氛。因此屋内包括地板、壁饰、壁灯具等均是孟宗竹所制。

但由于当时蒋介石已如风中残烛，并随即去世，因此他并没有亲自到过竹庐。至于蒋经国虽常到溪头休息，经常傍晚抵达溪头小住一夜，隔天清晨即离去，甚至密集到每个月来个三四趟，但他认为，"不宜有私人别墅"，因此虽名为蒋经国行馆，他却始终没在竹庐下榻过。倒是曾在竹庐宴请过中部地区重要的民意代表及政要。反倒是许多政要都借此之便，能在竹庐享受溪头之美。知名画家张大千还曾在竹庐挥毫，更传为一时佳话，连带让竹庐名号更响亮。

另外，从安全角度考量，因竹庐位居竹林中，邻近都无其他建筑，不利随扈护卫，因此蒋经国也不宜在此下榻。结果他每到溪头，多住在溪头旅馆一号楼，也就是蒋介石造访溪头时曾住过的地点，以缅怀父亲，或在溪头"救国团山庄"的桧木屋小住。

1979年的清明节，也就是蒋介石忌日后，蒋经国还曾在溪头小木屋外阶梯旁，手植了三株四方竹，强调"劲节风骨"，目前"救国团"已把竹子经人工修整雕琢成一只猛狮，作为纪念。

蒋经国去世后，随着台湾的发展，以及溪头旅游住宿需求增加，台大也终于将行馆开放给一般民众登记住宿。不过因为竹材昂贵，稍不小心或用力摇晃都容易破坏屋况，加上必须定期更新，庞大的开支与收入根本完全不能平衡，因此经营此地完全是在做口碑。也因此台大对住宿者的挑选相当慎重，全权委托业者专业判断，凡口嚼槟榔或有大批儿童的家庭都一律婉谢，房价更是相当昂贵。

梨山宾馆

蒋介石南巡、『梨山会议』、中兴台湾起步处

2 0 世纪 50 年代末期，蒋经国就任"退除役官兵辅导委员会"主任委员，离开台北政经核心，率领大批渡海来台的退除役官兵，迅速打通贯穿中央山脉的中横公路，大幅改变台湾经济生态与交通区位。他并在中横沿线兴辟多处专供退除役官兵耕作的高山农场，解决"荣民"就业与居住问题。

这批农场不但种植高经济作物，可以赚取外汇，同时也成为台湾民众观光休憩的新空间。也因此许多"两蒋"行馆就在这个特殊时空下，跟着观光浪潮在这片高山上落脚，可供避暑休憩，也是探访山区水库、农场、林场、道路等各重要建设的重要前进据点。

以位于台湾中心点、中横干支两线交叉点的梨山为例，由于拥有交通之便，西至台中，东达花莲，北接兰阳平原，四通八达，夏季果实累累，秋季满山枫红，冬季则白雪皑皑，景色怡人，很快就成为新时代观光胜地，除了大批观光客，各项现代化设施与建筑也迅速涌入梨山公路站旁街市。

当时承担全台公路运输重任、奔驰在新辟山间的台汽"金马号"，成为最时兴的旅游方式。梨山外围景点与农耕基地也逐一被开发，公路车站、邮政、电信、加油站及旅馆、商店林立，以中横为依托的梨山风景线迅速成型。另如横跨台中县和平乡与南投县仁爱乡、位居梨山盆地高点的福寿山农场也随之面世，成为蒋介石巡视必到处。

◆梨山宾馆

梨山宾馆地处梨山地区的中心位置，其古色古香的外观和充满贵气的设计，无论是早年还是现在，都是梨山当地的地标性建筑。梨山宾馆的落成得益于蒋介石对梨山地区的喜爱。1959 年蒋介石视察梨山地区，因为没有合适的建筑以供行馆之用，则下令兴建梨山宾馆，于 1965 年建成，在当时的山区条件下，实属非常豪华的宾馆，如今以其历史渊源和颇具特色的建筑特点，成为台湾必游的景点之一。

军垦农场复兴，
蒋经国中横公路
带动梨山风华

海拔 1670 米的梨山地区位于台中县和平乡大甲溪中游，是台湾最高的盆地，原为泰雅族人聚居地，昔称"萨拉茂"，目前内有南势、天轮、博爱、梨山等五村，多为泰雅族人聚落。四周群山耸立，冬天高峰积雪，夏日一片清凉，气候宜人。

泰雅族人骁勇善战，是台湾第二大少数民族，过着迁移不定的游猎生活；无论清朝及日据时期，梨山所在的和平乡都被列为不设街庄之地。尤其泰雅族屡有抗日行动，族人纹面甚至被日警视为"凶蕃"表征。因此日本人极早即在此贯彻"理蕃"，更强制他们集体迁移，以利统治。

光复后，和平乡隶属于台中县管辖。1959 年，中横公路开通，梨山风景线迅速成型，以梨山为中心，分向大甲溪中、上游发展，包括谷关温泉、德基水库、清境农场、武陵农场、桃山瀑布等，全部位于中横西段及中横宜兰支线上，大甲溪清流迂回其间，万壑千峰，青翠森郁，景色绝胜，带动大量观光与经商人潮涌进，更不乏许多慕名而来的外籍人士。

早在 1960 年，蒋介石就曾在梨山入住。不过由于当时梨山住宿条件相当差，横贯公路天祥至青山间唯一供给旅客膳宿的据点唯有"梨山行舍"，不但电力不足，白天及晚间 10 点后皆不供电，并且多是通铺。只要招待所客满，旅客就投宿无门，只能借附近民家屈就。

结果蒋介石一声令下，除打算在当地建设现代规模的山地观光都市外，更拍板由台湾银行出资兴建，由"退辅会"经营管理新的宾馆设施。

1965 年，位于梨山中心地区的梨山宾馆正式完工，成为景区地标建筑，并开放国际观光客旅游住宿使用。梨山宾馆面积 1700 平方米，面对南湖大山，背靠松林高原，为一座古色古香的宫殿式建筑，嵯峨壮丽，还附设百亩宽广的停车场，号称与中山楼、圆山饭店并列为台湾三栋传统中国宫殿建筑。

宾馆前进为可容纳200人的大型客厅，后进是三层楼旅舍，红梁黄瓦、亭台楼阁、花木扶疏，在当时是一等一的观光大饭店，清晨推窗外望，青山日出一览无余；黄昏时落日缤纷，风起云涌。宾馆前大喷水池完全用大理石铺成，与远山云雾相辉映，更是由知名雕塑家杨英风结合中国庭园山石和西方马赛克工法，以花莲大理石为素材创作出的杰作，水柱冲天高达七米，曾是台湾最高的喷水池。

宾馆外并设有一间白墙红砖瓦的欧式建筑的别馆，即为"总统行馆"，对外则称"梨山小舍"，双层楼房，一楼是大厅，二楼有两个房间，蒋介石几乎每年夏天都会到梨山避暑，并巡视中部建设。

虽然梨山观光住宿与餐饮消费相当昂贵，但每逢假日，人潮争相体验奢华的山中假期，或参加"救国团"寒暑假健行活动。当时梨山一带国民所得水平更是全台的两倍，生活优渥，足见观光业的兴旺。至于收费昂贵的梨山宾馆在委托"国宾"饭店经营后，则已非工薪阶层能负担的价格，房间却经常客满。当时游客每到梨山宾馆，即使无法入住，也喜欢在馆前拍照留念。

宋霭龄捐助兴建耶稣堂

作为蒋介石行馆，梨山宾馆也曾在台湾经济发展中扮演重要角色。1967年7月，在知名学人刘大中筹划下，国民党在台北召开经济发展讨论会，颇受蒋介石重视，特地委由李国鼎[1]邀请刘大中、蒋硕杰、顾应昌、费景汉4人南下到梨山宾馆一叙，讨论经济开放与税制改革等问题，即所谓"梨山会议"。隔天上

1. 李国鼎（1910年1月28日—2001年5月31日），江苏南京人。1926年考入东南大学（1928年更名为中央大学）数学系，旋转入物理系，1930年毕业，1934年赴英国剑桥大学留学，因中日战争爆发，辍学返国任教。1948年赴台，曾任"经济部长""财政部长"等职，早期草拟《奖励投资条例》、推动加工出口区，表现卓越，"经济部长"任内因"东亚纺织公司贷款案"被"监察院"弹劾，请辞后遭蒋介石和陈诚强力挽留。"财政部长"时期又因经济主张与"行政院长"蒋经国意见相左，一度遭撤换。蒋经国就任"总统"后才又应邀复出，协助策划科技发展方案、创设科学园区，带动台湾科技发展，被称为"台湾经济发展奇迹的缔造者""台湾科技之父"。

午，蒋介石再邀 4 位学者同游福寿山农场，并在草坪听取刘大中关于台湾总生产分配与利用简报，以及政府消费、民间投资、民间消费及政府收支关系图解说明。

蒋介石对学者的主张大为激赏，表示立即采纳建议，返回台北后，随即召开"国家安全会议"，宣布将逐步减少管制，改善投资环境，并加速吸收外资，亦即台湾迈向经济自由化的第一步。这批旅美学人所提建议之后也逐一实现，并为台湾总体经济计划奠定基础。次年，聘刘大中职掌新成立的"税赋改革委员会"，着手税制改革工作。

蒋介石平均每年都会来梨山一至两次。尤其 1966 年 8 月，蒋介石先后视察了青山、梨山、武陵农场、福寿山农场等地，还遇上大雨导致塌方，只能循中横宜兰支线下山，前后在梨山地区待了 18 天。

至于宋美龄则较少至梨山，但基于对基督教与台湾少数民族的关注，1969 年 7 月 29 日，由孔祥熙夫人宋霭龄捐赠兴建的梨山耶稣堂进行破土奠基典礼，宋美龄特地与蒋介石专程前往梨山勘察，并与同行的宋霭龄在耶稣堂内聆听牧师周联华证道与少数民族唱诗班唱圣歌。

蒋介石除了表示很高兴能为上帝在梨山修造一座神殿，希望不分当地人、外地人，都一同敬拜上帝，还引述了《圣经》上的一段话，"相信耶稣基督，内心、外表都要合而如一"。1971 年 9 月，宋美龄再度与宋霭龄、孔二小姐赴梨山视察新落成的耶稣堂。

蒋经国领退役官兵垦荒辟地

至于福寿山农场的发展则要显得古朴许多。福寿山农场海拔 2237 米，位于梨山之巅，周边被次高山（雪山）、合欢、南湖等多座名山环绕，是中横海拔

◆梨山耶稣堂

梨山上云淡风轻，天高气朗，这座黑顶白墙的耶稣堂在天地间静静矗立着，从诞生到如今已走过四十几个年头，虽随着蒋氏家族在台湾的式微而淡出人们的视线，而别致的造型、俯瞰山光的位置，仍然描绘出曾经拥有的风华。宋美龄的姐姐宋霭龄出资建造了这座教堂，以供笃信基督的宋氏家族在此祷告礼拜。蒋介石亲题"耶稣堂"三字，希冀台湾少数民族和进驻者和睦相处，与上帝沟通。如今耶稣堂前方的圆形水池已经干枯，来者稀少，更添一分神秘和圣洁。湛蓝的天空和乳白的教堂两相对比，让观者油然而生肃穆之感。

◆武陵农场——望溪亭

武陵农场海拔1750米至2200米，是如今台湾颇受欢迎的高山避暑胜地，与清境农场、福寿山农场合称为"台湾三大高山农场"。中横公路支线在1958年落成通车后，陆续有人移居到武陵地区从事森林作业与农垦活动，名为"台湾荣民农垦服务所"的垦荒队伍，即开始在这个地区设立武陵农区。时任"退除役官兵辅导委员会"主任的蒋经国，带领"荣民"翻山越岭勘察地貌，开辟出高山农场，大约因为此处胜地得之意外，如世外桃源，则命名为"武陵农场"。近年来，武陵农场每逢秋季枫红满地，更赢得"台湾九寨沟"的美誉。当游憩于高山农场，歇脚于溪头之上的望溪亭，真有置身事外、不知年月的悠然自得。

最高的农场，更是蒋介石非常偏爱的休憩之地。

"退辅会"于1957年从疗养大队待退士官兵中选出病伤较不严重者100人，带着三天干粮，由谷关步行，向全未开发的高山行去，经过两天披荆斩棘、夜间露宿，才在梨山附近觅得一块有水源的广大草生地，便是如今的"福寿山农场"。

这块空地范围自太保久以南，合欢山、松岭之西北，总面积超过650公顷，来源也颇传奇，原来当年日军为夷平当地人根据地，曾调集一连炮兵往山巅原始松林猛轰，才出现这片空旷地。最初这批百名拓荒官兵分成五组，于1957年6月开辟起农场，并各自驻留在农场不同地点，建屋垦地、娶妻生子，形成当地周庄、汉庄、唐庄、宋庄、明庄五个聚落。当地原名"台湾梨山荣民农场"，因群山环抱，犹如置身于莲花瓣中，又有如太极环绕，因而隔年取名为"福寿山农场"。

福寿山农场四季如画，风景优美，素有"东方瑞士"之称。一波波"荣民"垦荒队在此不但广植各类果树10余万株，还试种出苹果、梨、桃等许多台湾原本没有的高价值水果，以及质量优良的高冷蔬菜。尤其在20世纪五六十年代，台湾为累积外汇，对外国水果与奢侈品管制进口，梨山出产的苹果和水梨，一夕之间成为岛内市场高级货品，甚至外销日本等地，开创了农场近30年的黄金年代。

当时台湾知名电影公司台制公司也特地配合政策，邀请到柯俊雄等知名影星，在农场拍摄一部电影《梨山春晓》，鼓励青年不畏艰难，到高山垦荒。电影拍摄完毕后，还特地将拷贝送往福寿山农场放映，答谢农场协助。至于知名导演胡金铨执导的《龙门客栈》也是选在福寿山附近、松柏部落与日本人奋战的古战场枯木废墟拍摄。

不过随着设施老化，10余年未加以整修维护，楼台庭院与内部设施斑驳老态，加上附近商圈长年恶性竞争的双重打击，梨山早已不复当年面貌，梨山宾馆的生意也持续下滑而无力翻身；尤其"九二一"地震导致中横公路谷关到青山段中断而未打通，原来到台湾西部3个小时的路程，如今必须绕道10个小时，导致梨山周边观光与农业日渐萧条，境况一度一落千丈。

近来靠着附近几个农场努力促销生态旅游，中横景点的商机才逐渐恢复元气。但是作为梨山地标的梨山宾馆，由于服务始终停留在早年水平，餐饮也缺乏特色，加上"退抚会"始终没有决心投入大笔经费更新，宛如美人迟暮，失去当年的金碧辉煌而乏人问津，至今仍在停业整修。

福寿山庄寂静清幽

离梨山并不很远的福寿山农场，是中横另一处知名的观光农场。全区以自然景观为主，加上夏日凉爽宜人，白天温度13℃，早晚约8℃，需经长达2000米的柳杉林道始能步入农场，触目所见也都是果树、菜园、茶园，幽静的气氛让蒋介石时常造访，甚至一年数度光临；农场内也兴辟起简易行馆，以供他下榻。

当时蒋介石多半住在位于福寿山农场办公室南方、松岭旁的福寿山庄。这栋房舍兴建于1961年5月，环境寂静清幽，隐藏在农场的林径旁，入口隐秘而不明显，在高处也未能窥其全貌。行馆造型为斜顶灰色屋瓦搭配红墙，一层楼西式建筑，面积仅150平方米，倒是鲜红色木墙受连绵青色山脉衬托，两旁古树参天，非常抢眼。

后院整排落地窗外除有大片绿地庭园，遍植梅、茶花及杜鹃、枫、松树，更有廊道欣赏庭园风光，还有白色大理石座椅，得以远眺雪山群峰壮丽山容、云霭落日；为了安全，落地窗装设的还是防弹玻璃。

尤其自后院远望，还可看到别称"国父山"的桃山，山形像极了孙中山仰卧的侧面，从头发、额头，到眼窝、鼻梁、上唇胡须都清晰可见。这也是蒋介石观山景后有感而发才起的名字。

山庄内厅摆设质朴，以原木家具为主，还有早年一台旧电视；由于入冬后气温低，并设有壁炉。山庄除大厅外，还有接待室及蒋介石书房、卧室，宋美龄卧室，另有一间和室，为侍卫官留宿戒备用。有此一说，除地势高亢、春季

◆ 福寿山天池

天池据说是福寿山农场的最高点，东边可遥望合欢山，北边可远眺大雪山，至于风水地理之说，福寿山农场就正坐在莲花座中央，传说具备天地之灵气，涵养四方之福气，颇为讲究风水的蒋介石才会将另一座行馆——达观亭修建于此。现在的福寿山农场开放参观，风水之好成为吸引游客的噱头。据说农场外的解说牌上，讲得格外玄妙，号称绕着天池吸气吐纳，可以排除身体内的废弃物，吸收天池的日月精华外，还传说只要绕着天池走左三圈、右三圈许愿就会灵验。

果树繁花盛开时颇似奉化外，蒋介石也极爱福寿山清静，因此曾一次在此住上
43 天，只是已不可考。

为便利山区交通，山庄长期停放一辆福特交通车，作为蒋介石座车；农场
里也有可供直升机起降的机坪，定期往返台中水湳机场，据说也曾供 8 人座民
航小型飞机起降，自台北直接飞往农场仅需时 25 分钟。

达观亭深受
蒋介石喜爱

福寿山最高点则是一处号称"天池"的高山湖泊，高约 2580 米，虽然湖面周
围直径不过 30 余米，但湖畔丝草如茵，松柏环立，可静听松涛，午后雾气长锁山
腰，可清楚望见远方的雪山西稜、合欢山系、白狗山系、大禹岭等名山，视野绝佳，
气象万千，同时即使久旱不雨，池水仍然碧绿，是蒋介石相当钟爱的景点。

1967 年间，蒋介石在靠近天池右侧，昔日日本人"理蕃"驻在所，兴建了
一座两层楼行馆，于 1969 年 5 月完工，名为"达观亭"，达观亭为钢筋混凝土建
筑，外层以木料装饰，四周被松涛环抱，气氛静谧，格局为十字形，一楼有玄关、
侍卫房、机要室、中庭、书房，蒋宋卧室各一间，二楼有景观阳台及议事厅。

蒋介石每到福寿山农场，必来天池与达观亭看云、望山、观水。当时蒋介
石在天池避暑，每天凌晨 4 点左右起床后就在山径散步；官邸也在天池左侧松
林设有一砖砌烤肉架，为蒋介石与宋美龄在此烤肉所造。

据说当地清晨万籁俱寂，声音传得极远，使蒋介石特别偏爱在晨起时聆听
附近梨山耶稣堂响钟的声音。有次钟槌失控多响了一下，蒋介石还派人以电话
告诉教堂钟声敲错了，让教会大吃一惊。

达观亭四面都是落地玻璃窗，视野清晰，可俯瞰福寿山农场全景，内部也
有取暖用的壁炉，特别二楼景观阳台四周为 3 米宽走廊与观景座椅，其中有两

座沙发，面对远山并排而放，是蒋介石与宋美龄"坐看云起时"的休憩处所；庭内圆桌则是蒋介石与官员商议政事之处，达观亭牌匾更是蒋介石亲笔所题。

达观亭之后便成为蒋介石来农场度假时的临时办公室及会议室，步行到农场大约要三四十分钟。但因天池周边松林早被火焚毁，留下一大片平坦绿地，基于安全考量，避免突袭空降，蒋介石也曾指示在附近山岗建构工事，配置高射武器，以防万一。

至于福寿山农场办公室附近的"松庐"，则是蒋经国的行馆，由于福寿山庄是蒋介石专属行馆，因此蒋经国视察福寿山农场或与要员商谈，地点均在松庐，从未在福寿山庄内留宿。相较于福寿山庄的气派，松庐类似于雅致的小宿舍，小小前庭内可看到青松及盆栽点缀，还有透光室内阳台，摆着躺椅。每逢秋风吹起，松庐外更是枫红片片。

农场内"唐庄"广场边，有一列参天巨松，其中一棵青翠苍劲、挺拔劲立的松树，于1960年间被陈诚命名为"介寿松"，是蒋介石每到必徘徊流连、摄影留念之地，每每在许多报刊杂志和月历上出现。

行馆保留、暂不开放

事实上，很少有地方像福寿山农场那样拥有多达3处的蒋介石行馆，不过福寿山农场其他景点也颇为驰名，例如农场内高山湖泊多，原名"梦幻湖"的蓝茵湖，冬天水位低，春季后水位渐升，周边生长着许多原生种藻类，与直径约百余米的鸳鸯池，两池遥遥相对，终年碧水常绿。

通过寿山农场茶园山径，约15分钟车程，则可抵达隔着合欢溪和花莲为界、受合欢山系环抱的华岗村落，当地出产高冷蔬菜，气候宜人，冬日白雪覆盖，黑瓦屋顶、蜿蜒山道，很有北国情调。

福寿山的春茶是全台最早采收的高山春茶，质量极佳，向来是即受欢迎的伴手礼。同时农场七月、八月是水蜜桃当令，九月、十月有水梨，十月赏枫，十一月蜜苹果成熟，春天则是满园梨花、桃花与苹果花。据说福寿山土质与气候极佳，种出的白凤桃又大又甜，果实白而美，果汁甜如蜜，因此才由蒋介石取名为"水蜜桃"，并风靡全台。

1970年后，蒋介石因身体状况不佳，较少再来位于山巅的福寿山庄，行馆因此也移交给农场保管；不过农场仍打起十二分精神，维护山庄与周边设施周全。只是说也奇怪，蒋介石去世前，他钟爱的介寿松传出枝叶枯死的消息，让负责全台退抚农场管理的赵聚钰相当紧张，不时前来追问。蒋介石去世后不久，这棵300多年的介寿松也全株枯死，只剩下笔直主干和横枝，徒留许多传说。

此外，当地在陡坡密植苹果梨桃的做法，看起来是在与天争地，为台湾赚取大笔外汇，换来"水果王国"的雅号，却免不了受自然反扑，20年时间不到，就出现超限利用、滥伐林木、高坡土石崩塌、溪谷与水库淤积严重等问题，水果施肥更让高山河川面临农药污染问题。

不同于武陵与清境等别具盛名的观光农场，福寿山农场迟自1995年才敞开农场大门，走向休闲旅游，迅速成为知名景点。不过为配合土地复育，农场近来除保留部分果园及茶园作为品种观察试验及生态教学，其余大面积栽种的果树均改为景观造林，希望恢复高山森林生态。由于台湾兴起生态旅游热潮，因此福寿山农场算是经营得颇有心得。

至于位于天池畔的达观亭，目前有专人管理并辟为场史馆，需预约才能开放参观，亭内仍摆放蒋介石当年所用桌椅、寝具，更遗留不少幅宋美龄的真迹山水国画，除了有蒋介石夫妇生活照，还有三军将领照片与农场老照片，家具也都保存良好，游客可在此品饮咖啡，遥想当年。

福寿山庄几经整修后，仍保留素朴风貌，屋内装饰也都保存完好，壁上挂有数幅昔日蒋家生活照，由于颇为隐秘，农场特在入口处置设狮、虎石雕提醒游客。不过为避免破坏，四周有围篱避免闲杂人等进入，晚上也派人进驻。原本农场有段时间开放山庄与松庐作为"总统套房"出租，供游客住宿，但目前已取消，且只开放约定参观，平常大门深锁。

武陵农场宛如
桃花源

至于位于大甲溪上游七家湾溪旁的武陵农场，则是另一处重点景区。由于位处深山谷地，海拔高，年均气温 20℃左右，兼具高山农场与森林特色，山区景色四季不同，盛产水蜜桃、梨、苹果及蔬菜、高山茶等经济作物，是台湾著名的避暑胜地。据说蒋介石还曾说过，"梨山风景甲台湾，武陵风景甲梨山"，足见他对此地的偏爱。

海拔 1740 米到 2200 米的武陵农场，位于台中县和平乡与宜兰县交界处，本是一片原始森林，中横尚未通车前，是泰雅族人居住地，距离梨山约 25000米。四周林木苍郁，柳暗花明，桃山溪、七家湾溪、雪山溪及有胜溪横贯其间，因为溪流阻隔，群山环抱，因此人迹罕至。

1958 年中横公路宜兰支线开通后，第一批退除役官兵在梨山附近福寿山农场开始垦荒生活，同年山区一场大火，才让救火人员发现了武陵这块人间仙境。

紧接着，另一批退役军人从福寿山农场出发，循着羊肠小道，跨过荒山，大约花三天三夜时间，走到还有野兽出没的武陵谷地，跟着搭起简陋的草棚，占地约 630 公顷的武陵垦区就这样问世。跟着陆续有人移居到武陵，从事森林作业与农垦活动，砍去林木，改种果树、茶叶或高山高丽菜等作物。1963 年春，蒋经国实地勘察后，将原属于"荣民"农垦处的武陵垦区正式命名为"武陵农场"，成为"退辅会"所属山地农场之一，初期以安置退除役官兵从事农业生产为主，助"荣民"自给自足。之后身为大家长的蒋经国仍不时前来探望，并由"退辅会"给予"荣民"各项帮助。

武陵农场由于温差大，主要从事蔬果及温带果树种植。农场管理部门位于南端的南谷，垦荒队则群聚在北谷地区，分诚、善、亲、民四庄，每庄安置荣民 16 到 24 人，但草创初期，房舍相当简陋，都是用开垦果园时挖起石头砌房，

◆蒋介石炒饭
达观亭的一楼墙上，展示着蒋介石与夫人在农场与行馆生活的点滴留影。其中一张蒋介石炒饭的照片，颇让人觉得熟悉和亲切。蒋介石和宋美龄用餐习惯的不同众所周知，不过在野餐的时候，蒋介石也爱给家人露一手。据说他最拿手的是鸡油炒饭，味道如何，恐怕只有宋美龄才有资格评判了。

单身者还要6人挤一间33平方米不到的小房子。因农牧大兴，作物相当受好评，高价值农产品从中横公路外运，加上"退辅会"的照料、分田，让当地"荣民"过着富足生活。

此外，虽说是农场，但因位于中横风景线，阡陌纵横的武陵农场，很早就以观光农场而驰名，只是在"退辅会"管理下，并没有一窝蜂地吸引大批旅客、摊贩与商家抢进，大致都还能维持淳朴风貌；为提供观光客食宿服务，农场设有一层平房建筑的武陵山庄，日后随观光客不断增加，才扩建成目前"口"字形二楼建筑。

◆ 20世纪50年代，台湾中部巡视横贯公路施工的蒋经国在休息时的留影

20世纪50年代，头戴斗笠的蒋经国，巡视中部横贯公路的施工情形，休息时露出愉悦的笑容。中横公路西起台中谷关，东到花莲太鲁阁，沿途峭壁参天，景色威壮。修建这条公路具有一定的难度，开路工人是所谓"荣民"，即战火间退役的老兵。蒋经国在1956年担任"退辅会"主任委员，将"荣民"安插到台湾各地从事重大工程，中横公路就是其中的代表作。中横从1956年开始兴建，4年后完成。蒋经国多次前往中横为弟兄打气。蒋在苏联干过苦力，深知基层劳动者之苦。（上图）

◆蒋经国与修建工程的工作者一同进餐

修筑工程中，蒋经国来回视察大小工地20多次。在极为恶劣的环境中，蒋经国与这批退役士兵建立起了深厚的情感，不但圆满解决了大批退役官兵生计这个"只许成功不许失败"的任务，更强调要用一切力量照顾这批半生戎马却又老无所依的军人。（下图）

欲进农场，须从武陵路口进入，沿溪而下，经千祥桥、濯缨桥，山重水绕；入农场后花木扶疏，俨如世外桃源；尤其春夏两季更是落英缤纷。武陵北侧桃山，海拔 3300 余米，山势硕壮，两坡如弧，密布茂草箭竹，西侧雪山则白雪皑皑，景观壮丽。

刚要进入武陵农场的万寿桥边还有一座濯缨亭，当年蒋经国在开辟东西横贯公路时，曾于这块大岩石上休息，所以农场在此建亭以资纪念。

气候影响，让武陵四季景色迥异多变，由于有夏季避暑、冬天赏梅的特色，因此"退辅会"也于 1963 年间在农场南谷办公厅舍旁兴建了一栋蒋介石行馆，位于农场林间深处，是欧式一层楼建筑，面积仅 185 平方米，景色幽雅。除餐厅、书房、客厅及写字间等设施，还有蒋介石、宋美龄及蒋经国卧房各一间，蒋经国卧房更只有 7 平方米大小，陈设朴实、雅致。

蒋介石多在七八月间到武陵避暑，并视察中横沿线建设，他至少曾在 1967 年、1970 年两度下榻行馆；除轻车简从而来，有时也会和蒋经国或政府要员同来。蒋介石或在山径步行，或到农庄里和"荣民"话家常，也偏爱在濯缨亭里沉思。农场里一棵大榕树也是他时常静坐之地。

此外，武陵农场梅花颇负盛名，行馆前还有当年蒋介石与宋美龄亲手栽植的两株梅花，枝条茂盛，花朵茂密；农场内各类樱花也别有风味。至今武陵农场还立有一尊蒋介石立姿铜像。

武陵农场景点不在少数，例如位于雪山山脉主脊东的山腰处，就有处高达 200 米、人迹罕至的瀑布，俗称"桃山瀑布"。此瀑布水量随季节大小不定，但从未干涸，最后汇成武陵溪，流经梨山，成为大甲溪上源之一，是蒋介石非常喜爱的私人景点。想到瀑布一探究竟，可自武陵农场循一条可通小型汽车的

"之"字形山路上山，穿梭于针叶林中，约行 4.6 千米即可到达瀑布。

瀑布所在位置标高 2200 米，由远处望，黑色山石衬托出瀑水白练灵秀，且水汽弥漫如烟，近望又如万马奔腾，因此蒋介石特地请赵恒惕在山壁上题了"烟声"二字，因此又称"烟声瀑布"或"桃源瀑布"。蒋经国在《守父灵一月记》中则说，蒋介石曾有意将此命名为"隐瀑"。瀑布前有凉亭供人歇息，蒋介石过去便时常在瀑布前沉思眺望。

发源于桃山的七家湾溪穿梭在农场周边，不但是大甲溪支流，更是台湾珍稀动物、国宝级鱼类樱花钩吻鲑的故乡。20 世纪 80 年代初期，台湾农政单位顺应环保呼声，配合农场转型与发展观光产业考量，决定加强造林，并将原有果园逐渐改为生态旅游使用，因此于 1984 年在武陵农场展开樱花钩吻鲑复育工作，让农场平添一项观光资源。

至于行馆在蒋介石去世后，逐渐改为开放给高级别官员住宿的贵宾别墅，并于 1997 年重新整修。之后农场顺应潮流，将行馆列为"总统套房"开放，让民众预订并在内住宿；不过行馆内大致还维持原状，尤其床铺、桌椅、橱柜都是蒋宋曾用过的古董，别有一番风情。

军垦农园全岛开花

与武陵农场同一时间，全台各地有许多不同的军垦农园开幕，并非局限在中横，一时蔚为风潮。例如位于高雄美浓镇吉洋里的高雄农场即别具盛名，种有爱玉、红龙果、桑葚、芒果、椰子、菠萝蜜、西印度樱桃、锡兰橄榄、莲雾、相思豆、肉桂、中药等热带珍贵植物，成立于 1955 年 3 月 20 日，原先系为安置"荣民"所设，也是"退辅会"在台湾南部的唯一农场。

占地约 8 公顷的农场在西侧樟木林间，建有两幢外观白色的房舍，还有小型人工埤塘与香樟、波罗蜜树及变叶木在旁围绕，这两间平房就是为蒋介石准备的行馆，约兴建于1963年，蒋介石入住时多住在离湖区较远的"南园行馆"，内部陈设干净、俭约，采和室设计。

从行馆推门往外，极目即是一大片绿地，斜后方埤塘饲有笋壳鱼，水中常见蓝天绿林倒影。蒋介石去世后，此处行馆改为"总统行馆"，例如陈水扁于2002年即曾在此入住，不过他选择下榻的是靠近湖区的另一间房舍；馆内摆设也维持原先朴实风格。不过随着高雄农场遭"退辅会"委托民间经营，"总统套房"也开放民间登记入住，两房一厅的空间仅需新台币6800元，平日及假日还有6折至8折优惠，相当划算。

其他例如台东县池上乡万安村东、位于海岸山脉的池上蚕桑休闲农场，早年是果园，据说为安全隐秘与休憩等考量，有关单位曾以每公顷20万元征收后在山坡地上兴建行馆，除目前农场入口处设有随扈住所，还在行馆后方挖有供宪兵临时进驻戒备、约50米长的壕沟。

不过当地在1970年前后已被代管，并改为经营蚕桑场，占地52公顷。目前承租人则致力发展休闲农业，兴建有服务中心、50间小木屋、露天泡汤区等设施。

蒋经国云山农场的隐秘居地

至于台南市永康区也有一处占地9公顷的茂林修竹区，位于永康复兴、复国里交界处，紧邻复兴小学旧校园，是台南市区中最后一块保有原始造林风貌的绿地。这一处如世外桃源般幽静的地方，有两个半天然湖，终年不会干涸，小山丘高低层峦，四周倚傍高数十米的巨大椰林，也有一间隐秘的蒋经国行馆——云山农场。

　　农场原本是蔡姓业者向陆军租用，之后亲自开发耕作。据说蒋经国是在前往附近炮校视察时发现这块地的，"总统"任内曾来访三四次，并夜宿此处，再转往南部其他地点视察。至于行馆是一栋日式木造平房，占地约 230 平方米，兴建于 20 世纪 70 年代初期，由于作风隐秘，行馆消息曝光后，附近住了几十年的居民还惊呼原来蒋经国曾在此逗留。

　　据说蒋经国最喜欢在行馆旁一大片非洲引进的大果蛋黄桃下乘凉，并会修整枝叶或摘桃与同行官员分享。行馆客厅入门，主人在以前蒋经国休憩喝茶的地方，还保留一座铜雕云龙壁，长约 5 米、高约 3 米，雕工相当精细。

　　农场主人直到蒋经国去世后，还雇人每天打扫行馆，并不愿开发。之后云山农场被划为运动公园用地，农场也开放给当地文史解说员进入参观，才让各界发觉蒋经国行馆。台南市也决定保留行馆及外围景观，并兴建一座美术馆，作为当地特有景点。

栖兰行馆

蒋介石在台湾
最袖珍的行馆故事

位于宜兰大同乡的栖兰林区，与太平山遥遥相对，正对景色优美的兰阳溪，处处可见千年以上的巨大神木，是今日台湾全岛天然桧木蓄积量最多的地区。

为开采这片广阔林区，沟通台湾北部公路交通，在蒋经国支持下，"国府"先开辟中横公路宜兰支线，从 1960 年开始，更动员大批原本在中部开路的退除役战士，在杳无人烟的山林中胼手胝足，开出一条北部横贯公路，大幅拉近台湾东北部距离，更增添许多垦点与景点。

一般所谓"栖兰"，其实指的是靠近公路交会处、位于北横公路宜兰起点的"栖兰苗圃"，即林政单位用以造林育株之地。当地离兰阳平原上宜兰、罗东两个聚落，均约 40 千米距离。同时要上太平山览胜，观赏著名的高山林场风光，更非从栖兰上山不可。

◆明池

位于宜兰大同乡英士村的"明池"，为高山湖泊，海拔在 1150 米至 1700 米之间，如一颗碧绿的宝石，镶嵌在宜兰山区之中。丰富的森林资源蕴藏着丰富的动物资源，鸟类、蝶类、松鼠、鸳鸯都悠游自在于林野间穿梭嬉戏，让人好不羡慕。如今的明池周边地区已经开辟为"国家"森林游乐区，是北横地区著名的避暑胜地。

栖兰行馆：
蒋介石在台行馆中
规模最小、
最简单的一座。

蒋介石栖兰行馆位居栖兰林场西北角，兴建于 1961 年 11 月，地属太平山事业区第二十四林班地，原为林务局栖兰山苗圃招待所，是一间白墙的欧式小木屋，由原木和岩石两种建材构成。

当时北横公路尚未开始动工，苗圃位居山区，因此交通颇为不便，入山管制严格，因此招待所通常仅供林业局员工出差住宿之用。不过随着北横工程紧锣密鼓地展开，行馆于 1964 年修建，并改由管理"荣民"工作事务的"退除役官兵辅导委员会"管理。

北横完工，蒋介石于 1965 年 8 月偕宋美龄"驻跸"于此，招待所之后也改为蒋介石专属行馆。由于栖兰山区风光幽静，蒋介石于 1967 年 9 月第二度光临栖兰行馆。除视察北横等交通建设，当地林木翁郁，鸟语蝉鸣，更让蒋介石忘却烦扰政事。

栖兰行馆虽然是蒋介石在台行馆中规模最小、最简单的一座。但在地理上，行馆背靠雪山山脉，前眺太平山群岭，两侧各有小山丘环抱，可俯瞰田古尔溪（天狗溪）、多望溪、兰阳溪交汇，远望山峦起伏如镜台，被称作"三龟拱寿"，刚好与宜兰头城外海的龟山岛相互呼应，因此视野开阔不说，地理位置也相当突出，是最典型的太师椅风水。

行馆起居室非常平民化，气氛典雅素朴，充满山野气息，家具与陈设简单朴素，仅宋美龄卧室内还有电暖器，算是较铺张的设备，当地也留存有蒋介石穿过的寝衣。从平面摆设来看，设有蒋介石与宋美龄各自卧房、会客室及餐厅。庭院花木扶疏，大量栽种杜鹃，梅树也年年开花，园内有假山，由"退辅会"森林开发处负责维护管理。

为维护蒋介石安全，加上戒严时期山区禁止随意入内的限制，因此栖兰一

◆栖兰行馆
栖兰行馆前身为栖兰苗圃招待所，建于 1961 年 11 月，后因 1965 年和 1967 年蒋介石两度"驻跸"于此，因而专门辟为"总统行馆"。这座行馆原本并非为蒋介石特意打造，因而与蒋介石在台湾的其他行馆相比，显得迷你袖珍。木质结构，岩石墙面，如今的栖兰行馆仍旧保持蒋介石"驻跸"时的原样，典雅朴实，是珍贵的历史文物。馆内现已开放游人参观，不仅陈列了蒋介石生前的许多影像，还展示了蒋介石与夫人曾经使用过的公文、笔记、结婚喜帖、党证、身份证、信函等影印本，配以中英文解说，以全面展示栖兰行馆的历史意义。行馆外还有一尊蒋介石远眺宜兰山水的铜像。

度戒备森严，未对外开放。尤其行馆所在地是栖兰山庄的制高点，宛如藏在山林中的木屋，屋前凉台则是当地眺望兰阳溪的最佳位置。为确保饮食安全，蒋介石还会带厨师外出，在行馆内做饭用餐。

行馆旁林木蓊郁，有条"小泰山步道"，全长约两千米，呈环状来回，约需一个小时，全程皆在绿荫间，且有几处凉亭，山道落叶层叠，流水淙淙。除生态丰富、绿意环抱，更常见有台湾猕猴群在山林间不时随着藤蔓矫健跳跃。

澄清湖行馆

蒋孔宋三大家族
最后在台的聚会

来台后，位于滨海高岗上的西子湾行馆始终担负着蒋介石南部首要行馆任务，蒋介石南下视察，赴"陆军官校"阅兵，多半都在西子湾停留。但随着蒋介石年事渐高，睡眠质量不佳，不耐西子湾浪涛声打扰，这才移居到昔称"大贝湖"的澄清湖畔新辟行馆，偶尔才回到西子湾小住、散步。

澄清湖，也上演着蒋介石后半生的悲喜剧，1963 年，孔、宋、蒋三大家族最后一次在台湾正式碰面，正是在澄清湖团聚之后人各一方。蒋介石晚年还因随身副官轻忽，通便不慎而导致肛门出血，同样也在澄清湖上演，只是之后身体日差的蒋介石再没能回到澄清湖畔。

◆澄清湖九曲桥

在湖畔八景之一的"曲桥钓月"景致中，最有名的就数九曲桥，此桥建于 1960 年，桥长 230 米，宽 2.5 米，桥面回折九弯，故名"九曲桥"。九曲桥为本观光区的知名景点，桥体为混凝土兴建，距离水面约数十厘米，桥体状况良好，游客特别喜爱在桥上欣赏湖面景观，远观九曲桥点缀水面，增加风景的层次。张群曾经为此情此景赋诗一首："淼淼涟漪瀲滟风，水晶宫阙玉玲珑。波心素魄青天影，都在垂虹一吸中。"（上图）

◆蒋介石在澄清湖畔的行馆称"澄清楼"，行馆及相关设施占地面积约 12.5 公顷，包括澄清楼、喷水池、运动场、侍卫大楼（传习斋）以及地下作战指挥中心。澄清楼外观简朴，与得月楼两相遥望，宁谧的气氛在澄清湖诸多美景中，显得如此清新脱俗。蒋介石在高雄的行馆共有两处，一处为西子湾，一处为澄清湖。蒋介石生前亲信分析，西子湾行馆地形靠海，易藏狙击手，而澄清湖开阔，比较安全，所以蒋介石南下参加"陆军官校"校庆，往往选择下榻于此。（下图）

蒋介石亲自监制钟楼钟声，依故宫秘方方得其成

位于高雄鸟松乡大华村山仔脚的澄清湖，面积约375公顷、湖面103公顷。原本只是作为农田灌溉的曹公新圳支流"大埤"形成的天然埤湖，另一名为"龙喉埤"，相传为风水之地，邻近相隔30余丈处有一小埤，旧名为"草埤"。

大埤直到1940年，周边增建供水设备成为储水库后，才引入高屏溪河水，成为大高雄地区工业用水水源地。1952年，形状由上空俯瞰像一个贝壳的"大埤"更名为"大贝湖"，草埤则更名为"小贝湖"。

1954年，国民党推动大贝湖整治美化工程，模仿杭州西湖进行建设，不但湖面越加宽广且清朗，更新辟出三桥、六胜，并由何应钦邀请于右任、贾景德、梁寒操、程天放等人，于1960年6月间，订定"梅陇春晓、曲桥钓月、柳岸观莲、高丘望海、深树鸣禽、湖山佳气、三亭揽胜、蓬岛涌金"湖畔八景。

当时大贝湖湖光山色与建筑混成一体，一度成为全台游客量最多的公营游乐区。小埤则因蓄水干涸，委租农民开辟水田种植水稻，逐渐蜕变成湖畔人口密集之地。尤其澄清湖水平如镜，蒋经国曾回忆，有年中秋他与蒋介石同乘小舟游览澄清湖，蒋介石见水波明月相映，想起杭州风光，还说"此即平湖秋月"。

也不知是否因"熏风吹得游人醉，莫把斯湖当西湖"等讥讽语，抑或不符"反共抗俄、艰苦建军"的基本"国策"，1963年，蒋介石巡视大贝湖时，为强调"澄清天下之志"，将大贝湖改名为"澄清湖"，且沿用至今。

1. 黄杰（1902年－1995年），字达云，湖南长沙人，黄埔第一期毕业，历东征、北伐，曾因抗日战功被授"青天白日勋章"。1938年参与兰封作战，和桂永清擅自弃守商丘，导致12万国军崩盘，却未受处分。1949年后，黄杰领3万军队撤往越南富国岛，1953年6月才转赴台湾，并整编为海军陆战队。随后任台北卫戍司令，并取代遭褫黜之孙立人，升任"陆军总司令""参军长""警备总司令"等职。1962年任台湾省主席；1969年，继蒋经国后任"国防部长"。1995年病逝台北。

2. 修泽兰（1925年—），台湾知名女性建筑师，湖南沅陵人，抗战时就读迁至重庆的国立中央大学建筑系。1949年赴台后任联勤工程处副工程师。1956年与夫婿傅积宽成立泽群建筑师事务所，1965年任阳明山中山楼修建设计师，并获台湾建筑成就奖。1968年，推出新店花园新城建案，为全台首座整体开发的大型住宅，轰动一时。但动工前夕，傅积宽因曾参与学运，被捕入狱，长达6年余。修泽兰曾被称为蒋家最信赖建筑师之一，原日月潭教师会馆也是她的手笔。

澄清湖中的富国岛，相传系纪念黄杰[1]从越南富国岛整师返台的"艰苦奋斗、忠贞爱国的高尚情操"而得名，湖中九曲桥更是台湾最长的九曲桥。尤其蒋介石爱听钟声，他也特地指定，由知名建筑师修泽兰[2]在澄清湖畔设计修筑钟楼，原先仅设计一层楼高，但被蒋介石改成二层楼，底部挑高成一拱形大门，非常壮观。

蒋介石常在散步后，坐在树下石椅，欣赏湖光山色及聆听钟声。尤其蒋介石在钟楼建设之初，还交代当时的省主席黄杰，钟声须发出像姑苏城外寒山寺的"锵锵"声，结果承包商家唐荣铁工厂怎么做都无法让蒋介石满意，想请教日本师傅也不得其法。

最后还是通过秦孝仪将故宫秘方拿出来，才铸成这口大钟。蒋介石试听后还批评"偷工减料"，把周遭的人都吓坏了，最后按着蒋介石要求的十八长、十八短的节奏敲击，才让他满意。

蒋孔宋三大家族来台后首度也是最后一次正式聚会

早在澄清湖整治之前，为承接蒋介石每年南下巡视、游览的需求，于1958年由"国防部"设计、台湾银行出资，在湖中仁山半岛一块小高地上，建造一座三层楼西式建筑，充作蒋介石行馆。

这处钢筋混凝土房舍隔着一汪湖水，与湖畔另一景观得月楼遥遥相望，占地仅614平方米，即大贝湖别墅、大贝湖招待所。行馆面积虽不大，反倒是一旁侍卫大楼"传习斋"占地达2000多平方米，且有喷水池、网球场、篮球场等设备。至于行馆内则配置齐全，比较其他行馆，还多了一间宋美龄的画室。

1961年1月7日，大贝湖行馆被蒋介石改名为"澄清楼"。但其实早在1959年，台湾当局就在澄清湖大门入口左侧的山坡内，建起了秘密的地下作战指挥中心，以防蒋介石在此度假时突遇战事。指挥中心入口在侍卫大楼"传习斋"后方山丘

◆ 宋美龄的小弟宋子安及夫人胡其英与蒋氏夫妇及孔令仪的合影（左起：宋子安、胡其英、蒋介石、宋美龄、孔令仪）

1963 年初，蒋介石分别亲自去电给在美国的孔祥熙、宋子文，盛情邀请连襟和郎舅能合家到台湾来一块过旧历新年，以示家族团聚之意。宋子文接连受到电邀，却之不恭。宋子文的弟弟宋子安携家人先于数日到达台湾，下榻在台北圆山大饭店。2 月 8 日适逢元宵节，一家人联袂前往台湾南部澄清湖，在那里，东道主蒋介石夫妇以丰盛的晚餐招待了大家。

◆ 黄杰自富国岛回台后，在蒋经国家中吃饭合影

1949 年解放军四野和二野在"宜将剩勇追穷寇，不可沽名学霸王"的号令下，横扫华南，国民党军队节节败退，黄杰率残部近 2 万人从广西败入时为法国统治的越南富国岛，加上其他一些残部和眷属平民，入越的人数后来达到 33000 多人。兵败又逃亡他国的偏僻孤岛，直到 1953 年 6 月最终抵台，"海上苏武"黄杰的一首《忆江南》应是很多官兵那时心境的写照："……南国梦，望断是斜阳，西贡城中灯如锦，暹罗湾上月如霜，微醉立苍茫。南国梦，长忆故国秋，何日金陵逢故旧，秦淮河畔月当头，横笛泛中流。"

下，地下通道宽约两三米，全长约 200 余米，通道曲折蜿蜒，共有 10 多个房间，四周由钢筋水泥建造，并在多个要冲处设有坚固屏障墙与机枪射击孔。

指挥中心除独立空调系统外，入口处一堵大门重约 5 吨，外层为纯钢材料，内部灌铅，防止空袭时产生的巨大震力及增强核子防护效果。据说当时整个中心设有通信、发电、军粮仓库、会议室、弹药库等完整的指挥作战设施，还设有蒋介石卧室及卫浴室，只是空间都不大；钢门上还写着："此门重达 5000 千克，外钢内铅，可防辐射线穿透。"

1963 年 2 月 6 日，蒋介石检阅部队后夜宿西子湾宾馆，之后几天则迁居澄清湖宾馆，当时和夫人宋霭龄来台小住的孔祥熙已 84 岁，但中风未愈、行动不便，不过刚好宋子文、宋子安[3]自美来台，因此 3 人在宋美龄的招呼下一同搭机南下，晋谒蒋介石并共度元宵佳节，蒋介石在澄清湖以丰盛晚宴款待远道而来的孔宋家人。

这是三大家族来台后首度也是最后一次正式聚会。不过三人南下后，宋子文、宋子安住在高雄圆山饭店，孔祥熙则与蒋宋夫妇同住澄清湖。至于陈果夫已逝，陈立夫被远逐美国，陈氏家族已不复当年。

宋子文也借着这次机会，于 2 月 13 日在台北见到了 1961 年即被国民党宣称已解除"管束"的张学良；张学良此时会客均仍需事先请示，宋子文此行也不例外。在"联勤总司令"黄仁霖陪同下，两人在张学良的北投寓所见面，仅晤谈约一刻，宋子文即离去，当天张学良在日记中记载："多年别来，相见无限凄然。"[4]

宋子文在台期间，后又见过张学良一面，并在张学良住所餐叙，随即于 2 月 18 日因妻伤返美，这两次见面也成了两人最后的会晤。之后，宋子文于 1971 年 4 月病逝纽约，宋美龄本有意赴美出席告别式，但传言人在大陆的宋庆龄也将出席，因此突然打了回票，杜绝了外界关于国共接触的联想。

3. 宋子安（1906 年－1969 年 2 月 25 日），祖籍海南文昌，宋氏家族六兄弟姊妹中的幼弟。1928 年于美国哈佛大学毕业，先后就任中国国货公司董事、广州银行董事会主席、西南运输公司总经理等职，较少涉足政治。1948 年经香港转到美国旧金山定居，常往来香港与旧金山之间，1969 年香港广东银行董事长任内于香港因脑出血病逝，是宋氏六兄弟姊妹最早去世的一人，1971 年 4 月 25 日，宋子文在纽约因意外去世。

4. 宋子文在西安事变营救蒋介石的过程中，与张学良结为好友，但张学良护送蒋介石返回南京后遭到监禁，让居中穿梭的宋子文与宋美龄相当受窘，外界更质疑宋子文未依承诺保护张学良，对他殊多抨击，不满的宋子文更一度对蒋介石呛声。张学良当然知道宋子文的为难，因此他在"两蒋"故去后口述历史再谈宋子文，仍称两人是很好的朋友，但也说宋子文"在蒋先生那里是没有朋友的，我知道他是没有力量的"，更直言"蒋先生不喜欢他（宋子文）"，足见其无奈。

其实宋子文与蒋介石关系一直不好，蒋介石 1949 年后在反省大陆军事失败时，还直指经济财政的失败才是主因，同时宋子文出任阁揆时为遏止通货膨胀大量抛售国库黄金，蒋介石更直斥这是宋子文误国的最大过错，并后悔"误用宋子文一人"。

宋子文去世时，除了宋美龄未出席葬礼，蒋介石也仅送了一面匾额，待遇远不如孔祥熙。但宋子文外孙女仍说，宋子文在美期间，依旧积极帮蒋宋找最好的医生和药物，并把医生送到台湾替蒋介石看病；宋美龄每次到纽约，宋子文也会代妹约妥当地医生就诊。

至于孔祥熙则于 1966 年 2 月 28 日再度返美，结束台湾为期 3 年 4 个月的生活，且从此未再返台，反倒是他的女儿孔二小姐长期留在宋美龄身旁，成为士林官邸的一员。

蒋介石便秘严重，灌肠遭误伤

由于澄清楼设备较新，得以饱览澄清湖桥之景，冬季还有成群野鸭过境，景色优美，加上西子湾海岸线过长，防备不易，蒋介石又有睡眠问题，因此自 1967 年起，蒋介石南下主持"陆军官校"校庆就改住澄清湖行馆，并在此约见党政军高级干部，了解南部情势。加上高雄圆山离行馆不远，蒋介石宴客与接见有时也假高雄圆山饭店进行。

澄清湖四周很早就修筑了环湖公路，澄清楼旁除供侍卫居住的陆战队营房，还有散步小径，花草扶疏，走一圈约 40 分钟。同时考虑蒋介石与宋美龄喜爱搭舟泛湖，宾馆旁还修筑有码头，停有木船、汽艇 10 余艘。只要蒋宋上船，一如日月潭配置，都会有两艘戒护艇在旁卫护，并以无线电联系，随处要停舟上岸，都可派遣车队在岸边待命。

1971 年底，是蒋介石住在澄清湖以来最不顺利的一次，一方面，由于台湾当局被踢出联合国，民心大震，一时连美金现钞都难在市面找到；另一方面，蒋介石的身体又遭到意外伤害，等于雪上加霜。

据蒋介石副侍卫长陈宗璀回忆，晚年蒋介石便秘严重，如厕时全赖钱姓副官以甘油球通便，但 12 月 4 日当天，由于副官不留神，挖破肛门肌肉，蒋介石血流不止，不但返回台北行程大受影响，隔天跟着发炎，身体极为不适。当时钱姓副官几乎被送军事法庭，经侍卫长孔令晟争取，才改在行馆警备队软禁，不过据说直到蒋介石去世后，才被蒋经国下令释放，前后竟长达 5 年。

在澄清湖蒙难的蒋介石，因伤口而只能俯睡，其后又因医官建议服用泻药排便，导致腹泻而让体力大受影响，只能在澄清湖行馆静养，无法返回台北处理公务。直到 12 月 20 日，伤口慢慢痊愈，蒋介石才返回士林官邸静养。

不过 1972 年，宋美龄再度争取外甥孔令侃"入阁"，起码要在"行政院"担任"财政部长"一职，再度引起蒋介石不满。台湾地区与美国关系是台湾对外工作的核心，为执行对美"外交"与保卫联合国席次等任务，获得宋美龄支持的孔令侃在美相当活跃，以"中国游说团"成员身份，与不少美方重量级人士关系匪浅，长达 20 多年时间内，主导游说美国政坛"保蒋反共"。

孔令侃长袖善舞以及与宋美龄关系密切，让他形同"地下大使"。只是孔令侃打算在蒋介石羽翼下回台发展仕途的想法，却始终没法落实，宋美龄数度说项都被蒋介石打了回票。

1972 年春，正值蒋介石是否就任第五任"总统"关头，因体力不支，蒋介石无意再连任，但内外劝进压力不断，蒋介石因此在澄清湖休养多时，直到当年 5 月 15 日宣布参选连任后，才勉为其难返回士林官邸。

不过另有说法，孔宋家族力推孔令侃出任"财政部长"的动作，由于与蒋介石企图为儿子扫平接班障碍立场相悖，更认定让蒋经国从上海铩羽而归的孔令侃绝对是路上的大石头，因此最终父子商议由幕僚周宏涛接任"财政部长"，让孔令侃扑了空，宋美龄不满，导致蒋宋罕见的长时间冷战，蒋介石甚至独自搬到澄清湖住了一段时日 5。

5. 另说蒋介石此时系避居在阳明山"中兴宾馆"。不过蒋介石最终仍同意连任"中华民国总统"，同时之后也另聘孔令侃出任"国策顾问"作为补偿。

◆蒋方良与孔令仪

这次聚会，蒋介石的两个儿子蒋经国、蒋纬国也携家眷参加，着实是一次盛大的家庭聚会。图中是蒋经国的夫人方良女士和孔祥熙与宋霭龄的大女儿孔令仪合影。孔令仪生于1915年，深得孔祥熙的喜爱。她不仅脸庞长得像她的父亲，连脾气性格也颇为相似，孔令仪心中的崇拜者也是她的父亲。孔家的第二代在民国都是赫赫有名的人物，孔令仪虽然不弄权惹事，但生活奢侈挥霍，完全一副贵族大小姐的做派。她对饮食、点心、服装和化妆品都有着挑剔的要求，基本上全是进口洋货。

故人已逝，
钟声封闭

之后蒋介石因为身体如江河日下，再也没有回到南部澄清湖等地度假。但即使蒋介石去世后，澄清楼依旧门禁森严，直到 1991 年才由省自来水公司第七区管理处收回管理权，开放民众参观。

目前澄清楼三楼保存蒋介石卧房原样，左墙挂了董其昌"无欲静虚"字书，二楼改为史料馆，存有日本政府在南京所递投降书、国民会议颁订的《中华民国训政时期约法》、"三七五减租"、孙文特任蒋中正为陆军军官学校校长的大元帅令，蒋介石手书的"新生活运动"训谕，以及蒋介石亲笔所写"千秋气节久弥著，万古精神又日新"对联一副，及"忠勇为爱国之本"《十二条青年守则》及墨宝等珍贵史料。

行馆一楼左侧是会议室，右侧是会客厅，正厅墙上悬挂蒋介石彩色肖像，两侧各有长形木质橱柜，上层为透明玻璃覆盖，橱柜上端墙上悬挂蒋介石与宋美龄、国外友人在澄清楼活动的黑白放大照片。原本是侍卫居住的传习斋则改为"救国团"青年活动中心，供青年活动住宿。

至于作战指挥中心也一度废弃近 20 年，从墙壁到器具几乎斑驳腐蚀殆尽。最后由地方政府重新改装成水族馆，将通道改成水族箱，分深海稀有动物区、海洋珍稀展示区、海洋贝类区等不同区域，租给民间经营，并加注许多图解及说明后对外开放。

蒋介石心爱的钟楼则因敲钟不易，蒋介石去世后就未曾再响过，一直锁在顶楼直到民进党执政后才重新开启、响钟，作为一个新的景点。

阳明书屋

蒋介石为自己打造的
最后文史档案归宿

"阳明书屋"，原名"中兴宾馆"，总面积约 15 公顷，位于北投区湖山段一小段 371 地号，经阳明园花钟旁顺坡蜿蜒，别称"总统路"的中兴路林荫夹道而上 1.8 千米，即可达这坐落于七星、大屯、纱帽等山及淡水、基隆两河所簇拥的阳明书屋。

中兴宾馆是蒋介石亲自参与设计的行馆，是全台湾最后一座，也是面积最大的蒋介石行馆。自 1970 年启用后，即作为蒋介石行馆，直到蒋介石去世 4 年后，国民党党史会将办公地点及党史资料迁移至此，名称由"中兴宾馆"改为"阳明书屋"，"总统府机要室"掌管的"大溪档案"亦集中于此，并搜集了部分孙逸仙、国民党大佬文物在此保管。

历经 20 年管制，阳明书屋于 1991 年才解禁，开放学者进驻研究。1997 年，国民党将阳明书屋各建筑及管理权捐赠"内政部"转交阳明山公园管理处，并开放大众参观，才打开了行馆神秘的大门。

◆阳明书屋
阳明书屋的设计理念以西方碉堡为蓝图，主体造型为八角柱形，结实而充满森严之感。因其碉堡造型，因而易守难攻，站于阳明书屋二层，亦有居高临下的位置优越感。和蒋介石的其他多数行馆一样，中兴宾馆外观采用墨绿色调，低调不张扬，隐藏在层层绿树之中。蒋介石的这一谨慎与缺乏安全感，源于西安事变的突然，此后的行馆设计均以安全为第一位，可见此事件在其心中留下的阴影。

蒋介石亲自参与设计的，也是最大的行馆

中兴宾馆原址邻近竹子湖，在清朝时是一片茶园，因此当地附近还保留着茶寮遗迹与烧制木炭用的圆形炭窑。日据时期，该地称为"栀子寮埔"，曾广植黄栀花，栀子花果实晒干后是中药材，也可以提炼黄色染料用以染大黄豆干、黄萝卜等。栀子花可以做熏茶香料，早期台湾还有商人曾用栀子花熏白兰地，因此有集中花材制作的工寮，一般运到大稻埕迪化街由茶商搜购后外销。

当地由于七星山起伏环抱，风水极佳，光复后土地为海山煤矿瑞芳区李建兴家族所有，阳明山管理局则于1950年将此处规划为森林公园，设有凉亭、露营场等游憩设施，并且是童子军露营地原址。为便利游客进出，1960年开辟了一条石砾便道，即今日的中兴路。

据闻，蒋介石与宋美龄常自中山楼散步到此占地10余公顷的森林公园，因地势高、形势不凡，前有淡水河蜿蜒而过，是绝佳的龙蟠虎穴，加上其周边环境清幽，是以于1968年决定在此兴建中兴宾馆，由当时的阳明山管理局向台北市政府筹资兴建，除瑞芳的李家主动捐出数万平方米土地外，附近的果园、民宅也一并征收，并于1969年动工。

中兴宾馆系由台北故宫博物院、圆山饭店等著名地标建筑师黄宝瑜设计，退辅会"荣工处"承建，三班制全天赶工，一年时间就兴建起主建筑，并赶在1970年5月9日竣工，与阳明山中山楼同时设计建造，面积达4000平方米，但蒋介石并没有将该笔土地登记在他名下，故该笔土地仍为李家所有，并属阳明山管理局管辖。

中兴宾馆耸立于熔岩台地上，但从大门根本看不到主建筑，尤其建筑墨绿色外观形如堡垒，隐藏于一片森林、青山之中，站在后阳台却可眺望纱帽山、大屯山、七星山，景观宽阔。蒋介石当年不但亲自用红、蓝色笔画出中兴宾馆

设计图，注明空间使用标的，还曾对黄宝瑜表示，主持军事会报，看军用地图、建筑蓝图是他平生三大嗜好。

中兴宾馆四侧有门，便于应变；周边另有侍从室、参谋机要室、通信联络室、警卫营、车库、机房、清洁班等八栋附属建筑；落成后，即作为蒋介石接待外宾和往返附近的中山楼主持会议之用，同时也成为蒋介石的避暑地。

宾馆台地三面为环着溪流的峻谷深崖，安全措施严密，形同环状的警备网，从中兴路到四周山谷，营舍、碉堡、岗哨等各类防卫设施俱全，同时有机枪、弹药应变。四周有 204 厘米的高墙围绕，4000 米长的巡守步道，超过 500 名巡守人员日夜巡逻，两座大门旁的花木下，还隐藏了小型的地下碉堡。

至于周边除了有 10 多处巨型碉堡，其内还有简单的床铺，供卫兵 24 小时驻守使用，加上各式岗哨，号称内外至少有 7 层防卫线将宾馆重重环绕。宾馆另有秘密地下道、坑道、暗哨、防御壕沟、直升机停机坪与散兵坑等设施，可供紧急时刻要员疏散用。

乍见之下，中兴宾馆宛如一栋两层楼的军营，从平面图来看，与传统四合院格局神似，主馆是二层楼中国庭园式建筑，各种扇窗、宫灯，坐北朝南，有 1000 平方米大，为求安全，各房间普遍采用每房两门的设计方式。由于蒋介石要求建筑必须与军事相通，争取空间利用，同时以畅达为上，亦即要"活"，因此内部动线设计相当流畅。

行馆内不设路灯，仅设约半米高、外表毫不显眼的"防空灯"，用来指示直升机升降。事实上，阳明书屋是蒋介石在台行馆中唯一设有停机坪的建筑，原因是当时蒋介石已 84 岁高龄，又有心脏病缠身，停机坪可方便随时就医或避难。

行馆一楼为贵宾室、办公室、餐厅及接待室等，进门右手侧是医官熊丸的办公室。一楼正厅中央有幅按蒋介石实际身高绘制的披着防弹披风的画像，风格采取传统中国风味布置，也是蒋宋两人欣赏影片处。至于主厅，左边跟右边各有两个客厅，分别接待外国来宾跟国民党高级将领。

据说，主厅中圆桌旁的木板门当年均敞开，让东、西厅与正厅相通，即可让爱看电影的宋美龄在门板大开后的左侧放置银幕观赏电影。据闻，蒋介石在此看过电影《狸猫换太子》，并前后看了 8 遍。

◆中兴宾馆蒋介石书房

中兴宾馆的书房布置得简单而典雅，依然保有壁炉的设计。壁炉采用中式门窗样式造型，颇具新意。壁炉上方悬挂着青年蒋中正与母亲的合影画像。原本中兴宾馆的建造初衷有接待外宾的功能，然而随着台当局与美、日关系破裂，这里却是门可罗雀般冷清。宋美龄曾邀大姐宋霭龄前来小住，因此宋霭龄也成为中兴宾馆接待过的重要贵宾之一。更为夸张的是，出于安全考虑，仅书房就有五扇门之多，以备蒋介石逃生之用。

◆中兴宾馆宋美龄画室
中兴宾馆的设计布置在宋美龄的亲自指导下，每间房子都设有壁炉，造型古朴雅致，为居室增添了温馨厚重的感觉。宋美龄画室的采光极佳，沐浴在阳光之中的画室窗明几净，常常引得蒋夫人画瘾大发。不过习惯晚睡的宋美龄有个奇怪的癖好——喜爱在凌晨作画。据说好几次蒋介石半夜醒来，发现不见夫人的身影，循光而去，才发现夫人原来独自在画室作画，可见她对作画的痴迷情深。

但也有侍卫回忆，有天晚上蒋介石读了美国顾问的一篇报告，估计台湾空军攻打大陆的战力只能维持 3 天，让他心情不佳，不言不语地下了楼，结果当时宋美龄与一些侍卫们在看电影，蒋介石却从银幕前一言不发地走了过去，一眼也没看。

行馆二楼为蒋介石夫妇私人使用空间，生活起居室正厅置一椭圆桌，为蒋介石夫妇用餐处，墙壁四周嵌有四片喷砂玻璃，为宋美龄以竹为题所绘竹之四季风情。

由于作息不同，蒋宋各有卧室，以拱门相通，两人分床而眠。上楼左手侧的蒋介石房间摆着双人床，内墙挂有 1927 年 12 月 1 日两人在上海照的结婚照，还挂了几张夫妇二人于士林官邸或风景区的照片。浴室色调为蓝色系。寝室外阳台是蒋介石早晚静坐祈祷的地方。据蒋介石的侍卫回忆，蒋介石常在楼上念唐诗，在楼下的侍卫等人都能听得见。至于宋美龄卧房则放置一张单人床，不但明亮，并有淡粉红墙壁和白底漆金欧风装饰线条，相当典雅。此外，中兴宾馆的布置在宋美龄的指导下，每个房间都有壁炉，她的画室壁炉上端挂着角板山行馆绘画时所摄照片，画桌窗外就是纱帽山，布置得相当雅致。

据说宋美龄常在三更半夜起床，到画室习画、作画，好几次蒋介石半夜起来找不到她，循着灯光才发现她正埋首绘画。孔二小姐的房间则在上楼右手侧。

风水地理虽佳，门向争议不断

位于密林深处的中兴宾馆，内部庭园相当考究，古木繁花、绿树掩映，园林、鱼池环绕；行馆一、二楼及后院均设计有许多回廊，便利蒋介石散步，并可远眺淡水河及俯览台北市景，院中鱼池旁则为昔日蒋介石最爱的静思地点，也常与宋美龄坐在池畔石椅上喂食锦鲤。

格局上，中兴宾馆入口处右侧为梅园，约一公顷，一说酷爱梅花的张大千生前即常赠与官邸、行馆梅树栽种，目前周边约有90多株由宋美龄亲自选定种植的白梅。不过因阳明山属于火山地形，酸性土质不适栽种梅树，因此园中的梅树曾一度大量枯死，甚至仅剩四棵。

宾馆左侧则为4公顷多的森林公园，巨木参天，林木茂密，不时可见石板步道蜿蜒穿梭其中；宾馆内还可由正厅地下室东侧长约45米的"密道"，通往宾馆高墙内东南侧的后花园，如今小桥流水、清幽雅致，十分具有诗意，但当初设计时却有紧急疏散、遁走等考量。

就地理位置而言，中兴宾馆相当邻近以海芋闻名的阳明山竹子湖，这种特殊的花卉如今已成为阳明山农业观光的重点项目，但这种白色花朵当年引进台湾后并不受到欢迎，据说因蒋介石喜爱，因此"总统府"每年都会从日本、荷兰引进种植在中兴宾馆。

附近农民因地利之便到宾馆帮忙种植，有些人将移种丢弃的根茎带回竹子湖试种，才奠定了当地海芋产业。后来蒋介石出殡时使用大量海芋装饰，改变一般人对海芋的印象，农民才纷纷种植。

蒋介石的俭朴作风也反映在中兴宾馆的建筑风格上，除行馆依例简单、朴实，没有豪华装潢外，据蒋介石侍卫回忆，有年夏天，蒋介石在中兴宾馆外散步时，看到宾馆边新建的车库，让他相当气愤，连称"不能浪费民脂民膏"。不过邻近阳明书屋的山区由于盛产硫矿，当地民众自古以来均会利用磺灶以土炭煮磺。但因为日夜煮磺烟灰太大，中兴宾馆完成后，考量到蒋介石常去居住，当地煮磺业也被迫停止。

阳明山区是毒蛇盛产之地，蒋介石的侍卫回忆，当年新辟中兴宾馆时，由于开伐了附近森林，因此不时有毒蛇四窜，尤其龟壳花特别多。特别是正馆完成时，因周边侍卫驻守的掩体与房舍都只是粗具规模，无法挡风雨不说，晚间睡觉还会有毒蛇爬到床上，等于与蛇共眠。

据称基于风水考量，蒋介石在台住所除了凉爽，一般都视野良好，左右有山势环抱，如坐在太师椅上，因此外界长期传言，中兴宾馆有帝王宝座相及龙盘虎踞势，风水极佳。宾馆附近更是古草山水道第一水源，早年每天送水

28800 吨，可供 17 万人用水。

宾馆正前方的照壁是一面青琉璃顶的白色风水墙，上头写着"千秋万载"，据说可挡住七星山迎面压逼的盛气。奇怪的是，中兴宾馆左方是纱帽山与较低的华冈台地、大埔台地，右方为大屯山、小观音山等，完全符合后有屏障、前方开阔，青龙、白虎左右环绕的风水条件，但宾馆正门却开在面对七星山的北方，而非开阔的南边，反而背对着台北市区，所以才有所谓的风水墙设计，虽有安全或预防远距离狙击等考量，但还是显得颇为异常。

尤其是转进中兴宾馆的路上，要先通过蒋介石爱将胡宗南之墓，也显得有些诡异。另有一说，说蒋介石是五星上将，结果风水格局是七星（山）压五星，当然把蒋介石的气势都压下去了。

蒋宋因浴室开窗问题闹别扭，蒋介石在此曾心脏病发

至于宋美龄浴室化妆间的窗也曾让两人闹过一次小别扭。据当时住在中兴宾馆的"御医"熊丸回忆，由于宋美龄不同意窗开向外，因此先吩咐设计师在浴室不要开窗，偏偏蒋介石巡视时喜爱窗外风景，要求设计必须开窗向外，两人意见相左，以致来来回回改了好几次，最后宋美龄气愤地说，再开窗就让蒋介石自己住在中兴宾馆，终于让蒋介石屈服。

夏天时，一如在草山宾馆，蒋介石与宋美龄会从山下士林官邸搬到中兴宾馆避暑，一年约 5 个月住在这里。蒋介石晚年身体较差后，无法散步，也会坐车到附近看看风景，尤其常到阳明山军人公墓看看长眠在那里的一些老部属。长住官邸的孔二小姐也会随宋美龄住在中兴宾馆。

其实，蒋介石 1970 年搬入中兴宾馆到 1972 年心脏病发才下山治疗，直至去世，中兴宾馆实际使用时间只有三四个寒暑。只是中兴宾馆虽有接待外宾功

◆中兴路

中兴宾馆是蒋介石来台后修筑的最后一处行馆，占地约 15 公顷，早期为一处原始天然森林，属阳明山管理局管辖。1970 年中兴宾馆及其附属建筑兴建完成后仍保留部分原始林区，蒋介石进驻中兴宾馆期间，基于安全理由戒备森严，对外唯一通道的中兴路亦管制一般民众进出，造就今日的阳明书屋及周遭中兴路沿线仍保有丰富的自然生态资源。这条唯一的出路也称"总统路"，在戒严时期安排多处明岗暗哨，直到解严后的现在，每日也是限时限人开放。进出入的限制不但增添了这处国民党机要的神秘感，也保存了中兴宾馆原有的风貌。

能，因陆续发生台湾地区与美、日关系破裂等事，蒋介石又卧病在床，因此并未真正有外宾在此留住。不过蒋介石先后在此设宴接待过美国《时代杂志》发行人亨利·鲁斯三世夫妇，以及美、日国会议员等外宾。1971年，宋美龄曾偕同大姐孔祥熙夫人宋霭龄住进中兴宾馆，使宋霭龄成为唯一进住过中兴宾馆的贵宾。

根据熊丸在回忆录的说法，中兴宾馆虽然风景秀丽，地势高而凉爽，深得蒋介石喜爱，但位居山谷风口，风大不说，晚间还颇有鬼哭狼嚎的味道，而且环境对蒋介石的健康并不好，蒋介石每到必病。翁元也说，蒋介石从住进中兴宾馆就意外不断，同时身体也每况愈下。

1971年开始，蒋介石除持续感冒、体力不继，更出现呼吸不顺、气喘等心脏病征状。官邸前副侍卫长陈宗璀也回忆，1972年蒋介石就任"第五任总统"，但体力已难负荷，因此原本无意连任，甚至一直留在南部休养；就职典礼当天不但缩短时间，还用权杖支撑，才勉强撑到中山楼典礼结束，等回到中兴宾馆后，汗水已浸湿了蒋介石的衣服。

接下来一段时间，虽然蒋经国接任"行政院长"，但忙于各类仪典与"国事"的蒋介石还是无法充分休息，不祥预兆十分明显。尤其1972年7月前后，蒋介石因为气喘，不但吃饭要停顿好几次，甚至还会呕吐。蒋介石的英文翻译钱复也曾指出，7月18日，蒋介石接受"沙特阿拉伯大使"到任"国书"，当时双手已经颤抖不停，面容出现改变。

7月22日上午，蒋介石还一如往常地读《圣经》、做礼拜，甚至还洗了温泉，但到下午17点，不但气候湿热且风雨交加，蒋介石先是在返回中兴宾馆时跌了一小跤，接着在吃饭时感到心脏不适并发生呕吐，原要紧急下山就医，却突然病发，全身冷汗、神志昏迷，整个人瘫了下去，经心电图证实是急性中膈心肌梗死，医生不但使用氧气、电击，还为他打了支救命针，三天后才把蒋介石救回来，恢复呼吸。

由于情况危急，当时全靠宋美龄现场指挥应变，医疗组为蒋介石插管急救，希望力挽狂澜，不过由于病情严重，据说官邸已做好办后事、移灵、遗嘱等准备，并为可能变化的政治与军事情势进行沙盘推演。蒋经国也火速赶往中兴宾馆。

所幸急救得宜，蒋介石被抢救了回来，但已不宜移动，且出现血压高、呼吸困难等心脏衰竭症状。官邸把各类器材与医生都紧急移至中兴宾馆。熊丸等人从美国请来心脏医学权威余南庚稳住病情，并于同年 8 月 6 日，在宋美龄拍板下，决定离开气候与设施均不理想的中兴宾馆，转送位于阳明山下的"荣总"六病房（"总统病房"）救治。

当天晚间 9 点 40 分，车队从中兴宾馆出发，采用吉普车、救护车、旅行车、轿车、警车的编组，沿着阳明山仰德大道缓慢行进，沿途紧密交通管制与军警动员，就怕颠簸或任何交通意外让蒋介石的病情再起变化，最后 15 分钟的车程竟走了一个多小时才到达，"荣总"也高度戒备，寻常人根本无法靠近六病房一步。

通过紧急治疗，蒋介石心脏病病情大致稳定，不过仍在昏迷，肺部积水，时间长达半年，没想到蒋介石于 1973 年 1 月 9 日凌晨醒过来后，除肢体略有萎缩，却不影响记忆力与思考，也能与蒋经国谈些"国事"或在病床旁用餐。之后蒋介石要等到 1974 年 12 月 24 日圣诞节前，才又在宋美龄的力主下，返回士林官邸过节。事实上，蒋介石从卧病后再没回到中兴宾馆，也再没能回到他所喜爱的阳明山。

阳明书屋与大溪档案：存 1923 年至 1952 年间 12053 件蒋介石文史档案

蒋介石逝世后，中国国民党党史会于 1979 年 6 月奉蒋经国命，在党史会主委秦孝仪主持下，将原存放南投草屯"荔园"的党史资料及办公室，一同迁移至中兴宾馆，并将中兴宾馆布置为孙逸仙及蒋介石文物纪念馆。为纪念蒋介石一生尊崇、服膺王阳明"知行合一"学说，故更名"阳明书屋"。

阳明书屋共9栋建筑，分正馆和附属分馆，正馆一楼除"革命奋斗历程史料展示廊"、图书资料中心，便是有蒋介石身着披风巨照做装饰的总裁（蒋介石）纪念堂，以及放置蒋氏宗谱及蒋经国阅览书籍的主席（蒋经国）纪念堂。正馆二楼则设有总理（孙逸仙）办公室，陈设有孙逸仙亲手所写"养天地正义，法古今完人"墨宝，靠窗办公桌则摆着蒋介石当年批示公文的笔砚。

环绕正馆的大忠、大孝、大义、大仁、大智及大勇六馆，为党史会各室工作人员办公、接待与史料收藏处，大智馆典藏他在大陆时的重要报纸资料，大忠馆两楼更是由国民党于1985年拨款，为典藏党史所兴建。

此处各类资料完整，例如孙中山史料馆还保留有孙逸仙在香港西医书院的肄业考试成绩单、注册记录，以及孙逸仙亲自眉批的中英文文件和令状原件等珍贵资料。其他如国民党自创立兴中会以来所有的史料、会议纪录，民国初年至今的各种公报、期刊、著作，甚至宋教仁遇刺的血衣、林觉民《与妻诀别书》等，一度也在此处珍藏。

至于一楼正厅地下室约70平方米的横长空间，则收藏闻名中外的"大溪档案"，但多年来，只有部分档案开放供学界参阅。这批从桃园大溪头寮转运来此收藏的"大溪档案"，系蒋介石长期搜集的个人文件，是研究近代史的珍宝。大陆时期，这批文件由陈布雷初步整理。1948年，蒋介石在迁台前，将原先委请侍从室代为保管的这批私人文物，交由"总统府机要室"保管，并存放于桃园大溪头寮，并辟建"大溪档案室"存放，从未对外正式曝光。

1979年，蒋介石去世后，蒋经国将大溪档案搬迁至中兴宾馆集中保管，由专人整理维护，并整修中兴宾馆、加装防护设施，且将国民党党史会迁移至此。不过其他与蒋介石任内有关的资料仍收藏在"总统府"。至于这批资料之所以称"大溪档案"，系因旅美教授梁敬于1969年根据此间档案写成《史迪威事件》一书并流传广泛，梁敬在书中把所引资料称为"大溪档案"，之后便以此为通称。

这批档案包括蒋介石于1923年至1952年间大部分的个人资料，包括48册蒋氏家谱、12册家书、168册照片、家画、文物资料及蒋介石从东征、北伐、统一、抗战到"戡乱"时期400多册"特交"文件、17000多件"筹笔"文稿（与时政有关的亲笔信函）等，加上20800多卷文献，总数达12053件，内容颇为珍贵。

◆起居室

起居室采中国风味布置，厚重的窗帘阻挡了屋外的光线，营造出暗淡的氛围，正好供蒋宋在此观赏影片。据说蒋介石喜爱看《狸猫换太子》，前后在此处竟观看 8 次之多。在壁炉的上方，悬挂有张九龄按蒋介石实际身高所绘披着防弹风衣的蒋介石画像。有一个说法是，无论你站在大厅的何处观看这张蒋介石画像，蒋介石似乎都在凝视着你，是真是假，恐怕只有亲身经历才能感受。

不过这批资料虽然机密，其实早在蒋介石去世前，为协助当年《日本产经新闻》记者古屋奎二撰写《蒋总统秘录：中日关系八十年之证言》一书，在秦孝仪主导下，已开放部分史料供其参阅，之后于日本连载，历时两年四个月，共发表650篇。连载期间，刚好蒋介石逝世，于是国民党经营的"中央日报"出版中文译本，约十几册。当时台湾"教育部"还曾通令各高中学生要阅读《"蒋总统"秘录》，并且举行测验竞赛。

只是"大溪档案"这种仅限少数获特别准许人士批阅，甚至日本人都可以开放阅读，却吝于开放给华人学者参阅的特权，遭到长时间诟病。不过还是要到1995年初，李登辉主政的"总统府"才决定将大溪档案移交由位于新店的"国史馆"保存，并准备对外开放。

1996年，台湾"国史馆"正式将大溪档案解密，并在"国史馆"季陆楼八楼另辟专室典藏，同时正名为"蒋中正总统档案"。但此举则引发了蒋经国三子蒋孝勇的不满，他曾在生前受访时指出，李登辉曾允诺宋美龄，在宋美龄去世前不会公布这笔关于蒋介石的"大溪档案"，但是李登辉明显食言、毁约。

陈水扁插手阳明书屋 爆发产权争议

阳明书屋面积约15公顷，由于先前蒋介石并未同意捐地之议，到民进党崛起后，产权问题变成了烫手山芋，更引起曾入主台北市政府的陈水扁与国民党党史会之间的连串争议。甚至地主李氏家族也一度表示，既然当初李家并未捐地，应可要求收回产权。

书屋所在地产权共计土地51笔，其中31笔是私有地，多属瑞芳李家所有，另有一笔土地为市政府所有，其余均为"国有地"。但当时陈水扁即提出地籍资料质疑，书屋主建筑虽位在私人土地上，不过外围三间办公室、三间警卫室及从办公室到书屋的道路均占用市有地。包括三间警卫室及私有道路占用建设局 1076 平方米土地，大门前三间办公室占用公园处 5979.97 平方米土地。另外，办公室前属于财政局的约 5000 平方米土地也被党史会纳为己有，不准民众进入。

建筑方面共 9 栋，面积 6500 平方米，为国民党出资兴建，因此国民党始终主张应有管理权。不过因为当初行馆的主管单位阳明山管理局已并入台北市政府，故陈水扁在与国民党叫阵时坚称阳明书屋属于市产，市政府还常编列预算维修，因此市政府应有权处理。

他也批评书屋主建筑包括国民党史料馆及办公厅舍全都没有建筑登记，裁撤阳明山管理局后，也未将阳明书屋列入移交清单，因此阳明书屋根本是个大违建，是"又漏税，又无籍的幽灵屋"。

陈水扁要求国民党党史会提出阳明书屋建筑证明，与此同时，市政府建设局也向党史会追讨阳明书屋周遭建筑占用的市有土地。建设局表示，已要求国民党党史会归还占用的市有地，否则要循法律途径要回市产，更不排除把还是违建的阳明书屋依法拆除。

在各方争议之下，国民党改弦更张，拟将阳明书屋产权捐赠给"内政部"，以求列入阳明山公园管辖范围，回避所有台北市政府有管辖权的问题，以保全阳明书屋及党史会。国民党甚至指出，阳明书屋所在地属于公园游憩区，原本用途设计即为"文物保存"用，因此国民党如将阳明书屋捐出，即可符合文物保存用途让公园管理处利用。只是此举立刻遭民进党批评为私相授受，蓄意规避追讨市产。

无视民进党的批评，国民党于 1996 年 9 月将阳明书屋捐出，历经 9 个月、花费 400 多万元整修后，开放游客参观，从此阳明书屋成为阳明山公园游憩景点，内藏珍贵史料全数交还国民党位于台北市区的党史馆典藏。

虽然一开始，行馆正房仍未开放，但由于从阳明书屋可远眺台北盆地、淡水河、基隆河，近眺纱帽山、尖山与华冈及大埔台地，视野广阔，加上"两蒋"行馆的神秘感，立刻成为阳明山知名游憩据点。

不过陈水扁还是继续上演"追讨市产"的大戏，并亲自到阳明书屋勘察，质疑书屋部分土地及建筑占用市有地，甚至阳明书屋范围内道路及花园也占用到养工处及建设局的地。按当时台北市政府的诉求，从进入大门右侧的大义馆开始，沿花木扶疏的道路至正馆间约有 200 米距离，起码约七八十米属于占用市有地的道路，如果切割归还，包括梅园及林园均将被强行划分，势必园不成园。

陈水扁此举无疑是希望凸显市政府继收回士林官邸后，仍在继续突破禁忌与国民党特权，并宣称不惜与国民党对簿公堂。不过"内政部"阳明山管理处仍于 1997 年完成各私有地征收事宜，唯独那一笔市有地归还台北市政府。经阳明山管理处后续行文市政府要求拨地，已经扯足顺风旗的陈水扁态度一百八十度大转弯，决定将地无偿拨用给阳明山管理处，这才彻底化解了争议，连租金都免了，阳明书屋也就正式对外开放参观。

慈湖行馆

『两蒋』灵柩奉安
大陆争议

众所皆知，蒋介石去世后，遗体即暂厝于慈湖陵寝。慈湖位于桃园县大溪镇福安里。蒋介石生前经常驻临大溪，在蜿蜒的山路上远眺大汉溪，某次偶然机会，意外发现慈湖这个世外桃源，为追思母亲王太夫人，故取名为"慈湖"，并兴建了一座四合院平房，名为"慈湖宾馆"。

由于行馆建成后，慈湖周边就被列为禁区管制，因此生态环境得以保存原始风貌而不受破坏。至于慈湖宾馆内，则林木扶疏，环境清幽静谧。是以蒋介石逝世后，几经讨论而由蒋经国选定此地，将蒋介石灵寝奉厝于此，使慈湖成为举世闻名的蒋氏"陵寝"；蒋经国死后，奉厝在慈湖附近的头寮，与慈湖遥遥相望。

◆慈湖陵寝游客中心

从"去蒋化"伊始，造神时代留下的蒋介石铜像、蒋介石纪念馆便成为烫手山芋，诸多地方连夜拆除，唯恐落后一步。然而大溪却不同于他处，因大溪认为"两蒋"对此地有惠，这里处处保留着与"两蒋"有关的历史遗迹。在蒋介石长眠的慈湖外的广场，更兴建了一个以"两蒋"为主题的游客服务中心，"两蒋"功过随年代逝去而逐渐褪色，留待历史来做评价。

慈湖仿建故土慈溪，蒋介石图圆家乡梦

慈湖原名"新埤"，俗称"埤尾""牛角湳埤"，位于桃园县大溪镇与复兴乡交界处，靠近省道台七线，现今大溪镇中心向东南山道逶迤而上约 4000 米，就是慈湖。慈湖系纳大汉溪支流而成，前后分为两个湖，前慈湖面积稍大，约有 5 公顷，后慈湖只有 3 公顷，中间以溪水相通，但有山屹立，系经水道循山麓弯流下注。

慈湖四季气候和煦宜人，溪谷萦回，有"近龙湖"之称。原本是座名为"谦记"的煤矿场，1906 年开始采矿，但矿场在 1939 年发生多次灾变后停工，慈湖因此废弃；说也奇怪，当地废弃 10 多年之久，没想到因蒋介石路经此地，发现风光与故乡溪口相似，决定在前慈湖畔，仿照故乡"丰镐房"风格，建立行馆。

据说当年蒋介石是与蒋纬国搭车经过桃园时，发现的这块远离尘嚣、云雾缥缈的宝地。蒋介石数日后再来，还拿出了罗盘，步上小山头勘地，发觉四周群山环绕，把慈湖笼罩在如太师椅般的地形中，他当时选择的地点就是日后慈湖陵寝的位置。

蒋纬国曾说，蒋介石之后命他私下与地主接触，探询是否愿意卖地或租地，由于当地煤矿已然采尽，原地主即台湾板桥林本源家族同意出让，再委由国民党中央党部前去洽谈。林本源家族看到蒋介石有意洽购，所以坚持捐赠，最后双方同意将土地登记为国民党无偿租用，并于 1955 年将当地两个湖四周约 19 公顷土地使用权转让给国民党作为行馆用地，不过当时只看得到池塘和一片莽林而已。

之后，慈湖改建整体工程由"荣民工程处"负责兴建，但在设计上，多半是由蒋介石亲自构思，并于 1959 年 6 月 13 日竣工。由于基地靠近百吉隧道北端出口，乡民当时称之为"洞口"，因此"荣工处"一度取名为"洞口宾馆"。

◆慈湖风光
慈湖集天地灵秀之气，位于"太师椅"正中，是风水宝地，且湖光山色与浙江奉化山水神似，在蒋介石"钦点"下，"埤尾"摇身一变成"慈湖"。蒋介石生前"驻跸"于此，死后奉厝此地，慈湖便美名远播更充满神秘。慈湖原本为一处人工蓄水池，但依山傍水，风光秀丽，浑然天成，颇有江南山水之貌。如今慈湖开放，吸引游客流连，感慨蒋介石目光独到，觅得此处世外桃源。

1962 年 10 月 31 日蒋介石七秩晋六诞辰当天，宾馆正式落成启用，总面积 37.5 公顷，完工后已完全看不出矿场原貌。为感念母亲王太夫人养育之恩，蒋介石将"埤尾新埤"改名为"慈湖"，除手书"慈湖"牌匾，放置在大门横梁上，行馆也正名为"慈湖宾馆"。

蒋介石谓"不光复大陆不看戏"，慈湖破局

如今慈湖宾馆是蒋介石"陵寝"，但当初宾馆就是蒋介石与宋美龄的住所，所以有丰富的居家功能，仿四合院的设计更隐含蒋介石对家乡的渴望。是以虽然宾馆延请名建筑师杨卓成操刀，但整体构想，乃至于细部规划，都是来自蒋介石。蒋经国等过去住过溪口老房的人，也提供许多建筑细部描述，同时参照历史照片，才敢大胆地兴建。

当时慈湖行馆为增加隐蔽性，藏于树林之中，须沿着黑漆色大门、步道至慈湖湖畔，有草岭山矗立湖边，四处遍植樟树、柳树，门上嵌着一对狮头铜环，接着再循阶梯即可步入依山面湖、由加强砖造红瓦构建的行馆。建筑风格也以古朴的中国江南民居为主，避免奢华。

由于桃园水利会在前慈湖设有水门可调节水量，只要蒋介石"驻跸"，便湖水常满，水门上还有一小桥，宛如水乡。每当清晨，清雾如纱，湖畔氤氤氲氲，雾气清新。

步入慈湖大门后，原有一座巨幅的木制屏风，上雕刻 5 只蝙蝠，寓意"五福临门"。行馆正厅坐北朝南，经左右洞门可至侧院，内有方正中庭及方柱回廊，且植有茶花与桂树，正厅前及左右厢房前后有檐廊，朝向中庭及另一侧墙面均有大片落地窗门，采光极佳，并利于紧急时疏散，后方山壁设有一处避难通道。

由于是四合院建筑，行馆除了会客用的正厅外，左次间及稍间为蒋介石及

宋美龄的卧室，卫生间是美制的欧化抽水马桶。至于左厢房依序为宋美龄的会客室及画室，左后厢房为蒋纬国卧室，右次间为勋奖章陈列室，右厢房依序为蒋经国休息室及接待室，门厅两侧为管理室，厨房、储藏室等设在右厢房后方。原本矿场办公室和福利社，改建为宪兵营舍，四合院正面右侧也设有升旗台，每天均固定升降旗。

蒋经国曾回忆，蒋介石散心时最爱坐在屋东阳台，并常与他在此闲话家常。至于行馆前10余公顷前慈湖，群鱼游泳其中，不但是蒋介石泛舟的最爱，也是散步静思之处。

湖中除养殖鱼虾，还放养许多只天鹅，多是外国使节送给蒋介石的礼物，一度繁衍到97只，每只都挂有"慈湖"字样的脚环编号，男左女右不说，还用"兵籍号码"管理。据说，一次因侍卫想要偷钓湖中大鱼，在湖水里放下了霸王钩，没想到隔天发觉钓到一只天鹅，浮在湖面奄奄一息，紧急送到"荣总"医治也没能救活。

慈湖宾馆落成后，成为蒋家时常前来团聚的场所，甚至还特地为蒋介石做寿而安排堂会戏，让蒋介石破了不回大陆不看戏的诺言。

原来喜欢看老生戏的蒋介石来台后，一度痛定思痛，尤其在1950年兵荒马乱之际，他甚至拒绝蒋经国安排他观赏国剧电影解闷之议。当时蒋介石在日记中解释，"余平生爱观平剧以解忧闷，彼（蒋经国）不知，余私自立愿，如不收复北平，此生不再观平剧矣。故昨晚彼借平剧之电影来家邀观，余以为，此虽电影，仍系平剧，故亦却之"。

是以蒋介石"不光复大陆不看戏"的说法，在政坛不胫而走，王叔铭任"空军总司令"时，好多次在军事会议后为他准备京戏，蒋介石只会到后台向工作人员说声"辛苦了"，随即离去。

只是随着在台湾日久，一些亲友也特地为庆祝蒋介石寿辰，请来戏班子在慈湖宾馆客厅大唱《四郎探母》，唱作俱佳，合家团圆，颇得蒋介石欢心，甚至还大方地发给唱戏的剧校学生一人一枚金币，以资奖励。其余包括杜月笙夫人姚玉兰、名伶金素琴、赵培鑫、王鸣兆、廖婉芬等京戏名伶，也曾在蒋介石寿诞时为他到行馆献唱。

◆慈湖蒋介石棺木

蒋介石的灵柩奉厝于正厅内，当年台湾当局未给蒋介石举行正式的"国葬"。亦有解密史料显示，蒋介石于 1965 年自觉反攻无望，已放弃"反攻大陆"的作战计划。孰是孰非已不重要，身为中华民国史上浓墨重彩的一个人物，了却不了一个平凡人入土为安的最后心愿。

蒋介石设置战时指挥所，40多年从未施用徒增神秘

在军事上，眼见解放军军力日增，原子弹研发已上轨道，且逐渐占有空中优势，蒋介石在提防之余，除了也想建立核武力，还打算在慈湖一带构建完整的战时防御指挥系统，以备不时之需。

迄今仍未开放、占地约20多公顷的后慈湖，由于离公路较远，然而景致更为优美、宁静，未受人为破坏，保存有完整林相与植物生态。后慈湖呈现"月牙形"，日间尖山苍峰倒映水中，相得益彰，相当受蒋介石欣赏，尤其从慈湖走向后慈湖的山间小径，环境清幽，还有路堤相通，行车10余分钟可达，堤边栽种龙相、垂柳等，气象万千。

再加上隐蔽性高、管制严密，后慈湖周边迅速被导向浓厚的军事机密用途，在慈湖行馆落成后，立即被军方征收，长期被列为管制区。从慈湖行馆蒋介石寝室后门，还可沿小路直通位于后慈湖、由旧煤矿坑道改建而成的战时指挥所。

当时蒋介石主要是考量万一解放军发动全面攻击，对台进行大规模空降或空炸，就可立刻进驻地下化、堡垒化的后慈湖指挥所。是以后慈湖指挥所，据说光是铁门就厚达30厘米，前后3扇，分别能达到防爆与防核生化攻击效果。

坑道15度到17.5度的斜度，也设计得很适合侍卫背着蒋介石迅速撤入。如遇战事，"五院"院长和幕僚同时则会到周边6个支坑所设的定点办公室、幕僚厅舍，进行战备指挥。但这个战时指挥所设置40多年来从来没有使用过，反倒使荒芜的设施蒙上一层神秘色彩。

至于后慈湖边的码头，平时只要蒋宋想要泛舟，就会有一艘木舟、一艘小艇在那里备用。据说这个码头也有撤离逃生功能，传闻可从此处搭乘快艇通到石门水库码头，由于水库大坝上方设有简易停机坪，快艇一到水库上方，直升机就能马上起飞。

台湾军方跟着也在慈湖南侧兴建一栋白色木造西式平房式行馆，以及五栋高级幕僚战时办公用的小洋房。后慈湖行馆虽是以钢筋水泥打造，不过四周湖光山色形成了保护色，相当隐蔽，除站岗宪兵，即使路经此地也难发觉。蒋介石也常在湖边散心，或到湖畔行馆小坐。

不过后慈湖行馆建筑风格与慈湖行馆四合院构造迥然不同，属于西式建筑，面积300多平方米，一楼是客厅、餐厅，二楼是生活区，也有客房，行馆周边也修筑了一些依旧时矿坑坑道修筑的密道及避难设施。新馆前方也设置了军事用途的简单房舍。

蒋经国请示宋美龄后，才决定将蒋介石奉厝慈湖

1975年4月5日深夜，蒋介石逝世于士林官邸，慈湖宾馆也步入历史。蒋家当夜即将蒋介石遗体移往台北"荣总"，进行一定防腐措施后，"荣总"连夜将遗体放入冰柜，自此到大殓期间，由6名侍卫官轮流守灵。宋美龄随后则回到士林官邸，蒋经国在这个过程中一直陪着宋美龄，直到把宋美龄送回房里才下楼返回七海官邸。至于蒋纬国则因为与儿子蒋孝刚去台中为养母姚冶诚扫墓，所以并没有回到士林官邸。

当时国民党除宣布台北市立即戒严外，也针对全岛发布30天宵禁，电视台彩色画面也转成黑白色调。隔天，国民党宣布一个月时间为"国丧期"，禁止娱乐、宴会及庆祝，军公教人员一律着素色服装、挂黑纱。

家属也从4月6日开始讨论陵寝问题，蒋经国很早去勘察桃园角板山与慈湖两处停灵地点。由于宋美龄指定要用铜棺，当时全世界只有美国一家公司生产，时间又特别赶，孔家大少爷孔令侃因此赶到这家公司的香港分公司订购，一度还没有着落，最后还是由华航专机于4月8日将铜棺运回台湾。铜棺长

213 厘米、宽 76 厘米、高 60 厘米，并在铜棺上方由木工临时用亚克力板制成透明防尘盖，供民众瞻仰遗容。

陵寝位置方面，据说起先提出日月潭慈恩塔、复兴乡角板山、慈湖和阳明山中兴宾馆四个地点，不过因为慈恩塔太远、中兴宾馆湿气太重先予排除，角板山虽是蒋介石深爱之地，但交通情况不佳，一路都是狭小弯曲山路，短短几天内拓宽不及，殡葬仪队根本无从行进。

所以蒋经国请示宋美龄后，才决定奉厝慈湖。此时，远居美国旧金山的爱女蒋孝章，协同夫婿俞扬和回台奔丧，让蒋经国的伤心稍减。甚至日后在他发表《守父灵一月记》文章时，也直称俞扬和为"婿"，等于化解了先前因为爱女婚姻风波中，对俞扬和的不满，三人之后还曾联袂到慈湖视察奉安地的安排状况。

4 月 9 日，蒋介石大殓，化妆师当时提前把遗体从"荣总"冰柜中抬出来，等到冰慢慢退去，把水擦干后，才依照浙江老家习俗，自颈部以下全用丝棉裹起来。蒋经国为蒋介石穿上呢制的蓝色长袍及黑色马褂，胸前佩"采玉大勋章"与"青天白日""国光"勋章。宋美龄则在棺木中放置了《圣经》《唐诗》《荒漠甘泉》，以及一本孙中山著的《三民主义》。蒋介石日常常用的礼帽、手杖也被放置在内，家人并在灵前哭祭。

之后，由继任"总统"的严家淦率众官员为蒋介石举行移灵礼，中午 12 点，灵柩由侍卫抬上灵车，随即在宪兵与三军仪仗队引导下，开往孙逸仙纪念馆供民众瞻仰 5 天，上百万人沿街跪拜，灵堂由白菊花、松树装置，居中是宋美龄所献的素色十字架。蒋经国自当天开始天天夜宿于灵堂后，并向致祭者答礼。

宋美龄隔日上午与蒋经国一同前往慈湖探勘陵寝用地与设施，蒋经国也指示蒋孝武与蒋孝勇留在慈湖，督导"荣工处"尽快完成陵寝布置工程，"荣工处"在短短 12 天内，将慈湖陵寝相关设施和周遭出入道路赶工完成。不过因为太赶，牌楼以及步入陵寝前记录蒋家家史的"蒋金紫园庙碑"，都是日后补做完成的。慈湖湖畔也新栽了民众捐赠的 600 株名贵龙柏，以感念蒋介石的贡献。

同时由于蒋介石忌讳，原本慈湖宾馆内摆设与装潢未用黑色与墨绿色，如今为改成陵寝，外墙也赶砌上黑色大理石。慈湖宾馆正厅改为灵堂后，室内仅中央有一座大理石廓，左右一套红木桌椅，四周的长明灯、地毯与窗帘都改成肃穆的色调，不复往日的家居气氛。

最后的奉厝典礼，由郝柏村担任指挥官。4月16日凌晨，蒋经国赴士林官邸，与宋美龄一同前往孙逸仙纪念馆进行移灵安厝，蒋家四代全员到齐，文官均穿长袍马褂，武官均着军礼服。上午8点进行大殓，再将一部"四书"置入后，由宋美龄带领盖棺，并覆以国民党旗、青天白日旗后进行追思礼拜，于9点30分鸣礼炮后起行。

百余辆车载着蒋家人与文武百官开往慈湖，包括宪兵前导机车24辆、乐队车4辆、仪仗车10辆，之后跟着先导车、"国旗"车、"党旗"车、"统帅"车、奉令遗嘱车、勋章车、遗像车、牧师车、灵车、宋美龄座车、严家淦座车、家属车、治丧大员车、送殡车辆等，为了避免熄火，还安排了干冰沿途为引擎降温，最后沿着高速公路与省道，约12点40分抵达慈湖，随即举行安陵典礼。宋美龄当日下午即返抵士林官邸，蒋经国、蒋纬国则留下守灵。

蒋介石奉厝于慈湖后，蒋经国将当地更名为"慈湖陵寝"，并设立慈湖陵寝管理处，负责接待管理维护。办公地点原打算设在头寮，但因地点偏僻，所以决定在慈湖入口增建房舍因应。

遭逢父丧的蒋经国，开始长时间守灵以表示哀思，有时星期六、日住一两天，有时下乡在附近就来慈湖陵寝住一晚，或是在灵堂静思。蒋经国也在这段时间，于慈湖陵寝完成了记录父亲往事与自己心情的"总统蒋介石哀思录"在报上发表，深受好评。到慈湖谒陵也成为各个单位学校每年必定的行程，从而使慈湖、大溪一带形成新的旅游景点。1984年间，板桥林家也正式把慈湖土地无偿捐赠给台湾省政府，了结了30年来无偿租用土地的局面。

慈湖陵寝保持高度的肃穆性，各项设施与布置也陆续完善，例如现今慈湖陵寝外草皮上，就可以看到一块圆圆的大石头，这是当年华侨为庆祝蒋介石78岁华诞致赠的陨石，上面刻着大大的"福"字，底下则刻着"寿"字，代表"福寿全归"。

◆蒋介石乘坐的藤编轿子

20世纪50年代，蒋介石行至百吉隧道口，因座车无法继续前进，改乘轿子，绕经慈湖地区，发觉此地景色神似故乡奉化溪口，给蒋介石留下难以磨灭的印象。由于慈湖地区多未经开发，道路崎岖，交通不便，这部藤编轿子便成为蒋介石的代步工具，随他在第二故乡中走走停停，反复思量"反攻大陆"的"国光计划"，希望实现回到大陆的心愿。（上图）

◆五福临门屏风

进入陵寝，有一屏风，桧木材质，出自大溪雕刻重镇，全部手工雕刻打造。深褐色的屏风正反两面各刻有蝙蝠5只，象征五福临门、五福献寿。中间正反各为"福""寿"二字，象征福寿双全。屏风又名"照壁"，在风水学上有挡煞作用。对风水颇为讲究的蒋介石，在其行馆、官邸当中，时常能够看见造型精美、颇有来历的屏风。它们大多保存下来，记录着蒋介石岁月的点点滴滴。（下图）

蒋经国暂厝头寮
蒋孝勇做主

与慈湖相距约 1000 米的"头寮宾馆"，则系于 1962 年 7 月 17 日由"荣工处"负责兴建完成，风格完全仿造慈湖行馆，外观却是红瓦黑墙。当地原本是一片茶园，之所以以"头寮"命名，系因地属大溪镇福安里，原本就俗名"头寮"。只是所谓的头寮其实地域相当宽敞，包括前、后慈湖、头寮大池、福安街，过去都属于头寮的范围。

头寮宾馆为内有中庭的钢筋混凝土柱梁构造四合院建筑，顶多也只有 660 多平方米，四周则有庭院围绕，只是朝向稍有改变，坐东南朝西北，背依草岭山、面对大汉溪；同时大小也小了一号，左侧有步道可通往慈湖宾馆。

一说头寮宾馆改建前，系过去陈诚的行馆，也就是所谓的"石室行馆"，但仿造慈湖兴建落成后，起初并无特别使用计划，而是用来存放大批档案，由"总统府"机要室负责管理，所以摆设布置相当简略，与慈湖宾馆完全不能比，一旁的福安小学与宾馆间也只有一条小路之隔。

与慈湖宾馆相较之下，头寮宾馆宽约 10 米的灰色大门，经年都是深锁着；整座宾馆大约建成一个微弧形，宾馆前方另有两座圆形的小花园，园内花木扶疏，宾馆正前方花坛有棵雪松竖立，并种有多棵龙柏。

宾馆内部陈设简单，天花板上装的是很普通的磨砂吸顶灯，地上铺着一般人家常见的拼花榉木地板，有一座可容 20 人的中型会议室，另有蒋介石休息"驻跸"之处，以及书房、客厅、餐厅等设施，房间里桌椅、床褥都是橙黄或浅咖啡色。

头寮宾馆右侧是一处傍着一面峭壁的庭院，院内有许多参天大树，都是建馆前留下来的林木。由于宾馆地基颇高，从后方梅园就可以眺望下方"猴洞坑"小村，以及对岸的草岭山、溪水、梯田风光，显得颇为平淡自然。

蒋介石有时会与蒋经国偶尔在头寮宾馆讨论事情，一说蒋介石也曾召集军政要员研商"国事"。如遇蒋介石在慈湖过生日，为了避寿，官邸也会在头寮宾馆或大溪行馆设置寿堂，供官员与名流前往贺寿，并由蒋经国在现场接待答礼。台湾军方也在头寮特地拉了热线电话，以便有任何重要事故时可与蒋经国立即联络。

蒋介石去世后，约自1976年开始，头寮宾馆一度成为收藏国民党党史、"大溪档案"的资料室。直到1979年，档案移到阳明书屋，头寮宾馆才结束为期3年的史料库功能。不过蒋经国有时赴慈湖谒陵后留宿当地，或从慈湖散步，都会到头寮一带停留，也常到福安里、三层一带和民众闲话家常，了解地方民情，因此也不时会在头寮宾馆停留。

1988年1月13日，蒋经国意外地突然步下了人生舞台，"两蒋时代"宣告终结。不过初上任的李登辉羽翼未丰，尊蒋还是他的重要战略，因此蒋经国的丧礼还是办得相当风光，国民党政府还发布紧急处分令，在"国丧"期间禁止游行集会与请愿活动。

蒋经国的丧礼大致比照蒋介石先例办理，只是蒋经国向来以俭朴亲民著称，比起蒋介石的排场明显逊色了许多，他的遗体也是先迁往"荣总"怀远堂，之后再转到七海寓所附近的忠烈祠，身穿黑色长袍马褂，脚穿软底布鞋，放在有压克力顶盖的灵柩中供民众瞻仰。

蒋经国去世次日，时任"参谋总长"的郝柏村与"联勤总司令"温哈熊等人前往大溪，与蒋经国三子蒋孝勇选择奉厝地点。当时蒋孝文卧病已久，蒋孝武又因"江南案"牵连，远派新加坡，因此蒋孝勇在蒋经国晚年对政坛有相当大的影响力，这次选择"陵寝"也由他主事。至于李登辉在继任次日，则前往慈湖谒陵，他也曾提供意见。

据说，当时角板山复兴山庄、后慈湖、前慈湖警卫营舍及头寮宾馆等地，都曾被考虑为奉厝灵榇地点，但复兴山庄距慈湖太远，交通不便，后慈湖缺乏适当出入道路及奉厝宅邸，前慈湖边三层楼警卫营舍虽地点适中，但过于简陋，所以最后才择定位于北横公路旁格局与地理位置与慈湖陵寝相近的头寮宾馆。

但据蒋孝严的说法，蒋孝勇在蒋经国去世后，曾向他透露，蒋经国其实希

◆ "两蒋"卡通公仔

随着"两蒋"政治符号的渐渐削弱,慈湖"两蒋"文化园区变身为旅游景点,取而代之的是越来越浓重的商业气氛。2008年4月,"两蒋"Q版公仔成为慈湖旅游季系列活动的亮点,他们的形象憨厚可掬,神色喜兴,取名更是颠覆那个严肃时代的冰冷形象,取名"蒋大头"跟"蒋小国",引得游客驻足欣赏,并争相订购同款存钱筒。

望死后火化，再将骨灰分撒各地，一如他的恩师吴敬恒般，而非觅地下葬。只是兹事体大，并非蒋家一家的私事，所以劝蒋经国暂搁，蒋经国对此默然不语。蒋孝勇之后也未照办。

由于位于大溪镇福安里北横公路边，因此蒋经国去世后，一度有人建议头寮更名为"福安宾馆"，但几经讨论，还是定名"大溪陵寝"，并将慈湖陵寝管理处扩大为慈湖大溪陵寝管理处。陵寝前方也增设服务中心及停车场，只是来访者需穿越车马喧嚣的马路，方能进入陵寝园区。

除重新油漆与翻新天花板外，奉厝蒋经国灵榇的正厅拆除了设在两侧的壁炉，为黑色大理石砌成的灵榇腾出安置空间，地板也翻起来重铺后铺设蓝色地毯，正墙上方悬挂蒋经国遗像，布置素雅肃穆。

至于宾馆内的天井地面由来自金门的花岗岩铺设，以纪念蒋经国生前不辞劳苦、不惧危险，多次到金门前线访问的精神。正厅左次间改为蒋经国夫人蒋方良的卧室，右次间为勋奖章陈列室，其他空间为家属卧室、书房及餐厅等，入门右次间为接待人员办公室，右厢房与厅堂之间、天井后方则为厨房及储藏室等服务性空间。

只是头寮宾馆后面就是一片大断崖，景观上居高临下，风水并不好，没有后靠，对子孙不利。蒋经国去世后，他的三个儿子孝文、孝武、孝勇，乃至于庶子章孝慈相继去世，一门多寡，民间传言纷纷。

倒是据章孝严转述，早在1988年1月14日下午，蒋经国去世后隔天，蒋孝勇驾车载着秦孝仪赴头寮勘察陵寝，当时秦孝仪在车上告诉蒋孝勇，蒋经国去世前曾嘱咐他与俞国华，希望让章孝严、孝慈兄弟认祖归宗，因此16日晚间，蒋孝勇即带领章孝严兄弟赴"荣总"怀恩堂，向蒋经国遗体行大礼，兄弟3人泣不成声，前后长达6分钟。

蒋经国的贴身侍卫官蔡福来也自愿为蒋经国守灵三年，因此成为"中华民国"有史以来仅见的"陵寝官"，3年后，蔡福来请辞退伍，"陵寝官"的头衔也随之取消。

"去蒋化"，慈湖成祭品

由于慈湖与头寮深具明确象征意义，因此无论是李登辉还是执政初期的陈水扁，都不愿以强硬态度对待，但最终还是免不了被卷入政治风波。

2004年后，随着陈水扁支持度越来越低，民进党为取得政治上的动力，无可避免地走向对"两蒋"鞭尸、"去蒋化"的歧路。尤其2007年初，随台湾大选逼近，当时民进党主席游锡堃即提出取消"两蒋陵寝"预算、撤走驻守宪兵的主张，正式展开民进党长达一年多的"去蒋"攻势，也让陈水扁长期优遇蒋家的戏码被看穿。

当时为争取"独派"支持，挽救个人形象因红衫军批判而破产的危机，陈水扁随即声称，可考虑此一构想，虽因各界强烈质疑搁置下来，但陈水扁并未放弃，先是在2月28日前夕宣称，蒋介石是"二二八"事件的真正元凶，跟着指示军队把各营区的"两蒋"铜像全数拆除。

随选举逼近，民进党锁定"两蒋陵寝"与中正纪念堂下手的攻势愈发明显，陈水扁并把慈湖和中正纪念堂认定为不符合民主潮流的封建产物，宣称捍卫中正纪念堂等地形同捍卫蒋介石神格地位及党国体制，他因而首次抛出将考虑"两蒋陵寝"存废问题，还说，"国军是要顾活人，不是要顾死人"，宪兵驻守慈湖已三十几年，因此没有对不起"两蒋"。

2007年12月23日，设立32年的"两蒋陵寝"还是正式被民进党无限期关闭、封园，仪队、驻守宪兵一并取消，直到"交接给下一个保管单位为止"。慈湖头寮陵寝管理处也正式解编，回归"国防部军墓处"管理，同时展开清点及整理文物与不动产工作。直到马英九高票当选，长期纠葛的移灵问题才瓦解冰消。

◆慈湖拱桥
从慈湖游客中心旁的柏油路通道进入，白色月牙拱桥映入眼帘，横跨河流之上，连接对岸的雕塑公园。烟雨朦胧，诗意幽幽，政治意味越来越淡化的慈湖陵寝成为游客流连、徜徉徘徊的处所。当年蒋介石也曾在此地徘徊逡巡，思古念今，最终只得浮厝于此，作古亦未能回到故乡。

附录

『两蒋』灵柩奉安大陆争议

蒋经国去世后，宋美龄也离开台湾，国民党路线摇摆不定。尤其李登辉渐在统一立场上模糊以对，引发国民党内不满，集结为"非主流"势力，公推林洋港与蒋纬国为首，希望与李登辉抗衡，角逐"总统"大位。

但最后在蒋彦士、宋楚瑜等人运作下，加上蒋孝武公开从日本返台挺李，要求蒋纬国信守蒋经国生前所提"蒋家不会再有人参选'总统'"的承诺，非主流终成泡影；但也使得国民党内反李势力逐渐成为柔性清党的对象，促成新党自国民党分裂出走。包括蒋孝勇、蒋纬国等人虽未有明确的政治动作，却几乎都与李登辉关系紧张。

尤其 1996 年 10 月 24 日，李登辉将原保存于"总统府"内的"蒋经国办公室"移至"大溪陵寝"，依原有陈设布置"蒋经国纪念室"，供民众参观，加上他违反与宋美龄的协议，将关乎蒋介石毕生重要记录的大溪档案对学者公开，更引发了蒋孝勇的不悦。也就在此时，爆发了暗潮汹涌的移灵风波。

廖承志来函盼蒋介石归葬

蒋介石去世后虽然有隆重的告别仪式，但根据江浙一带习俗，万一人死异乡而又暂时未能归葬，可先予浮厝方式处理，亦

即将灵柩垫高暂厝，以便子孙迁葬，"两蒋"正是以这种方式暂时处理灵柩问题，亦即把遗体放置在"陵寝"内的大理石棺椁中，并没有正式下葬。

蒋介石去世后，家中事务仍由宋美龄做主，当时并未提到移灵问题。直到1982年7月25日，国民党元老廖仲恺之子廖承志在《人民日报》上发表给蒋经国的公开信，才首度提及移灵问题。

廖承志在信中说，蒋经国曾言，"切望父灵能回到家园与先人同在"，因此主张蒋介石在慈湖暂厝的灵柩，"统一之后，即当迁安故土，或奉化，或南京，或庐山，以了吾弟（蒋纬国）孝心"。

事实上，据说，早在大陆时期，蒋介石曾看上南京东郊钟山南麓，孙中山陵墓与明太祖朱元璋陵寝孝陵间的"正气亭"，作为百年后栖身之地。只是国民党东迁台湾，一般认为，蒋介石是打算"反攻大陆"成功后，再由后人将灵柩迁回大陆安葬。

因此面对廖承志的温情攻势，蒋经国几经考量后，先是通过钱复向美方转达此转来的电报讯息，并表达将置之不理，同时拒绝廖承志来台。随后台湾方面也通过宋美龄发表了给廖承志的公开信，坚持"三不"立场，让第一次的移灵风波无疾而终。

但随着蒋经国身体日渐恶化，身后事问题也逐渐浮上台面，他逝世前预先交代，希望死后有机会迁葬母亲毛福梅墓前，生生世世陪伴母亲。但1988年的猝逝与两岸关系紧绷，让蒋经国无从做更多安排，也随父制暂厝在头寮宾馆。

李登辉时代蒋纬国重提奉安

蒋介石去世几十年，棺木放置在大理石灵柩中根本没打开过，没人知道是什么状况，也并无每年开棺防腐的说法。但基于民进党气焰越来越高，李登辉"统独"路线摇摆不定，加上"两蒋"第三代纷纷凋零，不少人质疑"两蒋"迟不下葬对风水有碍。长此以往，蒋家后人将不得安宁。是以蒋孝勇与蒋纬国终于在1996年再度提出移灵大陆安葬的构想。

相关消息曝光后，立刻成了敏感的政治议题，事实上，不少国民党旧臣都担忧，一旦民进党执政，"两蒋陵寝"将成为报复清算斗争对象，更可能被人拆陵鞭尸，不如及早迁回大陆。

只是没想到这个烫手山芋影响实在太大，各方应变不及，不少人士更担心此时"两蒋"迁葬等于割断了联系两岸的重要脐带，反而不利两岸关系发展。因此不但李登辉积极运作，发动国民党全体力量留人，强调"两蒋"移灵兹事体大，是国民党大事，不可轻率决定，大陆方面也有不同看法。

时任国台办主任的唐树备就发表公开谈话，表示欢迎"两蒋"灵柩迁回大陆安葬，但时间应留待到两岸统一之后。唐树备当时也指出，"两蒋"墓地选址不应该在南京钟山，而是包括浙江奉化溪口、庐山等在内的其他地方。

在几经磋商后，加上蒋孝勇与蒋纬国之间也有不同看法，蒋纬国才收回成命，让"两蒋"移灵问题暂时拖了下来，不久后，蒋孝勇与蒋纬国也先后辞世。2000年陈水扁当选台湾地区领导人，使得移灵问题迈入新的阶段。

蒋家新主张下葬五指山军人公墓

陈水扁当选后，初期主打中间路线，慈湖、头寮保存如故。不过2004年1月27日，蒋经国遗孀蒋方良与蒋纬国遗孀蒋丘如雪共同具名盖章，写信给"国防部长"汤曜明，希望让"两蒋"安厝至汐止五指山"国军公墓"，为"两蒋"移灵或奉安问题提出新说法。

当时正值2004年台湾大选前夕，"连宋配"一路看好，宋美龄则是在美国亡故，因此蒋家以不愿续耗台湾财力、物力并履行"两蒋"勤俭作风为由，提出让"两蒋"入土为安的构想，也是考量到国民党即将重新执政的大环境等因素，也凸显"两蒋"毕生以部属、军中同袍为重的精神。当时蒋方良还指定蒋纬国之子蒋孝刚为家属联系窗口，与"国防部"配合。

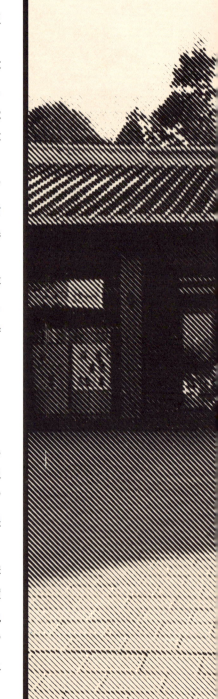

不过"三一九"的两颗子弹改变了整个局势，蒋家自然也把迁葬的念头冷了下来。反倒是陈水扁兴致勃勃地指示军方依家属意愿妥善办理，并于2005年4月完成移灵安葬大典。因此台湾"国防部"迅速编列新台币2700万元预算打造了五指山墓园"两蒋"墓区，号称"蒋陵"。

蒋陵为面积约825平方米的扇形墓园，匾额由秦孝仪手书。"内政部"也编列新台币1200万元准备为移灵筹备工作招标，好让"两蒋"入土为安。陈水扁还在2005年7月1日，特派李元簇等21人为移灵奉安筹备委员，准备大张旗鼓地把"两蒋"安葬之事搞定。

整个墓园工程在台湾当局的催促下，只剩功勋石材刻字尚未完成，其余大致就备。2005年7月间，台湾官方已打算展开移灵作业，没想到一场大雨让通往"陵寝"的唯一道路发生50年来罕见的泥石流，花了10天才把道路打通，但提案移灵的徐乃锦又突然重病住院，4个月后离开人世。之后更因蒋家内部意见不一，蒋孝严甚至要求"两蒋"移灵不要在民进党执政时代举办，导致已完工的蒋陵持续延宕、闲置。

"去蒋化"，移灵问题成政治祭品

但是陈水扁为配合"去蒋化"攻势，以浪费公帑为由，要求蒋家尽速将"两蒋陵寝"从慈湖、头寮迁走，移灵到五指山"国军公墓"下葬。民进党也说，撤哨是民进党政府落实转型正义、面对历史的一部分，未来"陵寝"也会改称坟墓、墓园或墓地。

事实上，民进党长期以浪费人力、公帑为由对"两蒋陵寝"提出批评，但相较于"两蒋陵寝"初期警力、宪兵编制多达600人，宣称"防范不法人士对陵寝恶意破坏、骚扰死者安宁与纵火"，后期其实仅剩一连约80人的宪兵驻扎慈湖，一排兵力驻守头寮，警力大幅缩编三分之二，陵管处人员仅30人，全年预算不到新台币260万元。当地维安工作的目的也改成防止"荣民"滋事、

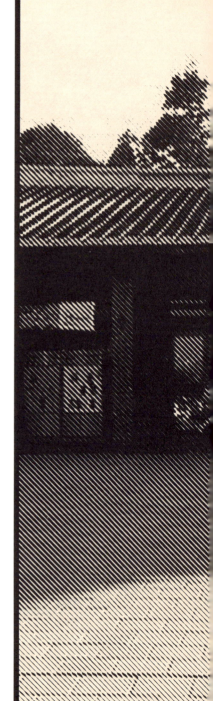

向"两蒋"哭灵，或防止蓝绿相互冲击。

消息传出后，蒋孝严批评陈水扁赶尽杀绝，坚持不同意由陈水扁主持"两蒋"迁葬。蒋经国三儿媳蒋方智怡更口出惊人之语，强调移灵五指山的时间点已过，家属会遵照蒋经国日记遗愿，将"两蒋"遗体移回浙江奉化老家安葬。她也说，"两蒋"对这块土地，已奉献毕生心力，如果"国家"现在不愿意再继续照顾，还说是蒋家的家事，就让蒋家人接手。

不过由于正值选举，加上陈水扁见缝插针，批蒋家不识大体，为免激化蓝绿对决，影响选情，蒋家决定暂缓相关做法，仅由第四代蒋友柏发言，强调"两蒋"移灵若民进党界定为"国事"，陈水扁须比照严家淦惯例，依"国家元首"规格对待，迁葬五指山，经费须由政府负担；若民进党不愿当成"国事"处理，而是蒋家家务，就应尊重蒋家决定。

蒋友柏也说，就他个人的意见，将会遵守曾祖父、祖父的遗言，把遗体烧成骨灰移灵浙江溪口，费用也不用民进党政府来负担。至于骨灰如何送回去，如何与对岸协调，蒋家自有方法。

眼看被蒋家打到"国葬"的痛脚，陈水扁只能沉默以对，但慈湖撤哨、封馆却已成事实。不过直到政党轮替后，相关争议也戛然而止。

中正纪念堂密码

蒋介石专用之
『国家级』祠堂：中正庙

中正纪念堂，是宋美龄与蒋经国在蒋介石死后，为纪念蒋介石所建，也是全台面积最大的仿清代宫殿式建筑。位居台北市正中心，紧邻着国民党中央党部、台北宾馆、"外交部"，占地 25 万平方米。直到现在，它还被台湾当局列为"博爱特区"，有各种基于安全的管制措施。

◆中正纪念堂园区全貌

中正纪念堂园区全区面积达 25 万平方米，包括高 76 米的主建筑中正纪念堂、"国家剧院"、"国家音乐厅"、瞻仰大道、中央艺文广场（即自由广场）、园区环外回廊、光华池及云汉池等等。面积宽阔，造型宏伟的中正纪念堂园区隐含丰富的象征寓意。外表以蓝白二色为主色调，象征"中华民国""国徽"中的"青天白日"；主建筑平面为四方形格局，象征"中正"；建筑坐东面西，遥望大陆。因蒋介石生前推崇"天人合一"之学说，因而建筑仿效北京天坛的琉璃瓦八角攒尖顶，代表八德并蕴含天人合一之意味。纪念堂设有花岗岩阶梯 84 级，大厅阶梯 5 级，表示蒋中正享寿 89 岁。而台阶中央包含"中华民国""国徽"图案的"御路"，在中国传统建筑思想中，仅有宫殿或庙堂中采用，无疑是帝王权贵的象征。

中正纪念堂坐落于目前台北市中山南路、信义路、杭州南路及爱国东路之间，在光复初期称"营边段"，日据时代称作"旭町"，由于邻近日据时的"总督府"，因此长期被列为军事、禁畿要地。

这块用地颇邻近前国民党中央党部前的景福门，也就是清代的台北城东门，如今景福门看起来具有浓厚的中国北方宫殿特色，但清代却是仅呈现闽南式多曲线屋顶造型城门而已，与今日台北市北门造型相似，只不过蒋介石撤退来台后，由于景福门就位于"总统府"正前方，加上推动"文化复兴运动"，好与"文革"相抗衡，所以改建为宫殿式楼阁。

东门周边，清代不过是一片水田，由于日本侵占台湾后，自1900年起逐步拆除台北城墙、开辟巴洛克式道路（即所谓的"三线路"），此地逐步出现街廓，日本人并拆除位于三线路南端通过水田的铁路支线，形成新的道路，这条路在光复后则改名爱国东、西路。

1920年，日本殖民政府推行行政区划分制度改革，因此先将台北市原来的行政单位"街""庄"，改为"大字"或"字"，继而又将台北市部分"大字"改为町名，"旭町"之名即从此而来，亦称为"台湾永久营房"，象征永久占领台湾、长期供军事使用的特性。

当时旭町西侧由台湾山炮队使用，东侧由步兵第一联队使用，至于围绕旭町周边还有台湾守备队司令部、日据时期刑场、台北监狱、"总督府"官舍等设施，因此是日本殖民时期的政治与军事重地。

当时的日本裕仁皇太子、日后的昭和天皇于1923年4月巡视台湾，还特地率大批官员在步兵第一联队举行阅兵式，同时栽种一棵榕树。次年，昭和的两位弟弟同样来台视察军事，也在昭和种树处种植榕树，使当地变成日本军国主

◆中正纪念堂

蓝顶白身的中正纪念堂高约76米，以宝蓝琉璃瓦顶点缀八角形的塔顶，外观为雪白色大理石堂题，庄严而肃穆。设计师杨卓成在构思之时取北京天坛之顶与埃及金字塔之体，高耸威严。中正纪念堂位于台北市中心黄金地段，建造之初挤掉了规划第二商业中心的方案。如今，纪念堂园区演变为市民休闲放松、组织与参与艺文活动的场所，实则达成了当初蒋经国认为设立纪念堂于市中心可增加公共活动空间，丰富市民业余生活之目的。

义朝拜的"圣地"。

"国府"迁台后，约在 1952 年通令房屋门牌不再使用日式町名，大多被改成清代台湾传统地名，例如川端町改称"萤桥段"、马场町改称"崁顶段"等，旭町则称为"营边段"。

当地被接收的日军旧址各建筑则变成"国防部"各军总部官署，包括"陆总""联勤""政治部""宪令部"总部都设在这里，最早进驻的即为"陆军总部"。当时外围除了军方建筑外，尽是低矮，零乱日式建筑物，甚至大批违章建筑，住的多是自大陆来台的贫穷军眷。

这块被称为营边段的土地，地权为"财政部国有财产局"所有，由于长期作为军事用地，因此开发很慢。但随着台湾经济起飞，台北发展工商业前景可期，因此让这块颇为方正的大片用地，增添了许多开发的经济价值。1968 年，原拟由"财政部"洽商"国防部"、台北市政府规划为住宅区、商业区，分块标售土地，并要求"陆总"等单位陆续迁出。

考量整体开发价值，国民党从 1971 年开始筹组营边段可行性研究小组，研拟迁移与开发计划，当时决定辟建台北市第二商业中心，解除其时最繁华的西门闹市区人口及交通压力，并建构全新的东门商圈。

计划由旅居各地的华侨投资筹设的华商观光企业公司进行都市更新开发，让当地能集中出现交通、旅馆、商场等观光事业，成为现代化观光中心，配合限定兴建六层楼以上建筑，让当地成为都市建设的示范区，以建设"美丽壮观的都市"。

当时预估以 10 年时间，引进外资、侨资、连同岛内资金投资建设，总额约达新台币 100 亿元。

辟建中正纪念堂，
台北市轴线翻转

蒋介石 1975 年 4 月 5 日逝世，打乱了全盘规划。

蒋介石去世后，台湾官方规定下半旗一个月志哀，娱乐业停业直到公祭结束，连电视节目都从彩色改成黑白。治丧委员会就在位于营边段的信义路"教育部"招待所、原陈诚官邸召开，敲定 4 月 16 日公祭，并在孙逸仙纪念馆设置灵堂，开放民众志哀等纪念方式，同时积极筹办隆重丧礼，鼓励民间展开"献机报国"运动。

当时中国国民党中央常会也通过了"行政院"拟定的《永久纪念"总统"蒋介石办法》，共七项，包括每年清明节为"'总统'蒋介石逝世纪念日"，10 月 31 日为"'总统'蒋介石诞辰日"，均放假一天。

其次，国民党也提出，由政府出面统筹在台北市兴建中正纪念堂一座，除政府经费外，也接受民间捐献。其余包括由"教育部"制订《"总统"蒋公纪念歌》，颁行全台；编纂"'总统'蒋公丰功伟业教材"，供各级学校讲授研读；各县市建"总统"蒋介石铜像一座，但已有者不再建立，式样由"内政部"统一订颁，供各界采用；各机关、学校、社团礼堂正面墙壁悬挂孙中山遗像，对面悬挂"总统"蒋介石遗像以及编纂《"总统"蒋公哀思录》等。

国民党中央随后也迅速敲定，为表达永恒的怀念，决定在台北市筹建中正纪念堂，并由"行政院"设项目小组策划，聘请俞国华、秦孝仪、辜振甫、王永庆、林金生、蒋彦士、谢东闵、高魁元、赵聚钰、费骅、赖名汤、蔡鸿文、周宏涛、张丰绪、林挺生、徐有庠 16 人推行建堂事宜，并由与蒋宋美龄关系密切的前"中央银行"总裁俞国华为召集人，负责策划。

之后，国民党并于 1976 年 10 月成立中正纪念堂筹建指导委员会，由张群、何应钦、陈立夫、倪文亚、王云五、于斌、钱思亮、黄少谷、谷正纲、黄杰、

◆中正纪念堂里的蒋介石铜像

在台湾当局"去蒋化"趋势抵达高潮时期，这尊着力打造的蒋介石铜像首当其冲成为靶子，中正纪念堂被当局"教育部"改成"台湾民主纪念馆"，一度关闭达半年之久。而后重新开放的纪念馆内悬挂300多只风筝将铜像团团围住，大厅铜门一开，风筝随风舞动。直至2008年4月1日，因国民党再次赢得台湾地区领导人选举，蒋介石铜像才得以重新"出关"，之前在中正堂阶梯上铺就的绿百合塑料布也随之拆除。

林伯寿、吴经熊、连震东、陈启天、徐庆钟、张宝树、谢东闵、孙亚夫、刘阔才、戴炎辉、刘季洪、周百练、蔡鸿文、林挺生、林洋港 25 人担任指导委员。

宋美龄在设计规划过程中多所着墨。因此短短两年内，中正纪念堂从动土到完工，以极高效率把这栋别具中国古典风味的陵园式建筑完成，同时向公众开放。至于之所以选定在营边段兴建纪念堂，主要因为当时国民党除了要兴建中正纪念堂，也打算因蒋介石曾发表《民生主义育乐两篇之补述》，所以希望如文中倡议，一并兴建音乐厅和"国剧院"，是以占地面积要够辽阔，交通要便利。

加上台北市当时日渐繁荣，已感绿地缺乏，也需要游憩场所，基于都市的整体发展考量，才决定设在营边段地区。至于台北市政府原打算在此推动商业区计划则全盘取消。

是否定址蒋经国和宋美龄有歧见

即便如此，当时还是有很多人主张纪念堂应选择山明水秀之地，不宜建在喧嚣的台北市营边段，毕竟市中心不够庄严肃穆。例如黄杰就认为，市中心黄金路段盖纪念堂太可惜，应设立在阳明山等处，相关意见还通过蒋介石的医生熊丸转达给宋美龄。

也有人主张，蒋介石生前喜游名山大川，每当决定大计时，均会择秀山明湖处静思。因此纪念堂宜依山面水，除了慈湖外，形势巍然的圆山山麓以东，或忠烈祠附近地区，都比较合适。

当时蒋家台面上还是由宋美龄当家，熊丸回忆，他将黄杰等人意见转达宋美龄后，宋美龄去问蒋经国意见，蒋经国除了向宋美龄强调"决定了就不该更改"，还说，营边段虽然是市中心路段，但比照各国纪念堂多建在市中心，况此举亦可增加市民空地，市民会多一处休闲场所。选址之事就此拍板定案。熊丸事后承认，找宋美龄进言一事略嫌鲁莽，此举也绝对会让蒋经国心里不痛快。

只是营边段原先开发计划一变，不但台北市政府要另找他地栖身，世界贸易大楼及展馆计划跟着延宕，因此原先打算临时兴建展览交易馆也只好暂时保留，之后为在当地兴建两厅院等设施，几经波折地搬迁到松山机场航站大厦的外贸会场，最后拖了5年多才纳入信义计划副都市中心规划，坐落在如今基隆路与信义路交叉口处。

至于中正纪念堂应该有的外形、功能，同样也是风波不断。由于为蒋介石建纪念堂一事兹事体大，有象征意义，当时许多建筑师都建议，应比照美国林肯纪念堂方式，仿照古希腊神庙设计，以高大宏伟建筑与铜像营造肃穆庄严感，专供中外人士瞻仰凭吊之用；财力所及再在纪念堂周围兴建音乐厅、戏剧厅、博物馆，甚至体育馆。

但纪念堂设计到底该采抽象式、西洋式，还是宫殿式，各界实在看法不一，尤其当年蒋介石在台北兴建孙中山纪念馆，即是采美国"林肯中心"的综合性多用途功能建筑物规划，强调厅内设施兼具娱乐功能，最后呈现结果却有些顾此失彼，专业设计方面并不理想，更有不少声音质疑，为何要模仿美式建筑而非采中式宫殿建筑样式，也平添许多变量。

当时筹备小组公开对外甄选设计图，共投稿43件，5件入围，国际竞图时虽曾要求作品须具现代风格，但结果却是参选作品中唯一不具现代风格的作品得标，采用杨卓成建筑师所属和睦建筑师事务所设计。

杨卓成是湖北人，1940年自中山大学建筑工程系毕业后，在美国著名的J.G.怀特公司担任建筑师8年，他晚年旅居洛杉矶，2007年年底去世，享年92岁。杨卓成绝非泛泛之辈，作品通常都是以钢筋混凝土材料表现中国北方宫殿建筑特色，并以中国现代建筑自许。台湾多座地标性建筑都是出自他的手笔，包括圆山大饭店、慈湖行馆、清真寺及士林官邸设计，都是由他经手，足见蒋介石与宋美龄对他的信赖。

至于中选的纪念堂设计款式，屋瓦采双层、角形蓝色琉璃瓦面，屋顶置有高达12米的金黄色宝顶，与象征"青天"的蓝色琉璃瓦相辉映。纪念堂大门则采用包铜的双扇铁门，高16.5米，宽12米，重达75吨，要靠电力操纵。

杨卓成也说，蒋介石早在 1966 年就曾对孙中山纪念馆建筑作原则指示，"应在外形方面加强中国建筑特色"。因此他设计中正纪念堂，首先确定方向就是要"发扬民族文化，以现代科技建造代表中国传统的建筑"。

俞国华随后宣布设计方案已然定案，其中纪念堂将占地 8000 平方米，建蒋介石像，并陈列他一生勋业的有关文物；"国剧院"占地 1900 平方米，可容纳 1200 个座位，作为国剧、话剧及小规模音乐演奏之用；音乐厅占地 1700 平方米，规划有 250 个座位，作交响音乐演奏及大规模表演与集会之用。至于中正公园部分占地 15 万平方米，将建造水池、瞻仰大道及遍植松、柏等花木。

当时国民党初步估计全部工程约需经费新台币 10 亿元，至于各界捐献在动工前已达新台币 14800 多万元，另包括远东百货公司及嘉新水泥公司捐出 8 万吨水泥，相当于工程所需水泥用量一半。瞻仰大道两侧 9 米铺道花岗石板由金门特产花岗石切片而成，是金门开挖战地所得。余如玻璃、花木等也多由各界人士捐出，工程由荣民工程处负责。

1976 年 10 月 31 日上午 11 点，中正纪念堂破土兴工，由当时的台湾地区代领导人严家淦与国民党大佬张群主持，当天也是蒋介石九秩诞辰纪念日。张群也宣布将分两期办理计划，第一期先设计建筑中正纪念堂及中正公园，第二期再完成音乐厅及"国剧院"。

在动工同时，安放在本堂的蒋介石铜像，也由曾打造孙中山纪念堂铜像的名雕塑家陈一帆赶工设计。虽然杨卓成原打算纪念堂内部应摆设大理石雕像，以突显仁慈博爱的表情，避免出现铜像太暗淡，缺乏温和气质等问题。不过最后雀屏中选的仍是一尊蒋介石身着长袍、神态慈祥的坐像。坐像高度为 6.3 米，基座高度为 3.5 米，合计 9.8 米，约有三层楼高。铜像重量将近 25 吨，约正常人 100 倍大。

出身空军机校的陈一帆没受过正统艺术教育。1949 年随军队从福建长乐来台，随艺术家刘狮、张永昌等人习艺，颇受肯定，并曾以《祖孙同乐》作品获得中山文艺奖，包括于右任铜像、台北故宫博物院、中兴新村内铜像，都是他的杰作。陈一帆设计的铜像是采用蒋介石 70 岁后的造型，身着长袍，坐在太师椅上，双手扶着椅子的把手，长袍垂下，露出皮鞋，强调他英明睿智、平易

◆ "自由广场"牌匾

这座中正纪念堂牌楼，面对中山南路及"国家图书馆"，高30尺，是台北市区内最大的牌楼。2007年12月8日之后，"自由广场"四字替代了"大中至正"，一直延续至今。马英九当选台湾地区领导人之后，专门就不更名问题作出解释，认为曾经"教育部"就广场的名称问题召开了三次公民论坛，经过讨论，决议使用"自由广场"之名称，他个人亦认为"自由"并非对先"总统"之不敬，因此不再做更改。

近人。此铜像是从近百件应征作品中脱颖而出的。

蒋经国在塑像过程中多次前往探视，并要求陈一帆修妥面部表情。为求神似，陈一帆决定铜像各部位以视觉透视原理放大，而非根据比例大小放大。由于铜像体积实在太大，总计光是铜像泥塑部分，就用了 30 吨油泥，并在木栅"革命实践研究院"广场着手雕塑；完成灌石膏外模后，并剖成 200 多块制塑钢内模，另以 25 吨青铜完成铸铜、焊接工作。铜像背后大理石墙刻着"伦理、民主、科学"六字，与"生活的目的在于增进全体人类之生活""生命的意义在于创造宇宙继起之生命"等名言。

在公园方面，也请来曾设计南京孝陵卫前庭园，以及武陵农场行馆、梨山行馆、大溪行馆等蒋介石生前各地行馆的设计人、老师傅胡国礼主持，耗资约五六千万元，取材皆为上上之品，花木总数约 50 余万株，500 余种，假山石材总重 1600 余吨。庭院内云汉池及光华池饲养许多锦鲤，取名则寓意"汉影云根"及"光复中华"。

纪念公园共分三大区，即中央瞻仰大道区、两旁自然景观区及纪念堂后面的"虎背"区，共 25 景，其中公园正门即竖立高约 30 米的宽广石制牌楼、"大中至正"门，采"五间六柱十一楼"规格，即总计五间、六柱有 11 个屋顶，是仿明十三陵神路的牌楼设计。纪念公园东西两侧也有尺寸较小的大忠门、大孝门牌楼。

至于牌楼上的"大中至正"四字为欧阳询体，系由蒋介石的文胆秦孝仪指定，出处是王阳明的《传习录》："粹然大中至正之归矣"，委由书法家杨家麟书写，当时招募书法家时即规定需以欧体书写、不得落款，且需配合时辰当场挥毫，因此原字系由棍棒、铁丝缚以麻绳沾红土水写成。至于大忠门、大孝门牌匾也是由杨家麟代笔。

中正公园另一特色就是原拟动手拆除的回廊式围墙，不但房顶以高级琉璃瓦装饰，而且全长 1200 米的围墙墙面上，更有 18 种、246 个中国式窗格的美丽造型。回廊内侧还可供游人避雨，观看花草扶疏的美景，是相当贴心的设施。

由于建筑庞大，当时的建筑技术又不甚发达，因此纪念堂在实际操作上困难重重。先是为坚固、接缝无隙，本堂混凝土施工要严格控管。至于八角形屋面防水工程，原采取传统防水方式，涂一层沥青、铺一层油毛毡，共涂 7 次沥青。

但因屋顶过高，烧熔沥青输送到屋顶后可能已干掉，加上工作空间狭窄、屋顶斜度太大，沥青不易挂上，最后改采防水膜替代。

中正纪念堂密码

日夜赶工之下，中正纪念堂终于在 1980 年 4 月 5 日完工，并由蒋经国主持落成典礼，同时按下按钮开启中正纪念堂铜门，现场除 200 多名各国政要外，并有蒋家家属、党政要员、民意代表、将领、民众团体共 4000 多人参加这场落成典礼及蒋介石逝世 5 周年纪念大会，唱"国歌"后，全体人员向蒋介石遗像行三鞠躬礼。

当时身体康健的蒋经国还率先步上台阶到达正厅，瞻仰蒋介石铜像。中正纪念堂当天旗海飘扬，园内花木扶疏，琉璃瓦在阳光中绽露彩光，的确别具特色。尤其堂馆蓝白分明，很有南京中山陵的味道，蓝色屋顶上翘，上面还有鸟兽装饰，属于清代宫殿建筑特色。蒋经国还在中正纪念堂落成前，同意艺文与影视界人士要求，将原先规划的中正纪念堂"国剧院"，改为"国家剧院"，并提供各种剧艺表演，发扬多元文化。

宋美龄此时仍旅居美国未归，但她也发表专文，指"中正纪念堂落成于先'总统'逝世五周年之前一日，恰为耶稣十字架受难之辰，不禁触发思绪万千，只因病体难胜，不克亲临参与其盛，唯有神驰于万众肃穆庄严之气氛中。谨贡数语，寄我心声"。

宋美龄在文章中也说，蒋介石"所收耿于怀者乃欲亲率军民'反攻大陆'，拯救被奴役之亿万同胞，重见天日，获享自由"，"奈天不假年，未能了此心愿，唯其笃信基督，故临终泰然安详"。

当时依据杨卓成构想，纪念堂有着北京天坛之顶、埃及金字塔之身，位居中央的纪念堂以正方形为主，又居中位，象征"中正"；以北京太庙外观为蓝本的"国家剧院"及音乐厅，左右各为十字平面，象征"双十日"。但两组建筑距离必须拉开，以显现纪念堂的宁静。

在实际安排上，"国家剧院"配置在纪念堂左侧，为上宾之位，音乐厅位于右侧，为次宾之位。因此在屋顶设计上，虽然二者都采用象征帝王的黄色琉璃屋瓦，但"国家剧院"采北京紫禁城太和殿的五脊庑殿顶，是屋顶最高等级，音乐厅采九脊的重檐歇山顶，仿紫禁城保和殿，尊位较低。

造型方面，为表现蒋介石秉承的"天人合一"思想，纪念堂从四面看都是"人"字形中国式屋顶，自地面、台阶、墙柱、梁枋至屋顶而天空，"人"与"天"连系。正身四角凸出四个支座，象征国之四维。

宝顶为八角形，代表"忠、孝、仁、爱、信、义、和、平"八德。纪念堂建于三层宽广基础之上，平面用方形，因此方正的正堂代表"中正"精神，三层台基象征"三民主义"，象征蒋介石言行均以"三民主义"为基础。

从正门大中至正牌坊走入，正中间是一条宽约40米、长约500米仿效中国古帝王陵寝"御路"的瞻仰大道，直通纪念堂阶梯，阶梯正中为白色水泥原色之"中华民国国徽"。

"御路"两旁紧邻对称式毛毯花坛各一座，内以法国红线做成中国传统式如意形图案，与纪念堂的白色本体、蓝色琉璃瓦，刚好形成"青天、白日、满地红"的"中华民国国旗"意象。

同时本堂正面阶梯包含花岗石84阶、大厅阶梯5阶，共89级阶梯，隐含蒋介石去世时享年89岁，至于本堂双重屋檐乃属复檐，则是暗示蒋介石"复兴中华"和"光复大陆"两个人生目标。

简言之，杨卓成的风格受到了国民政府从大陆退守台湾之后意识形态变化的影响。

不过杨卓成的设计还是在一定程度上遭到更改，如蒋介石过去每次亲临鉴定其他建筑方位，均爱东南方向，因此杨卓成原本希望建造纪念堂时将面向东南方向，使基地以东西长向为主轴，以增加大门与纪念堂之间的深远感。但最后纪念堂却是坐东朝西，以凸显蒋介石遥望大陆的未竟期待。

此外，原规划本以印度泰姬陵为蓝本，打算在中正纪念堂前设长水池，结

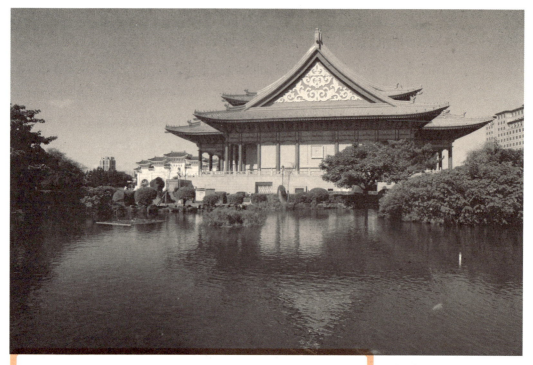

◆台北"国家音乐厅"

台北"国家剧院"与"国家音乐厅"通称为"两厅院",为典型中式古典建筑样式,黄瓦飞檐,红柱彩梁,气势典雅壮观。蒋介石曾发表《民生主义育乐两篇之补述》,他去世之后,中正纪念堂筹建指导委员会希望如文中倡议,一并兴建音乐厅和"国剧院",以促进民生之进步。在实际安排上,"国家剧院"配置在纪念堂左侧,为上宾之位,音乐厅位于右侧,为次宾之位。因此在屋顶设计上,虽然二者都采用象征帝王的黄色琉璃屋瓦,但"国家剧院"采北京紫禁城太和殿的五脊庑殿顶,是屋顶最高等级,音乐厅采九脊的重檐歇山顶,仿紫禁城保和殿,尊位较低。

果也不见了。有此一说,中正纪念堂正门往西望面对"总统府",是让蒋经国在办公时可以一抬头就看到纪念堂以缅怀先人。

不过杨卓成虽强调以水泥建造仿古木构屋顶等现代建筑材质建构中国古典式样,却被国民党党外人士批评是标准的"威权产物",不但大屋顶中国味、宫廷味太重,内部规划也因此杂乱无章,尤其堂馆外围三面楼梯的"三出"设计,与象征"四出"的天子相近,虽显示尊贵,但加上只有宗庙才有的"御路",只有皇家才有的遮掩围墙,很快就被批评者质疑像是蒋介石个人专用的"国家级"祠堂，是以"中正庙"之称不胫而走。

此外，中正纪念堂落成后，各类风水传闻也甚嚣尘上。例如有人曾评论，中正纪念堂在风水上正处于台北市龙脉的龙尾位置，与处于龙头的"总统府"一脉相连。更有人指出，当初为交通便利，蒋经国无视风水之说，硬在中正纪念堂下凿穿了（林森南路）通道供车辆通行，却破坏了整个陵园风水，对蒋家、国民党都大大不利。

又如纪念堂上方的八卦大官帽以及多处棱线、屋角，也被风水师称为"官帽煞""正曜煞""尖嘴煞"，不利附近住宅风水。一如邻近杭州南路上的"法务部"宿舍，就曾传出地理风水不好，住进去的首长、官员不是生病就是口角不断，影响官运。

又如一度有日本团体分别在台湾各地设立六根和平祈求柱，被解读为企图影响台湾运道而酿成轩然大波，其中一根就放在中正纪念堂，不少风水师就认为，此举破坏风水，影响中正纪念堂的代表性与国民党党运。

至于纪念堂正门的大中至正牌坊虽建在中山南路上，但当地道路走势歪斜，不少风水师就质疑，中山南路形成"斜流水"，对中正纪念堂宛如斜刀、刀口，不但不长久，且会有纠纷。至于纪念堂右侧戏剧院高过左侧音乐厅，也被说成右白虎压过了左青龙，是风水大忌，主内斗连连。

中正庙成台北
所谓民主圣地

中正纪念堂及纪念公园开放后，周边建筑采取限高措施，并比照忠烈祠等单位规定，仅供各界瞻仰参观，也有宪兵驻守与仪队表演。当时每天上午 9 点开放到下午 5 点，中正纪念公园也是晚间 12 点就封园管制。

官员们在每年几个重要庆典，或有重要外宾抵台，也会安排到中正纪念堂献花致意。为配合开馆，台湾"行政院"于 1980 年 7 月 1 日成立中正纪念堂管理处，隶属台北市政府。1986 年，中正纪念堂改隶"教育部"管理，并完成组织条例程序，更名为"国立中正纪念堂管理处"。

1986 年，国民党扩大举办蒋介石百年诞辰，旅居美国的宋美龄虽已 89 岁高龄，但仍返台并发表"我将再起"演说，引起政坛诸多议论，以为蒋经国与宋美龄间权力竞逐必有蹊跷，或宋美龄可能再度插手政务。

结果宋美龄在蒋介石诞辰当天，坐着轮椅、身穿深色旗袍，在蒋经国陪伴下公开现身，并于中正纪念堂前发表相当简短的演说，最后仅表示，"很高兴和大家共同来纪念先'总统'的百年诞辰"，"我只希望大家再进一步发扬无私无我的精神，把艰苦建设的责任担当在自己的肩头，让中华民族世世代代都能享受更多的自由幸福"。一场风波消失于无形。当天在中正纪念堂举办的中枢纪念大会，更有多达 5 万人参加，场面相当盛大。

但随台湾社会快速开放，空间解禁，普通民众去中正纪念堂的目的已不再是去致敬或找寻故往的政治痕迹，兴建时的政治使命也逐渐为后人所淡忘。因此中正纪念堂逐渐转变为假日休闲、活动聚会及婚纱摄影的公园绿地，还曾被台北市民选为最受欢迎的建筑。

中正纪念堂尤其是日本等国际观光客来台观光的重点，一年可吸引 900 万参观人次，旅游节目若介绍台湾，多数都会选择中正纪念堂为起点出发介绍台湾各处有趣的景点。同时随着中正纪念堂成为婚纱摄影取景的热门地点，位于爱国东路的婚纱街也渐成气候，相连的橱窗形成特殊的街景，并让台湾婚纱产业蓬勃发展。

是以早就有建筑师认为，中正纪念堂形式传统，建筑很古朴，但活动很现代，早已达到"亲民"的标准，建筑纯粹属"纪念"意象。

国民党在 20 世纪 90 年代前后，为推展国际观光，首创筹办国际性元宵灯会活动，占地宽广的中正纪念堂成了长期主场地，但动辄数百万人新年观花灯，却没有足够公德心，因此常让中正纪念堂与花圃、公园饱受蹂躏，甚至满目疮痍。

不过中正纪念堂毕竟还是别具特殊政治与历史意义。1990 年春，当年从大陆随蒋介石东迁来到台湾的"国大"代表，由于长期不退休、不改选、坐领干薪，又通过增加自身待遇薪给的自肥条款，引发民间反弹，多个亲绿民间团体因此计划举办大型抗议活动造势，地点正是在中正纪念堂，一个被党外人士视为蒋家政权、国民党威权的象征地 [1]。

几经冲突后，现场出现由台大学生发起、民间社团逐渐投入的抗议活动，要求落实民主、"国会"改选。只是活动虽宣称跨党派，但现场已频频出现闽南语演讲、民进党籍代表到场大受欢迎。

另外，部分台大教授也公开进行联署，要求实施"名称上并非罢课的民主教育周"，带着学生到纪念堂"民主教学"。在这样的推波助澜下，学生由数百增加到数千，露宿中正纪念堂外抗议，现场还成立指挥中心，拉起白幡，头上系着黄带，把抗议"国大"活动从校园拉到社会。

有意思的是，为声援学生中正纪念堂的静坐抗议，台湾当时的剧场界人士还制作了四具八尺余高的大型傀儡，加入中正纪念堂的静坐抗议行动。日后担任台北市文化局长与民进党中央为中正纪念堂争议杠上的李永萍，当时即带领有名的实验剧团环球剧场，到场表达对静坐学生的支持，她当时说，剧场界成员大多刚自学校毕业或是还在读书，学生活动所代表的清纯性、理想性及全民性意义，正符合剧场界对政治环境的观念。

在对立气氛的催动下，政治影响力迅速蔓延，民进党人群不但选在中正纪念堂举行群众大会，广场内外遍插民进党旗帜，还特地花 4 个半小时，硬把广场上巨大的铁制旗杆扳倒，并烧毁国民党党旗，插上民进党党旗。

其间发生推挤、叫嚣等争议，还有摄影记者因拍摄现场照片，被质疑可能当作犯罪证据，因此遭群众围住、推挤、拉扯，扯出相机底片。民进党也决定，中正纪念堂广场聚集的解散"国大"、直选"总统"和平示威静坐活动将一直持续下去，直到国民党让步为止。政治僵局扩大，广场上静坐人潮聚集，形成政治危机。当时李登辉试图化解，民进党和学生却开出

1. 因为国民党迁台后，无法依"宪法"在大陆地区选举代表，为维系"中华民国"的法统需要，只能让大批随蒋介石来台的"国民大会代表"，长年无须选举也能持续担任公职，形成数十年不退休的怪状，被戏称为"万年国会"。相较于台湾地区通过选举才能当选的代表名额有限，这批年长的代表待遇优渥，却又因与时代脱节，经常出现荒腔走板的言行。例如当时这批代表先后通过"延长增额国代任期"和"国大每年自行集会一次"（可加领出席薪资）议案，引发各界质疑与反感。

除了民进党与亲绿团体多年抨击，就连国民党北知青"女教师联谊会" 50 余名党籍教授及台大教师联谊会也分别提出声明，吁国民党加速改革步调，也有国民党籍学生在台大门口静坐抗议，要求解散"国大"，清除政治垃圾、"中央党部出面解决问题"。

解散"国会",停止"总统""副总统"选举等办不到的条件;同时民进党和多所大专院校学生一起在中正纪念堂举行的"除老贼,救国难群众大会"竟吸引数万名来自全台各地民众参加,还一度冲向"总统府"及爱国西路"总统官邸",并丢掷石块,似乎出现失控局势。

因此大佬陈重光出面,安排时任国民党秘书长的宋楚瑜与民进党主席黄信介秘密会谈,希望化解僵局,降低冲突,让群众离开中正纪念堂广场。

随后,李登辉在"总统府"中接见5名学生代表,肯定了学生的热情与改革要求,并宣布将于一个月内召开会议,提出改革时间表,才让争议出现化解迹象。中正纪念堂前静坐学生决议停止活动,并以所谓"民主野百合"作为本次活动标志,即所谓的"野百合学运"。中正纪念堂经此波折后,也因此在台湾的民主运动上,占有了一个相当特殊的地位。

陈水扁强推改名"自由广场",马英九再改名

在陈水扁的执政路上,靠着正名、改名与冲突,让他曾经攀上声望高峰,换得铁腕称誉。例如1996年3月,陈水扁任台北市长时,将原本的介寿路改名为"凯达格兰大道",强调象征空间解严及对台湾少数民族的尊重。

不过从2006年下半年以来,陈水扁政府为了挽救低迷的支持率,转移贪腐的质疑,推出一系列正名运动,则明显是为凝聚"绿营"支持度而来,希望解决长期以来经济不振、低迷所引发的支持率下跌的问题,也迫使党内精英不致以挑战陈水扁路线方式牟利,避免跛鸭危机。

在这一波波"去蒋"攻势中,除树立在各级军队中的蒋介石铜像列为首波整顿焦点外,位居"总统府"正前方的中正纪念堂,是全台纪念蒋介石的最核心建筑物,自然也逃不过民进党之手。

◆中正纪念堂仪仗队
2009 年 1 月 24 日，台北中正纪念堂停办一年多的仪仗队整点表演恢复，在"去蒋化"过后恢复的仪仗队交接式更特别策划新的交接方式，由"单一军种"改为"三军仪仗队"轮流执勤，参观的民众尽可观看不同的制服和表演风格。仪仗队的交接式是中正纪念堂最受青睐的项目，服务纪念堂 25 年的老警卫私下都表示，由于仪仗队交接的取消，原先爆满的参观场景一度消失，纪念堂人气大减，如今又恢复昔日的热闹，游客争相观看。

　　不过民进党原先还相当迂回，先质疑纪念蒋介石这个"二二八"元凶并不妥当，随即宣布中正纪念堂管理处已正名为"台湾民主纪念馆管理处"，同时将拆掉纪念堂围墙。陈水扁更公开说，蒋介石是"二二八"事件元凶，慈湖陵寝和中正纪念堂未来存废，都会逐步处理[2]。

　　这种做法，立刻引发蓝营质疑，对意识形态治国纷纷表达不满。不过民进党并未放弃机会，先借宣布将在陈水扁就职七周年前一天"挂牌"，宣告"中正

2. 与牌匾争议同时，由于台北市长郝龙斌、文化局长李永萍通过程序将中正纪念堂内外列为市立古迹保护范围，因此依法不得更动或破坏古迹，暂时保住了岌岌可危的围墙。

纪念堂"进入历史,还要把纪念堂牌匾拆除。最后在台北市政府严词警告下,民进党在纪念堂四周挂起巨幅绿色布幔,宣称"民主纪念馆"正式开馆,陈水扁还宣示要将大门牌楼"大中至正"四字改为"自由广场"。

虽然台北市政府开出 30 万元破坏古迹罚单,并以迅雷不及掩耳之势拆除"台湾民主纪念馆"布幔,但民进党已铁了心要搞到底。2007 年"立委"选举前夕,民进党派出数百名警察进驻中正纪念堂,以禁止任何人进出园区方式,肆意拆除"大中至正"牌匾。虽然郝龙斌痛批"中央"搞戒严,镇压台北市民,甚至也将执行任务的官员以妨碍公务、毁损古迹罪嫌移送,甚至因为蓝绿冲突而引发流血事件,但 2007 年 12 月 6 日,民进党政府的"教育部"还是把"大中至正""中正纪念堂"两块牌匾拆了下来。

这个看似简单的动作,总计花了新台币 177 万元,之后在正门牌坊上改挂上每字长宽各 175 厘米、由塑钢外覆铜板、采用东晋书法家王羲之字体的"自由广场"字样,本堂大门上挂上以红色花岗石采阴刻方式铸刻再漆上金色、采用唐朝书法家欧阳询字体的"台湾民主纪念馆"七字,许多泛蓝民众在牌匾前痛哭失声,或唱着"蒋介石纪念歌",但都未影响拆卸牌匾的作业,旧牌匾拆卸后则存放在纪念堂内文史馆。

为避免"泛蓝"有过激动作,马英九说,他若当选台湾地区领导人,会把"大中至正"四字挂回去;台北市长郝龙斌在"总统府"四周悬挂起"反贪腐广场"条幅,反制民进党。值得一提的是,在拆除牌匾前一个礼拜,陈水扁还赠送给他的恩师、台湾"司法院长"翁岳生一枚上书"中正""中华民国宪法"字样的"中正勋章",以表彰翁岳生的贡献,两相比较之下,实在让人不觉莞尔。

不过在政党轮替后,"自由广场"的牌匾虽然被保留,但挂在正堂的"台湾民主纪念馆"牌匾,又重新被换回了"中正纪念堂"。

···1975

图书在版编目（CIP）数据

蒋介石后传/师永刚，方旭编著．-- 北京：现代
出版社，2018.1
　　ISBN 978-7-5143-6319-7

　　Ⅰ.①蒋… Ⅱ.①师…②方… Ⅲ.①蒋介石（1887-1975）—
传记 Ⅳ.①K827=7

中国版本图书馆 CIP 数据核字（2017）第 176637 号

本书图片由方旭、冯昭、《生活》月刊、国民党党史馆、中正纪念堂
等机构特别提供，一并感谢书中所涉行馆提供拍照帮助。
本书所有图片未经授权，严禁使用。

蒋介石后传

编 著 者：师永刚 方 旭
责任编辑：张 霆 魏 巍
出版发行：现代出版社
通信地址：北京市安定门外安华里 504 号
邮政编码：100011
电　　话：010-64267325 64245264（传真）
网　　址：www.1980xd.com
电子邮箱：xiandai@vip.sina.com
印　　刷：北京瑞禾彩色印刷有限公司

开　　本：710mm×1000mm 1/16 印　张：25 字　数：360 千
版　　次：2018 年 1 月第 1 版 印　次：2018 年 2 月第 2 次印刷
书　　号：ISBN 978-7-5143-6319-7
定　　价：68.00 元